LES TROUS NOIRS DE LA SCIENCE ÉCONOMIQUE

Bibliothèque Albin Michel
Économie

Jacques Sapir

LES TROUS NOIRS DE LA SCIENCE ÉCONOMIQUE

Essai sur l'impossibilité de penser le temps et l'argent

Albin Michel

22, rue Huyghens, 75014 Paris

www.albin-michel.fr

ISBN 978-2-226-39510-8

À Béatrice

AVANT-PROPOS

Ce livre est le produit d'une double expérience, d'enseignant et de chercheur. Travaillant depuis des années sur ce qui fut l'économie soviétique, et qui est maintenant l'économie russe, l'auteur a été confronté à l'échec répété des politiques inspirées, ou suggérées, par les organisations internationales et ceux de ses collègues qui jouissent de la plus flatteuse des réputations dans la profession. À voir le tableau rétrospectif des actions des uns et des autres, il est possible que l'on puisse faire pire, mais il y faudra beaucoup d'acharnement. Et pourtant, ces échecs étaient toujours justifiés par des références impeccables à la théorie économique. Au-delà d'erreurs ponctuelles, d'aveuglements individuels, c'est bien cette théorie qui était en cause. Non pas sous la forme d'une illusion simpliste qui consisterait à dire, et à penser, que les politiques réelles sont l'application dans les faits des théories. Cette analyse est fausse à l'évidence. Mais parce qu'il faut prendre au sérieux les cadres théoriques en tant que représentations du monde, qui déterminent la perception que les acteurs ont de la réalité, et par voie de conséquence leurs réactions.

En ce sens, les experts libéraux, russes et occidentaux, peuvent toujours dire que ce qui fut appliqué ne correspondait pas à la théorie. Cette affirmation est fausse sur le fond. L'ordre de priorité dans lequel les problèmes de la transition ont été abordés a été dicté par des conceptions théoriques bien identifiables. Personne ne peut reprocher à un acteur d'avoir commis une erreur ; mais il est plus que déplaisant de voir des acteurs tenter de récuser leurs responsabilités. Les errements liés à la théorie économique dominante se sont reproduits hors de Russie, en Asie du Sud-Est lors de la crise financière de 1997. Il est clair aujourd'hui que le mode de compréhension que les économistes ont du monde réel pose problème.

Enseignant depuis 1993 en Russie, il a fallu à l'auteur trouver les arguments les plus logiques, mais aussi les plus cohérents, pour tenter de faire passer à ses étudiants l'héritage de dizaines d'années de débat en Occident, dont ils avaient été privés et sevrés par le régime soviétique. Ces deux expériences font aussi toucher du doigt les limites de la pensée économique dominante ; elles imposent à qui récuse cette pensée de faire retour sur ses propres bases théoriques, sur sa pratique comme sur sa méthodologie.

Pourquoi donc certains économistes libéraux russes dont l'honnêteté n'était pas en doute (ce qui est hélas rare) ont-ils prétendu de 1994 à 1998 que la baisse de l'inflation était le préalable de la reprise de la croissance et de l'investissement dans leur pays ? Mois après mois, les faits venaient démentir cette attente. La combinaison d'une politique monétaire et d'une politique budgétaire, l'une et l'autre excessivement restrictives, accentuait la dépression, contribuait à démonétariser l'économie, fragilisait les institutions financières, corrodait l'État et engendrait une crise fiscale sans précédent. On sait d'ailleurs ce qu'il en advint en août 1998. Et pourtant, le discours ne changeait pas ; il était même relayé par les représentants locaux des organisations internationales, et par des collègues invités à grands frais comme consultants. D'où venait donc cet aveuglement, cet entêtement dans l'erreur, cette crispation sectaire qui faisait refuser le débat avec le contradicteur, quitte à lui prêter on ne sait quelles pensées politiques ?

Autre contexte et autre expérience, que répondre à des étudiants de très bon niveau, souvent supérieur à celui d'étudiants français ou américains du même âge, qui sont persuadés que l'économie de marché est un mécanisme abstrait et général directement transposable dans le monde réel et capable de répondre à toutes les questions de l'organisation de la société ? Le mythe intellectuel d'une science des sciences continue de hanter la Russie, mais ses thuriféraires ne sont pas ceux que l'on croit. Dans sa forme actuelle, ce mythe se propage depuis les grandes universités américaines, celles qui sont réputées vous donner cette crédibilité sans laquelle vous n'existez plus dans le monde universitaire.

Comment donc, chez les décideurs comme chez les étudiants, l'économie s'est-elle transformée en une forme de lobotomie ? Et pourquoi ?

Telles sont les questions auxquelles ce livre va tenter de répondre. Il s'appuie sur la double expérience de son auteur, mais aussi sur les discussions et débats qu'il n'a cessé d'avoir ces dix dernières années avec ses collègues comme avec de très nombreuses autres personnes.

Sans pouvoir tous les nommer, ce sont à mes différents interlocuteurs que vont mes remerciements. À mes étudiants tout d'abord, qui ont survécu à des moutures diverses du présent exposé, démontrant ainsi, suivant le point de vue que l'on adoptera, qu'ils étaient plus résistants qu'on ne le croit, ou que cet exposé était moins corrosif qu'on ne le dit. À mes différents collègues donc, qu'ils aient partagé avec moi mes préoccupations ou qu'ils aient été mes contradicteurs. À Bernard Maris, responsable de cette collection, qui a tant œuvré pour que le manuscrit originel devienne lisible, ce qui n'était pas une mince affaire. Enfin, au dernier des libéraux, au plus sectaire et obtus des économistes orthodoxes, au plus plat et ennuyeux des apologistes de l'économie dominante, car il est l'indispensable miroir dans lequel tout économiste doit se regarder pour savoir ce qui l'attend s'il relâche, ne serait-ce qu'un instant, sa rigueur critique.

INTRODUCTION

La science économique peut-elle encore penser l'économie ?

— Pourquoi les requins n'attaquent-ils pas les économistes ?
— Courtoisie professionnelle.

Les économistes n'ont pas bonne presse, et en même temps ils semblent omniprésents. À chaque nouvelle crise qui survient, on constate leur inaptitude à prévoir, voire simplement à comprendre, le pourquoi et le comment de cette crise. J'écris comprendre à dessein et non expliquer, car les économistes, en général, trouvent toujours une explication. Qu'elle soit convaincante est loin d'être avéré. Comment s'étonner, dès lors, que de plus en plus, leur discours soit contesté et leur profession décriée.

Et pourtant ces mêmes économistes sont en apparence indispensables. Pas de journaux ou de chaînes radio et télévision qui n'ait « son » économiste aux indiscutables références universitaires, voire même son émission spécialisée. Peu de gouvernements qui ne s'enorgueillissent d'en compter en leur sein. Allons plus loin, peu de démocraties qui, progressivement, ne remettent leur destin entre les mains de collèges d'experts économiques, que ce soit sous la forme de banques centrales indépendantes ou de comités chargés de réguler les marchés. L'expertise économique semble devoir inéluctablement borner la démocratie. On peut s'en offusquer comme on peut s'en réjouir. On peut y voir une abdication de la souveraineté populaire comme on peut estimer que ce mouvement constitue une montée du principe de compétence. Le fait est là. Avant-hier les rois demandaient aux sorciers et autres prêtres l'onction qui les légitimerait. Hier ce fut le général victorieux ; aujourd'hui l'économiste ?

Étrange paradoxe donc que ce mouvement qui voit ceux-là mêmes qui sont tant contestés, tournés en ridicule dans des plaisanteries parfois cruelles et souvent vraies, devenir les diseurs de l'aventure, bonne ou mauvaise, de nos sociétés. Et peut-être ce paradoxe trouve-t-il sa compréhension dans son énoncé. Les économistes sont aujourd'hui des producteurs de discours, des fournisseurs d'argumentaires, des justificateurs. Il fut un temps où l'on croyait qu'ils étaient simplement des scientifiques tentant de comprendre un aspect important de nos sociétés : comment nous produisons, échangeons et consommons. Mais qui dit comprendre dit savoir poser des questions. Or les économistes sont aujourd'hui, avant tout, des gens qui ont des réponses, ou qui font semblant d'en avoir. Il en résulte à la fois leurs succès, tout le monde aime avoir des réponses, et la crise de leur légitimité.

1. COMME LES ANIMAUX MALADES DE LA PESTE...

En un sens, nous sommes aujourd'hui malades de l'économie, de son fonctionnement comme de la place qu'elle prend dans nos représentations. Il en est ainsi car l'économie, et la science économique sont aussi malades. Les erreurs répétées des prévisions et prévisionnistes au moment même où les économistes se prétendent en mesure d'ériger des normes sociales et politiques intangibles — sur la flexibilité, la privatisation — voire de supplanter la démocratie par une expertise prétendument scientifique, témoignent de la gravité du problème. L'aveuglement devant les crises financières, économiques et sociales actuelles renvoie à cette incapacité de la pensée économique, dans sa forme dominante que l'on appellera ici l'économie standard ou orthodoxe, à « penser » le marché et l'économie de marché. Car pour pouvoir donner des réponses, pour se promouvoir comme conseillers, puis comme garants des princes, les économistes ont cédé à la tentation de constituer une orthodoxie, qu'ils présentent de la manière la plus unanimiste possible. En découlent ces expressions qui ont fait fortune, « pensée unique », « débat interdit » ou encore « consensus de Washington ». Ces formules peuvent irriter. On peut y voir des facilités de plume quand ce n'est de pensée. Elles reflètent cependant une réalité.

Non qu'il n'y ait débats chez les économistes, au sein comme autour de cette tradition orthodoxe, héritage de la calamiteuse union entre la pensée néoclassique et la vulgate keynésienne. Jamais, depuis vingt ans, les interrogations sur le bien-fondé des hypothèses les plus centrales de l'économie dominante, ce que l'on appelle l'économie standard, ainsi que sur sa méthodologie, n'ont été aussi importantes et rigoureusement articulées à des alternatives théoriques. Pourtant, alors même que ses paradigmes sont contestés et parfois ouvertement et explicitement en faillite, cette pensée prétend devenir l'aune unique des réflexions tant individuelles que collectives. Ce décalage entre le discours apparent et les débats internes à la discipline traduit une dangereuse évolution. Incapable de se confronter à ses propres débats, d'entendre les objections en provenance d'autres disciplines, l'économie standard semble hésiter entre le repli autiste ou la transformation en un simple discours de légitimation[1]. À cette évolution correspond symétriquement un impérialisme de l'économique, au détriment essentiellement du politique[2]. Il n'y a nul hasard ici. Les notions qui sont précisément à l'origine de cette décadence, celles qui prétendent aboutir à une naturalisation de l'économie, sont celles-là mêmes qui justifient cet impérialisme.

Car cette orthodoxie repose bien entendu sur un article de foi, l'existence de « lois » économiques dont le statut serait le même que celui des lois de la nature. Nous serions donc soumis, quand nous produisons, échangeons et consommons, à un déterminisme identique, que l'on vive à Paris, Washington ou Pékin, qu'il s'agisse de l'économie du début du XIXe siècle ou de celle de l'aube du XXIe. Si de telles lois existent, il est alors légitime que l'organisation de la société s'y plie. Arrière donc la politique et le débat démocratique et place à la « science ». L'action humaine n'a plus d'autre espace que celui de l'obéissance à ces lois ou le témoignage éthique.

---

1. Voir la démonstration qui en est faite dans F. Lordon, *Les Quadratures de la politique économique*, Paris, Albin Michel, 1997.

2. A.O. Hirschman, *Essays in Trespassing. From Economics to Politics and Beyond*, Cambridge, Cambridge University Press, 1981.

1.1. L'inaccessible prétention à établir des lois

L'économie n'a cependant jamais pu démontrer l'existence de ces « lois » naturelles, et ce en dépit d'efforts multiples et variés. Du débat sur la méthode qui opposa, à la fin du XIXe siècle, Karl Menger à l'école historique allemande, aux discussions actuelles, toutes les tentatives de « prouver » de telles lois ont été un échec [1]. En dépit de cette faillite théorique, l'économie standard dominante n'a pourtant nullement remis en cause ce postulat, ce dogme. Une telle incapacité à tirer les leçons de près d'un siècle de débat est inquiétante ; elle révèle une fermeture à la réalité. C'est l'une des raisons de la transformation du discours économique standard en système de justifications de certains acteurs, en apologétique, et non plus en instrument d'interrogation de la réalité et des pratiques.

Cette décadence n'est pas inhérente à la discipline ; elle n'est pas la faute de l'économie mais des économistes, du moins de certains d'entre eux. Elle résulte de la conjonction de la faillite d'un programme de recherches particulier, *la récupération libérale de l'héritage keynésien*, et d'un refus d'une partie, hélas majoritaire, des économistes de se doter d'une méthodologie robuste. Construisant sur du vent, ils ne nous promettent que des récoltes de tempêtes. Voilà ce qu'il faut critiquer, mais pas seulement pour démasquer les imposteurs, et se faire plaisir en énumérant les constats d'échecs, les aveux d'impuissance et les apostasies de certains grands prêtres. La critique de l'économie standard est un point de départ obligé car elle permet de montrer que l'on peut faire autrement, et, ce qui est encore plus important, *on peut faire mieux*, plus réaliste et plus efficace pour comprendre les maux qui aujourd'hui nous accablent avant de tenter demain d'y porter remède. Cela implique de penser autrement l'économie et de prendre en compte une contradiction qui est partie intégrante du travail de l'économiste. Parce que son objet est un lieu de décisions, privées et publiques, l'économiste est convoqué régulièrement par le Prince (guerrier, politique ou marchand), pour donner son avis, prodiguer ses conseils. Ce faisant, il accepte d'interférer avec ce qu'il observe. En même temps, il est convoqué au nom d'une légi-

1. Certains l'ont reconnu. En particulier, J. Hicks, *Causality in Economics*, New York, Basic Book, 1979.

timité de type scientifique qui implique, au moins implicitement, une position d'extériorité. Cette contradiction s'exprime sous des formes diverses ; elle induit un débat sur la nature de l'économie en tant que discipline scientifique, débat qui ne fait que souligner le besoin de références méthodologiques cohérentes.

1.2. L'incohérence érigée en principe

La cohérence des argumentaires devrait aller de pair avec la rigueur formelle de certains énoncés. On pourrait croire que l'usage, souvent immodéré, des mathématiques a pour pendant la précision des concepts et leur enracinement dans des champs théoriques bien identifiés. Or, en réalité, le discours usuel en matière d'économie charrie, sans toujours en mesurer les conséquences, des morceaux de champs théoriques très divers. On mélange un peu de théorie néoclassique — *les marchés sont des mécanismes efficients* —, un peu de théorie keynésienne soigneusement limée — *la politique monétaire est importante* —, un peu d'école autrichienne (le rôle de l'entrepreneur pour ne pas oublier Schumpeter et quelques coups de chapeau à un Hayek que l'on cite d'autant plus facilement qu'on ne le lit pas), enfin quelques références, souvent vagues et imprécises, à la notion d'institution, à la suite du Nobel, tardif mais justifié, de R. Coase. Du point de vue de la construction d'un cadre analytique, ceci aboutit à des incohérences graves qui se traduisent par des contradictions parfois flagrantes. On les repère dans des énoncés contradictoires tenus par des acteurs identiques. Ainsi, dans le cas français, a-t-on justifié le franc fort au début des années 80 au nom de l'inefficacité des dévaluations compétitives, puis, au début des années 90 au nom de la réalisation de l'union monétaire, censée nous protéger contre ces mêmes dévaluations compétitives (qui avaient été des succès en Italie, en Espagne et en Grande-Bretagne...). On a de même prôné la déréglementation des marchés financiers au nom de gains en efficacité entre 1983 et 1988, pour découvrir, depuis 1997, la nécessité de réintroduire une réglementation en la matière au nom de la même efficacité. Quant à l'analyse de la transition des économies ex-soviétiques, les retournements de veste et de positions s'y sont produits à une cadence accélérée. Quand on voit le résultat final, on peut aussi penser que certains collègues s'y sont déshonorés[1]. Il serait néanmoins ici cruel de citer les noms des économistes, dont certains furent ministres (et pourraient le redevenir), qui, d'une période à l'autre et d'un sujet à l'autre, ont dit tout et son contraire. À chaque fois, il faut le souligner, les affirmations étaient assenées au nom d'indiscutables références théoriques. On s'en doute bien, ce n'étaient pas les mêmes, mais jamais les auditeurs de ces grands maîtres n'ont eu à connaître ce qui les avait enclins à brûler aujourd'hui ce qu'ils avaient hier adoré (et réciproquement). Ce qui est grave en l'occurrence n'est pas qu'un certain nombre de personnes aient changé d'avis, voire aient pu un jour se tromper. C'est ce refus obstiné de tirer les leçons des erreurs passées, c'est ce besoin irrépressible de prétendre à une continuité du discours qui est des plus inquiétants chez des personnes qui prétendent tirer leur légitimité d'une démarche scientifique. Il est encore plus inquiétant qu'un nombre non négligeable de ces économistes ne se rende pas compte du problème que leur comportement soulève. L'abandon de la rigueur sur le fond au profit d'une prétendue rigueur de la forme (l'usage des mathématiques) semble devoir aller de soi. Pourtant, faute d'être rigoureux dans sa méthodologie, l'économiste se condamne à être un justificateur, et pourquoi pas un apologiste, et non un analyste ; et l'économie entre en décadence.

Une petite parenthèse s'impose ici. On pourrait croire ces lignes dictées par le ressentiment (on connaît la rengaine des cénacles dits éclairés « donnez-lui un prix, ça le calmera ») ou par le manque d'expérience. Pourtant, l'auteur s'est borné à n'évoquer que ce qu'il connaît et ne court pas après les distinctions. D'ailleurs, Maurice Allais, comblé autant qu'un économiste peut l'être, et dont l'expérience dépasse de loin celle de l'auteur, a eu des mots plus terribles encore. Sous sa plume c'est l'histoire de la seconde partie du XXe siècle qui n'aurait été que la succession de théories dogmatiques proférées avec assurance par des économistes appuyées sur de purs sophismes ou sur des modèles mathématiques irréalistes[2].

Si l'économie peut être sauvée en tant que démarche scientifi-

---

1. Voir J. Sapir, « À l'épreuve des faits...Bilan des politiques macroéconomiques mises en œuvre en Russie », *Revue d'études comparatives est-ouest*, vol. 30, nº 2-3, 1999, pp. 153-213.

2. M. Allais, « Le désarroi de la pensée économique », *Le Monde*, 29 juin1989.

que permettant de mieux comprendre le monde où nous vivons, et peut-être de l'améliorer, un travail immense reste à faire. Il faut commencer par déblayer les ruines provoquées par ceux pour qui l'économie ne fut qu'un faire-valoir, un prétexte à ambitions plus ou moins avouables, ou pis encore, sincèrement, une religion. Qu'on le pardonne à l'auteur, il tolère mieux les escrocs que les fanatiques. Les premiers sont parfois drôles et souvent charmeurs.

Il y a un grand ménage à faire dans la maison Économie. Mais il en vaut la peine. Pour mieux s'atteler à une telle tâche, un état des lieux s'impose.

2. DIVERSITÉ, AMBITIONS, ÉCLATEMENT

La pensée économique est, il n'en faut pas douter, diverse. Loin d'être un obstacle, cette diversité, si elle était maîtrisée et pensée, pourrait porter en elle les germes d'un renouveau. La pensée économique est aussi animée de grandes ambitions qu'il convient de surveiller de près. Elle se veut, du moins sous la plume de certains économistes, la science capable d'embrasser d'un seul mouvement la totalité du spectre des actions humaines, à travers des concepts comme l'optimisation ou l'équilibre. La pensée économique est enfin éclatée. Cela n'est pas seulement la rançon de sa diversité qui pourrait être la source de débats faisant avancer la connaissance de l'ensemble des participants. L'éclatement traduit ici une incapacité à confronter les hypothèses entre différentes écoles, incapacité qui, pour partie, est le résultat d'une stratégie méthodologique, et pour partie aussi le produit de jeux de pouvoir.

L'économiste en chef du FMI, Michel Mussa, en a donné un lumineux exemple à l'automne 1998, alors que son organisation était confrontée au feu croisé des critiques. Face aux objections de ses collègues de la Banque Mondiale, et en particulier de l'économiste en chef de cette organisation, Joseph Stiglitz, il a répondu par l'injure, les accusant de « fumer des substances autres que légales [1] ». Si un responsable d'un tel niveau a perdu ses nerfs, c'est aussi qu'il a perdu le nord. Cela traduit tout à la fois la perte

1. Voir *Le Monde*, 9 octobre 1998.

d'un ancrage méthodologique solide et l'hystérie d'une pensée qui n'est plus qu'un simple prétexte à des positions de pouvoir.

Car cette hystérie est loin d'être impuissante. Joseph Stiglitz, un économiste découvert par le grand public en raison de ses déclarations à la Banque Mondiale, mais bien connu des spécialistes depuis la fin des années 70, a annoncé sa démission en novembre 1999. On retrouvera son nom à plusieurs reprises dans cet ouvrage, en raison de sa contribution scientifique fondamentale à la théorie des marchés en information imparfaite. On peut ne pas adhérer à certaines de ses hypothèses, ou trouver, comme l'auteur de ces lignes, qu'il n'a pas poussé la critique du modèle néoclassique à ses conclusions logiques. Qu'importe en réalité ; l'essentiel n'est pas là. Dans quinze ou vingt ans, les articles écrits par Stiglitz depuis 1980 seront toujours lus avec profit par ceux qui étudieront l'économie alors que Mussa et ses acolytes auront disparu des mémoires. L'hystérie des tenants de la pensée standard n'est hélas pas impuissante, mais elle est à coup sûr stérile. De l'édifice qu'ils ont cru construire il ne restera rien, pierres sur pierres ; car si leurs pratiques sectaires ont cherché à bâtir une forteresse, il s'agit, comme on le dit pour les autistes, d'une forteresse vide.

2.1 Marché, économie décentralisée, capitalisme

L'approche de Michel Mussa que l'on vient d'évoquer est clairement inspirée par la Théorie de l'Équilibre Général développée à la fin du XIXe siècle par Léon Walras. Elle domine depuis près d'un demi-siècle la réflexion d'une majorité d'économistes.

Le marché y est conçu comme un *mécanisme* censé produire un équilibre à partir d'agents qui sont des automates dont la programmation (les préférences) est exogène. La modernisation par Kenneth Arrow et George Debreu[1] de cette théorie n'en a pas changé les fondements qui supposent en particulier que dans le monde décrit tout soit calculable et prévisible. C'est une hypothèse peut-être satisfaisante pour le modélisateur mais évidemment irréaliste. Elle est aussi paradoxale. Dans un monde dont toutes les caractéristiques seraient parfaitement connues, Oskar Lange, un écono-

---

1. K. Arrow, « Toward a Theory of Price Adjustment », in I.M. Abramowitz (ed.), *The Allocation of Economic Resources*, Stanford (Ca.), Stanford University Press, 1959. G. Debreu, *Theorie of Value*, New York, Wiley, 1959.

miste polonais, a démontré, à la veille de la Seconde Guerre mondiale, que l'allocation des ressources de manière autoritaire serait plus efficace que le jeu de l'offre et de la demande. Walras lui-même, il faut le signaler, a dû supposer dans son modèle l'existence d'un agent centralisateur, le commissaire-priseur, pour que son marché-mécanisme puisse produire un équilibre. Une agence centrale de planification serait une réponse plus réaliste que ce personnage hérité d'une assimilation du marché au fonctionnement de la Bourse des valeurs.

Nous voici confrontés à un premier problème majeur. Les discours qui font référence à l'*économie de marché* renvoient tous à cette vision issue de Walras. Mais, si elle était vérifiée dans la vie réelle, alors la planification centralisée aurait dû s'imposer contre le marché. Le paradoxe est tellement énorme qu'une majorité d'économistes a choisi de l'ignorer : le discours standard, et dominant, sur le marché est incapable de penser le marché. Par contre, il pourrait fort bien penser et justifier la planification.

Le terme d'économie de marché, dont nombre d'économistes se rincent la bouche, est de plus trompeur d'un point de vue descriptif quand on l'applique aux économies occidentales. Ces dernières ne sont régies, ni principalement, ni de manière dominante, par une logique de marché mais par des combinaisons, historiquement et géographiquement variables, de marchés et d'organisations, des réseaux et du commandement. On oublie trop souvent que, dans les économies réelles, les acteurs clés sont le plus souvent des entreprises, soit des organisations. Celles-ci constituent des espaces localisés où le marché n'a pas droit de cité. La répartition interne des tâches, des compétences et des ressources s'y déroule non sous la forme d'une confrontation de l'offre et de la demande mais par le biais d'un commandement et par l'intermédiaire d'une hiérarchie. Ce n'est pas pour rien si, à la suite de Marx, les marxistes qui se réclament de la planification centralisée raisonnent en étendant à l'ensemble de l'économie les principes de fonctionnement des entreprises capitalistes. Mais la critique de la possibilité d'une telle extension ne remet nullement en cause le fait que les entreprises sont toutes de petits (et parfois pas si petits que cela...) espaces de planification centralisée.

On peut opposer à cette approche la notion d'*économie décentralisée*. Elle est liée à une autre tradition, celle de l'école autrichienne. On regroupe sous ce nom un ensemble d'auteurs, de Hayek à Schumpeter en passant par von Mises qui ont en commun de considérer le marché comme un *processus* engendrant convergences et régularités à partir d'une subjectivité des acteurs normée et encadrée par des règles. Cette tradition s'est historiquement constituée comme une critique des thèses socialistes et surtout de la planification soviétique. Mais elle n'a pas seulement critiqué le socialisme ; elle a aussi produit une critique radicale des thèses néoclassiques.

La notion d'*économie décentralisée* est à préférer à celle, trop floue et mystificatrice, d'économie de marché, définitivement marquée par les apories de la théorie néoclassique. En mettant en avant la décentralisation, on n'insiste que sur un point, mais fondamental, c'est l'absence de solution *ex ante* au problème de la coordination. La question de la coordination des agents décentralisés, et de la compatibilité de leurs actions, est un problème fondamental. Hayek, et l'ensemble de la tradition autrichienne, n'a pas l'exclusivité de sa découverte[1]. On trouve la question de la coordination tant chez Adam Smith que chez Marx. De Smith on ne garde souvent que l'idée de main invisible, l'idée que les actes issus de l'égoïsme privé vont spontanément dans le marché s'agréger en une utilité sociale. En présentant cela comme une démonstration de Smith, car l'idée se trouve déjà chez Mandeville, on en fait un précurseur du libéralisme moderne. Il convient ici de rappeler que J.C. Perrot a clairement établi que cette notion n'a jamais donné lieu à démonstration chez Smith. Dans son œuvre, elle relève de la métaphysique et non de l'analyse ou de la découverte scientifique[2]. Marx, quant à lui, développe et transforme une autre idée de Smith : l'importance de la division du travail. Il le fait en montrant la distinction fondamentale entre division technique, ou manufacturière, et division sociale[3]. On peut douter de la validité de la réponse de Marx au problème de la coordination, on ne saurait prétendre qu'il a ignoré cette question. Soutenir que l'économie est d'abord décentralisée rend ainsi possible de penser l'incertitude, non comme une scorie induite par l'imperfection momentanée des marchés, mais comme point central de l'écono-

1. Voir sur ce point F.A. Hayek, « Economics and Knowledge », *Economica*, vol. 4, nº 1, 1937, pp. 33-54.

2. J.C. Perrot, « La Main Invisible et le Dieu Caché », *in* J.C. Perrot, *Une histoire intellectuelle de l'économie politique*, Paris, Éditions de l'EHESS, 1992, pp. 333-354, p. 341.

3. K. Marx, *Le Capital*, Paris, PUF, coll. Quadrige, 1993, Livre I, pp. 398-400.

mie, ce que refuse, logiquement, un économiste qui reste fidèle au cadre walrasien[1]. Il y a là, et on l'ignore souvent, une convergence très réelle entre Hayek et Keynes qui, l'un et l'autre, ont été des penseurs de l'incertitude.

La notion d'*économie capitaliste* soulève, quant à elle, un problème plus subtil. Si on fétichise certaines situations des économies réputées capitalistes (un fort taux de chômage, des ajustements censés se produire uniquement par les prix, une finance libéralisée), au mieux on construit un modèle d'économie capitaliste qui ne s'applique qu'à très peu de pays, au pis on s'aveugle complètement sur les fonctionnements réels des économies réellement existantes[2]. Charles Bettelheim[3] axe la définition du capitalisme sur la *double séparation* entre les moyens de production et les travailleurs et entre les producteurs. La première engendre le salariat, et à partir de là des dynamiques de subordination, mais aussi des modes de répartition de la richesse nationale. La seconde produit la décentralisation radicale du système. Le couple indépendance de la décision des acteurs/interdépendance des effets de ces décisions sur les situations et les conditions des décisions suivantes a une importance méthodologique capitale. Il met au premier plan la question de l'*incertitude radicale* qui caractérise les décisions dépendant de prévisions faites *ex ante* par des acteurs individuels et des effets *ex post* des décisions prises sur la base de ces prévisions. Prendre en compte cette notion d'incertitude implique alors de rompre avec la vision de l'agent économique réduit à un simple automate optimisateur. Le capitalisme, saisi par le biais de cette double séparation, apparaît alors comme un cas particulier de l'économie décentralisée.

1. R. Lucas, *Studies in Business Cycle Theory*, Oxford, Basil Blackwell, 1981, p. 224.

2. Pour un débat récent sur ce point, voir R. Motamed-Nejad, « Le capitalisme et le socialisme : similitudes et différences » et J. Sapir, « Le capitalisme au regard de l'autre », *in* B. Chavance, E. Magnin, R. Motamed-Nejad et J. Sapir (ed.), *Capitalisme et socialisme en perspective*, Paris, La Découverte, 1999, respectivement pp. 217-248 et 185-216.

3. Ch. Bettelheim, *Calcul économique et formes de propriété*, Paris, Maspero, 1970.

2.2. Description et analyse : l'écueil des niveaux d'abstraction

Qui trop embrasse mal étreint. Ainsi pourrait s'énoncer et se résumer le dilemme de l'économiste. Comment penser à la fois un problème comme celui de la coordination dans sa globalité et dans la spécificité des réponses particulières fournies par les différents types d'économies dans le monde réel. Voilà qui donne à voir à la fois l'intérêt et les limites de notions comme *économie de marché*, ou *économie décentralisée.* Elles proposent, chacune, une vision générale et unifiante, dont l'utilité est indiscutable. Dans le premier cas, le marché, dans sa forme mécanique, devient la référence centrale, la norme à laquelle se mesurent les formes réelles de fonctionnement des économies. Dans le second, c'est la décentralisation et sa conséquence, le problème de la coordination, qui deviennent le principal point de repère.

On ne peut pourtant passer directement de ce niveau d'analyse aux économies concrètes. Mais, à la différence de la notion d'*économie de marché*, celle d'*économie décentralisée* a l'immense mérite d'identifier les divers niveaux qui séparent l'abstrait du concret. Elle ouvre le champ de l'étude des formes intermédiaires, l'ensemble des moyens qui permettent à une coordination *ex post* d'émerger à partir des actions initiées séparément, des institutions prises dans leur individualité comme des systèmes hiérarchisés d'institutions qui définissent des trajectoires, soit systémiques soit nationales. On peut alors rejoindre un immense champ théorique occulté par l'économie standard, celui de l'analyse institutionnaliste de l'économie. Ce champ devient d'autant plus fécond qu'on le connecte avec la psychologie. On connaît le remords *in articulo mortis* d'Alfred Marshall, le maître de Keynes, et le créateur de quelques notions d'une étonnante modernité comme celle de district industriel : « Et si c'était à refaire, je me ferais psychologue... »

Eh oui, si les agents ne sont pas des automates programmables, s'ils pensent, rêvent et imaginent le futur qu'ils veulent créer pour eux et leurs proches, il nous faut tenter de comprendre à travers quelles procédures. Cette place centrale de la subjectivité des acteurs dans la formation de leurs anticipations, quelques économistes ont su la voir. On pense au méconnu et sous-estimé George Shackle, l'élève tout à la fois de Keynes et de Hayek, à ses deux maîtres bien sûr, mais aussi à Marx avec sa phrase magnifique :

« Quand une idée s'empare des masses elle devient une force matérielle. » Il pensait aux grands mouvements sociaux qu'il avait connus et à ceux qu'il espérait. Mais cette phrase décrit à merveille les mécanismes des bulles spéculatives. Ajoutons, parmi les contemporains, Albert Hirschman et Herbert Simon. Nous sommes loin des risibles simplifications de la théorie néoclassique, de ses automates optimisateurs programmés par des préférences exogènes. D'ailleurs d'autres chercheurs, plus spécialisés, ont bien montré que les préférences étaient dépendantes du contexte dans lequel l'agent était plongé. Les travaux d'Amos Tversky, de Kahneman, de Slovic et de Lichtenstein apportent des éléments fondamentaux pour l'économiste. Il est vrai qu'on les trouve plus souvent cités dans les revues de gestion que dans celles d'économie. Le concret gêne le formaliste et fâche le pédant.

Mais dire que les préférences sont endogènes à la décision, déterminées pour partie par l'environnement de cette dernière et l'inscription de l'agent qui les porte dans un contexte collectif, c'est à nouveau mettre sur le devant de la scène les institutions ainsi que les organisations et généralement l'ensemble des structures collectives. Le passage du niveau de l'agent individuel, la microéconomie, à celui du fonctionnement d'ensemble, la macroéconomie, peut alors cesser de relever de l'artifice ou de l'incantation. Artifice quand on suppose une agrégation de l'individu à l'ensemble par des voies nullement définies ou précisées. Incantation quand on affirme haut et fort que la macroéconomie doit être fondée sur la microéconomie, sans jamais montrer en quoi la macroéconomie est réellement dépendante des conditions microéconomiques. Au contraire, en mettant l'accent sur les formes intermédiaires, les institutions et les organisations, les coutumes et les règles, on peut définir et étudier les voies par lesquelles les individus et le corps social entrent en interaction.

Le niveau des formes intermédiaires cesse alors de prendre l'aspect d'une introduction *ad hoc* ou d'un repentir, comme c'est le cas chez certains économistes standards qui, au détour d'une démonstration, découvrent l'importance des *coûts de transaction* ou des *institutions de marché*. L'analyse des formes intermédiaires, du processus de leur naissance, de leur développement et de leur mort, est essentielle dans une démarche économique qui se veut tout à la fois réaliste et théoriquement rigoureuse. Penser les institutions implique d'en saisir la dynamique, soit le processus d'institutionnalisation. On peut, de là, jeter des ponts vers les historiens comme vers les spécialistes des sciences politiques, et l'économiste redécouvre le problème de l'État et du politique.

2.3. Ambitions et éclatement de l'économie

La pensée économique est diverse ; elle est aussi éclatée. Cela se vérifie de deux manières. D'une part, on pourrait dresser un florilège des affirmations, tenues pour scientifiques, qui télescopent allégrement des champs parfaitement contradictoires.

L'auteur de ces lignes se souvient d'avoir entendu au FMI, il y a quelques années, une autorité de cette organisation proférer que « l'inflation est partout et toujours un phénomène macroéconomique, comme l'a montré Hayek ». Il se trouve que Hayek a expliqué en fait le contraire ; l'inflation traduit les frictions au niveau des ajustements microéconomiques des prix relatifs. On peut être en accord avec Hayek ou le contester ; on peut considérer l'inflation comme un phénomène purement macroéconomique ou non. On ne peut mélanger les deux registres sous peine d'incohérence. Tel est le danger de l'éclectisme. De tels énoncés contradictoires témoignent de ce que les économistes ont perdu la maîtrise, du moins pour certains d'entre eux, de leur propre discours, car, dans une large mesure, la profession est amnésique. Ayant perdu la mémoire de ses propres débats et controverses, elle perd le fil de la logique des différents champs référentiels qui la traversent depuis l'origine. Cette perte de mémoire affecte des événements importants de la discipline, par exemple les grands débats des années 30 sur lesquels on reviendra dans cet ouvrage. Elle n'est nullement innocente. Plus que d'une perte de mémoire, on peut parler d'une négation de cette dernière. L'enjeu en est simple : permettre un usage instrumental des concepts clés du discours économique comme marché, demande, offre, concurrence ou équilibre. C'est le passage de la réflexion théorique au jeu de mécano ; on puise dans diverses boîtes sans tenir compte des possibles incompatibilités pour tenter de bricoler un argumentaire qui ait l'apparence de la logique. Ce faisant, on oublie que la concurrence n'a pas le même sens pour Walras, Hayek ou Schumpeter, que le marché de Keynes n'est pas celui de Walras, et celui de Walras et Debreu certainement pas celui de Hayek. On se contente d'additionner pour impressionner. Bien sûr, pour qui n'a pas étudié l'économie, l'empilement de noms connus peut avoir un effet de légitimation. Mais la ficelle est bien grosse. C'est même une corde, et elle pourrait un jour servir à pendre l'économie avec les économistes.

D'autre part, la diversité actuelle s'accompagne de la multiplication de revues et de périodiques scientifiques appartenant à des courants distincts. Ceci n'est pas, *a priori*, une mauvaise chose. Il n'en reste pas moins que cette floraison éditoriale cache une réalité plus sombre : le sectarisme grandissant desdits courants. Capturées par des branches du courant dominant, les grandes revues de référence, celles qui servent dans le cadre du CNRS à une notation prétendument objective des chercheurs, ne laissent qu'une part toujours plus mince dans leurs colonnes aux opinions divergentes. Ajoutons que l'ostracisme peut même frapper des auteurs du courant dominant si ces derniers ont eu le malheur de déplaire ou de critiquer certaines des positions du comité éditorial. Ajoutons encore hélas que de telles pratiques ne sont nullement l'apanage des défenseurs de l'économie standard ou « orthodoxe ». Les courants de pensée hétérodoxes connaissent aussi leurs petits chefs, gourous autoproclamés, les pratiques de censure ouvertes ou insidieuses. Mais ces pathologies sont plutôt exceptionnelles et souvent le fait des caractéristiques personnelles d'un individu, alors qu'elles relèvent d'un système chez les économistes standards. Ce qui a permis aux courants en rupture avec l'économie standard de survivre face au tir de barrage des tenants de l'ordre dominant, ce fut justement la liberté de recherche, les espaces de débats et de controverses, la richesse des polémiques que l'on trouve dès que l'on s'éloigne des sentiers trop balisés de l'économie standard. La diversité n'est donc pas le débat, du moins pour ceux persuadés de détenir *la* Vérité et bien décidés à extirper l'erreur chez tous ceux qui ne pensent pas comme eux. La diversité ne peut pas être le terreau du débat, au-delà des comportements sectaires et des pratiques de pouvoir, pour une raison plus fondamentale. L'économie dominante, celle qui est pratiquée par les tenants de l'économie standard, se caractérise par une absence de réflexion méthodologique. Elle se refuse à toute introspection un peu sérieuse sur ses méthodes et ses critères de vérification. Il en découle que l'on ne peut plus, si l'on reste au sein de ce courant, juger d'une controverse que sur des critères formels, comme par exemple le degré de modélisation. Or, une confrontation d'opinions divergentes sans critères de vérification n'est pas un débat.

Juxtaposition d'affirmations et d'analyses, refus, affiché ou sournois, de se confronter aux critiques des adversaires, incompréhension du rôle essentiel de l'échange d'objections avec d'autres courants, voire d'autres disciplines, la vie intellectuelle de la profession s'étiole alors même que son importance sociale s'accroît.

La diversité s'est ainsi muée en éclatement. Au-delà des pratiques de pouvoir dans les institutions qui sont bien connues des initiés et souvent scandaleuses, mais dont on aurait tort de croire qu'elles sont nouvelles ou même spécifiques à l'économie, cet éclatement traduit avant tout une crise majeure de la méthodologie des économistes. Faute d'un accord sur les critères d'une confrontation des divergences, on reste chez soi, quitte à se barricader contre toute intrusion du voisin. Cette crise de la méthodologie est à la fois un symptôme et l'un des éléments de la décadence actuelle de l'économie et de sa transformation en une apologétique[1].

3. SCIENCE OU SCIENTISME : L'IMPORTANCE DU DÉBAT MÉTHODOLOGIQUE

La question de la méthodologie est un sujet qui fâche dans la profession. Il y a quelques bonnes raisons à cela. Plutôt que d'avoir un débat portant sur le plus ou moins grand pouvoir explicatif des conjectures émises par les divers courants de la profession, les économistes du courant dominant préfèrent poser aux scientifiques contre des non-scientifiques. Certains vont même jusqu'à théoriser un refus de la méthodologie[2]. Le refus d'une discussion de fond sur les critères de vérification permet alors d'imposer certains de ces critères, ceux justement qui peuvent devenir des instruments dans une stratégie d'exclusion des courants sortant de l'orthodoxie dominante.

Un article qui s'écarte un tant soit peu des canons de l'économie

1. S.C. Dow, « Mainstream Economic Methodology », *Cambridge Journal of Economics*, vol. 21, nº 1/1997, pp. 73-93.

2. Voir ainsi E.R. Weintraub, « Methodology doesn't Matter, but History of Thought Might », *in* S. Honkapohja (ed.), *Wither Macroeconomics ?*, Oxford, Basil Blackwell, 1989.

standard se verra refusé par les comités de rédaction des grandes revues au nom de deux types d'arguments. Soit il sera réputé « non scientifique », c'est-à-dire insuffisamment formalisé et usant trop peu des mathématiques, soit il sera réputé non économique. Quand certains confrères ne peuvent plus faire usage des mathématiques de manière terroriste, ils renvoient à la sociologie ou à l'histoire, implicitement tenues pour disciplines mineures, ce qui ne rentre pas dans leurs critères.

Or, quiconque a un peu étudié l'histoire des sciences sait que la fascination pour le formalisme, et les mathématiques sont par nature un formalisme, est un signe indubitable de glissement de la science au scientisme. La fascination exercée par les mathématiques est plus la preuve d'une faiblesse que d'une force méthodologique. La présence de discours fermés sur eux-mêmes, alors que la pratique scientifique est ouverte à la controverse par définition, témoigne du glissement vers le religieux avec ses tics et ses tares, chapelles, orthodoxie, fondamentalisme et excommunications.

3.1. Modèles, conjectures complexes et testabilité

Soutenir que la méthodologie est importante nous entraîne sur un autre terrain, celui de la vérification de conjectures et de leur testabilité. Le problème est ici particulièrement délicat en économie, et l'une des raisons en est la nature des conjectures utilisées.

Un énoncé classique nous en donne un exemple. Pour un grand nombre de collègues, il est évident que « *l'inflation est partout et toujours un phénomène monétaire* ». Ce qui était autrefois conjecture est devenu aujourd'hui un dogme car, nous dit-on, largement prouvé par maintes études économétriques. Pourtant, les choses sont bien moins évidentes qu'on ne l'affirme. Outre quelques doutes que l'on peut avoir sur les travaux économétriques eux-mêmes, le passage d'une observation à une affirmation devrait faire sourciller tout esprit un peu critique.

Cet énoncé vaut en effet mieux que sa mythification par les uns ou son rejet pur et simple par les autres ; il fonctionne comme les poupées russes emboîtées, et le processus de démontage de l'ensemble est hautement instructif quant aux fondements de l'économie. Soutenir l'existence d'un lien étroit et mécanique entre les variations de la masse monétaire et celles des prix revient à affirmer deux choses différentes, car en vérité on se repose sur une autre conjecture qui peut ainsi s'énoncer : les agents ont des comportements, tels qu'ils vont *instantanément* dépenser la *totalité* d'un gain de revenu dont l'origine serait une pure création de monnaie. Ceci entraîne qu'un accroissement de moyens de paiement, toutes choses égales par ailleurs, nous conduit à la dévalorisation de ces moyens en comparaison du stock de biens et de services disponibles.

Ce qu'il faut alors élucider c'est l'origine de ces comportements, ce qui fournit une illustration immédiate à l'importance des hypothèses psychologiques et cognitives que l'on trouve nécessairement dans *tout* argumentaire économique. Ici deux hypothèses méthodologiques sont possibles.

Soit on affirme que les comportements dont il est question sont donnés aux agents économiques. Dans ce cas, l'énoncé initial n'est rien d'autre qu'une conséquence d'une hypothèse sur des caractéristiques immanentes à la nature humaine. Les acteurs sont alors parfaitement prévisibles puisque leurs comportements ne sont nullement liés à une réflexion de leur part mais à quelque chose qui relève de l'inné. Dans le cas d'espèce, ils dépensent instantanément et sous une forme identique à leurs dépenses antérieures la totalité d'un surplus de revenu. L'*homo economicus* n'est plus un acteur raisonnant, mais un automate programmé de telle manière qu'un accroissement de l'offre de moyens de paiement entraînera une hausse des prix. Si tel est le cas, alors la relation création de monnaie-inflation a bien les caractéristiques d'une loi naturelle.

Soit on affirme que ces comportements sont déterminés par le cadre institutionnel et l'ensemble des formes intermédiaires dans lequel les agents se meuvent. Les agents, avant de prendre une décision, construisent un raisonnement, influencé à la fois par leur histoire propre et leur environnement ; ils cessent donc d'être parfaitement prévisibles et deviennent capables d'innovation. Alors, l'énoncé initial n'a de validité que dans le cas où ces institutions et formes intermédiaires engendrant le comportement décrit sont réellement réunies. Le lien création de monnaie-inflation cesse d'être une loi pour devenir un cas de figure possible mais non exclusif d'autres relations.

Cette distinction entre les deux hypothèses est extrêmement importante pour l'interprétation des résultats des tests économétriques. Dans le premier cas, l'établissement *d'une et une seule relation* entre monnaie et inflation suffit pour valider l'énoncé initial. Dans le second au contraire, il faudrait établir cette relation pour la totalité des configurations institutionnelles existantes, passées et à venir, pour qu'il y ait validation. À défaut de tester chacune de ces deux hypothèses sur les comportements, l'établissement d'une relation entre monnaie et prix renvoie à une indétermination théorique ; cette relation ne peut certainement pas permettre de trancher entre les hypothèses de comportement.

Cet exemple permet de montrer un point fondamental pour la compréhension du discours économique. *Il repose presque toujours sur des conjectures complexes ou emboîtées qui ne sont donc jamais directement testables.* Pour pouvoir avancer, il faut désemboîter les conjectures, les déconstruire, et donc avoir une activité théorique qui implique une méthodologie rigoureuse. Alors est-il possible d'en tester certaines, et on verra par la suite que c'est le cas avec les hypothèses de comportement des agents. Mais cette possibilité est elle-même limitée. La testabilité des conjectures, dans un domaine ayant trait aux activités humaines, est toujours mise en cause par la multiplicité des paramètres et la nature de ces derniers, ainsi que par les effets des interactions entre agents dont ces derniers ne sont d'ailleurs pas nécessairement conscients. Prétendre qu'en sciences sociales un test puisse toujours et partout être parfaitement incontestable revient à postuler que les agents ont une connaissance totale des effets des leurs actions sur leur environnement. Refuser une telle hypothèse conduit à reconnaître que la testabilité ne peut être que limitée et appliquée aux conjectures les plus simples, soit celles que l'on obtient après déconstruction. Cela ne revient pas à renoncer à l'idée du test, dont on maintient qu'il peut être, dans certaines conditions et sous l'application d'un protocole méthodologique rigoureux, un instrument utile à l'économiste. Mais cela implique de toujours qualifier de manière précise ce que l'on entend par testabilité et surtout de ne pas se focaliser uniquement sur cette démarche pour tenter de vérifier certaines conjectures.

Quand un enseignant en économie prononce devant ses élèves ou étudiants l'expression consacrée « toutes choses étant égales par ailleurs », il ne fait que nier, à des fins pédagogiques ou démonstratives, cette multiplicité. Il suppose en effet que l'on peut, dans les activités humaines, modifier un paramètre sans que l'ensemble des relations en soit affecté. On ne récuse pas d'emblée la modélisation, qui repose sur cette clause « toutes choses étant égales par ailleurs ». Comme outil pédagogique, elle a bien des attraits. Mais, s'il faut utiliser une comparaison, un modèle n'est jamais qu'un simulateur et non la réalité. Ce qui est ici plus grave, *c'est le passage implicite de la pédagogie à la démonstration* Il n'est pas innocent que l'on puisse glisser aussi facilement du registre de l'enseignement à celui de la discussion et de la conviction. C'est un signe indubitable de l'autoproclamation de l'expert économique en savant. Dans une démonstration, on prétend emporter l'adhésion de ses égaux, alors que dans un enseignement on transmet dans un cadre hiérarchique des propositions que l'on est en droit de simplifier à loisir. User des méthodes de la pédagogie là où il y a discussion, c'est implicitement nier l'égalité initiale des statuts et donc subvertir le principe même de la discussion.

Il faut ensuite prendre en compte la nature des paramètres utilisés. Les statistiques économiques sont parfois des animaux bien étranges et bien malicieux pour celui qui n'y prend garde. Un simple exemple permettra de saisir l'ampleur du problème.

Imaginons un pays dont les habitants, à la période initiale, produisent deux biens. Le premier sert à leur consommation alimentaire, et il est produit dans le cadre d'exploitations familiales et non commercialisé. Le second est entièrement vendu à l'étranger et sert à payer les autres dépenses. Supposons que, dans une seconde période, les habitants de ce pays, considérant les prix relatifs de ces deux biens sur le marché mondial, décident de ne plus produire que le second, et d'acheter aussi à l'étranger leur consommation alimentaire. Si on calcule le PIB de ce pays, on mesurera une forte croissance de la première à la deuxième période, sans que cela implique que la richesse réelle du pays ait augmenté dans les faits. Le paradoxe vient de ce que le PIB (ou le PNB) ne mesure que la production commercialisée. Imaginons maintenant que, au lieu de deux périodes, on ait deux pays différents. Le premier, celui où une large partie de la production est autoconsommée, apparaîtra dans les statistiques internationales comme bien plus pauvre que le second. Et l'économiste, qui voudrait mesurer ce que l'ouverture sur le marché mondial apporte en richesse aux économies nationales pourra conclure, s'il n'y prend garde, que cet exemple prouve indiscutablement les bienfaits de l'ouverture. Ne doutons pas d'ailleurs que si notre économiste est un expert travaillant pour le FMI ou l'OCDE, c'est exactement ce qu'il fera. D'autres indicateurs auraient pu être utilisés, comme l'espérance de vie (sous réserve de structures démographiques identiques), la structure des consommations des ménages, le taux de scolarisation. Ils mesurent tout aussi bien, et souvent mieux, la richesse économique d'une nation.

Il faut donc se souvenir, quand on parle de tests et de preuves économétriques, que les statistiques ne sont pas la réalité, mais *une traduction normalisée de la réalité.* Elles ne sont pas, non plus, une pure manifestation de l'imagination du statisticien, personnage en réalité plus honnête qu'on ne le croit. Souvent d'ailleurs, quand la réalité ne répond pas aux prévisions de l'économiste ce dernier essaie de faire porter le chapeau au statisticien. Si les calculs n'étaient pas bons c'est que les données ont été mal collectées. Voire... Peut-être est-ce simplement le fait que le calcul lui-même n'avait pas de sens, que l'on a voulu additionner des pommes et des oranges.

La question qu'il faut toujours se poser est donc de savoir si la norme utilisée a un sens compte tenu de la réalité que l'on veut traduire. Pour des pays dont le niveau de commercialisation des activités productives est à la fois élevé et comparable, il n'y a aucun danger majeur à user du PIB. Mais, si les structures sociales et économiques sont hétérogènes, alors la question de la norme de traduction devient essentielle. Or, l'utilisation des statistiques économiques comme « preuves », au sens où certains économistes l'entendent, implique qu'on se livre à des comparaisons étendues pour que les résultats soient généralisables. On est donc obligé, d'emblée, d'inclure des situations fortement hétérogènes. Ce problème se pose avant tout parce que les économistes, et en particulier ceux du courant dominant, restent persuadés que le test, la vérification économétrique, est la preuve ultime de scientificité de leur discours. Erreur funeste, qui révèle la faiblesse de leur méthodologie, et en particulier leur ralliement dénué de toute critique à la démarche proposée par Karl Popper.

3.2. Les économistes et l'extinction du poppérisme

La tradition méthodologique de l'économie standard ou dominante s'est ralliée explicitement, dès les années 30, aux thèses de Karl Popper, comme en témoigne un ouvrage dont les idées ont été par la suite maintes fois reprises[1]. Ce faisant, elle a eu tort.

1. Voir T.W. Hutchison, *The Significance and Basic Postulates of Economic Theory*, Macmillan, Londres, 1938.

Outre que Popper lui-même avait des doutes sur l'application de sa méthode à l'économie, sa démarche prête le flanc à des critiques tout aussi nombreuses qu'elles sont anciennes.

Rappelons donc que, pour Popper, le critère de scientificité d'une hypothèse, d'une conjecture, n'est ni sa véracité ni son réalisme mais simplement le fait qu'elle soit testable et donc potentiellement réfutable. La Science procéderait donc par émission d'hypothèses, application à ces dernières de tests rigoureux aboutissant à l'invalidation de certaines d'entre elles, puis émission de nouvelles hypothèses, et ainsi de suite. On voit immédiatement ce que Popper pouvait apporter aux quelques économistes standards dont l'âme était troublée par le grand vide méthodologique du discours néoclassique. À tout prendre, mieux vaut lire un philosophe que s'adonner au Prozac. Le problème c'est que le choix du philosophe n'a certainement pas été le bon. Au contraire de la tradition issue de Karl Popper, il est en effet difficilement admissible de croire en une progression régulière sur la base de l'interaction entre des conjectures réfutables et des expériences pertinentes [1].

Or, le fait de pouvoir tester une conjecture théorique (ce que l'on appelle le principe de réfutation ou de falsification) n'est pas un critère de scientificité suffisant. Pour que la testabilité soit robuste au sens de Popper, il faudrait que l'on puisse tester les conjectures seules, autrement dit que l'on puisse parfaitement isoler les causes et les effets, et que les méthodes d'évaluation des résultats ne reflètent pas déjà le choix d'une théorie. Cela renvoie à ce que l'on a évoqué à propos des sources de l'inflation et porte un nom en épistémologie, c'est le problème de Duhem et Quine, du nom des deux logiciens qui l'ont formulé [2]. Ce problème, déjà sérieux en physique, est parfaitement rédhibitoire en économie où les agrégats utilisés pour quantifier, et donc pour construire les tests, ne font que normaliser une réalité à partir de conjectures théoriques implicites. En effet les agrégats utilisés par les économistes et les statisticiens, qu'il s'agisse du PIB ou des différentes

1. T.S. Kuhn, *La Structure des révolutions scientifiques*, Paris, Flammarion, coll. « Champs », 1983, 2e édition.

2. P. Duhem, *The Aim and Structure of Physical Theory*, Princeton (NJ), Princeton University Press, 1954. W. Quine, « Two Dogmas of Empiricism », *in* W. Quine, *From a Logical Point of View*, Cambridge (Mass.), Harvard University Press, 1953, pp. 20-46.

définitions de la masse monétaire (M0, M1, M2 ou M3), ont tous un contenu théorique.

Un second problème tient à la nature des prévisions par rapport au mode de testabilité. Dans la grande majorité des cas les prévisions sont qualitatives (la création monétaire est source d'inflation), alors que la vérification est quantitative. Plus généralement, comme on l'a indiqué plus haut, les « tests » économétriques portent en réalité sur des conjectures multiples et imbriquées, ce qui rend leur résultat illisible en termes de vérification (on ne sait plus ce qui est vérifié).

Un troisième problème tient à la manière même dont Popper utilise la réfutation et la falsification. Pour lui, la falsification doit engendrer un rapprochement des théories avec la réalité, et le progrès théorique doit se mesurer à la capacité à expliquer des faits nouveaux. Or, Popper lui-même admet que le rapprochement entre théorie et réalité, qui n'est autre qu'une hypothèse, ne saurait être testé [1]. Autrement dit, l'hypothèse centrale de sa théorie du progrès scientifique n'est elle-même pas testable. De plus, l'économie vérifie toujours ses conjectures sur des événements passés. Dans ces conditions, on ne doit pas s'étonner d'une très large remise en cause de l'applicabilité de la méthodologie poppérienne.

L'intéressant ici est que les économistes du courant dominant ont été sourds aux critiques des philosophes et des épistémologues. Ils se sont cramponnés à Popper comme des naufragés à une bouée [2], et pour des raisons évidentes. La démarche de Popper permettait d'esquiver le débat sur le réalisme des hypothèses initiales, débat porté par les courants contestataires qu'ils soient institutionnalistes ou marxistes. Cette surdité ne pouvait que conduire l'économie dans une impasse méthodologique. Le refus de tout débat sur le réalisme des hypothèses est un autre des articles de foi de l'économie standard. Il fonde l'instrumentalisme dont Milton Friedman, le père du monétarisme, s'est certainement fait le héraut le plus zélé. L'instrumentalisme se résume en une proposition simple : qu'importe la nature de mes hypothèses, du moment qu'elles me permettent de faire des prédictions. Un empirisme logique succède alors au positivisme logique. On mesurera le poids des préju-

1. K. Popper, *Realism and the Aim of Science*, Totowa (NJ), Rowman & Littlefield, 1983, p. xxxv.

2. Par exemple M. Blaug, *The Methodology of Economics*, Cambridge, Cambridge University Press, 1980.

gés hérités de Popper par un simple exemple : Oliver Williamson, l'un des « pères » du néo-institutionnalisme, va ainsi encore prétendre en 1985 que le caractère potentiellement falsifiable d'une conjecture est plus important que son réalisme[1].

Le vrai problème est ici moins la question de savoir si l'économie est une science dite dure, au même titre que les mathématiques, question qui ne vaut certes pas que l'on se réveille la nuit pour y réfléchir[2], que de savoir s'il est possible d'avoir une démarche scientifique en tant qu'économiste. Cette question-là devrait causer des insomnies à tout économiste un peu honnête. Que l'on ne s'inquiète pas. La majorité d'entre eux dorment sur leurs deux oreilles.

3.3. De la vanité de la vérité à la tyrannie du discours

Arrivé en ce point, il serait facile d'en déduire que l'économie n'est pas et ne peut être scientifique. Mais une telle proposition repose en réalité sur une illusion : serait scientifique ce qui produirait de la Vérité. Telle est pourtant la conséquence logique des errements positivistes du poppérisme. En effet, les limites de la méthodologie de Popper ont entraîné un certain nombre d'économistes qui refusent d'abandonner l'empirisme logique à rejeter l'idée même qu'un débat sur la méthode des économistes soit nécessaire. Dans un tel contexte, on comprend alors l'intérêt que suscitent au sein de ce courant les théories déniant toute importance à la méthodologie[3], voire à se rallier à des positions que l'on peut qualifier d'« hyper-critiques » qui refusent même l'idée de vérification des arguments. Ne compterait désormais plus que la capacité à convaincre, la forme de l'exposé et non plus son fond.

On peut voir dans ce nouveau courant les traces de ce qui a été appelé le *linguistic turn* dans les sciences sociales[4]. Il est incontes-

1. O.E. Williamson, *The Economic Institutions of Capitalism, Firms, Market, Relational Contracting*, New York, Free Press, 1985, pp. 391-392.

2. Voir ainsi, J. Cartelier et A. D'Autume (ed.), *L'économie est-elle une science dure ?*, Paris, Economica, 1995.

3. E.R. Weintraub, « Methodology doesn't Matter, But History of Thought Might », *op. cit.*

4. J. Doherty, E. Graham et M. Malek (ed.), *Post-Modernism in Social Sciences*, Londres, Macmillan, 1992.

table que toute activité scientifique passe par de la production de discours. Il est tout aussi incontestable que le discours a ses propres règles et ses effets sur qui le lit, et ce indépendamment de son contenu. L'usage de métaphores, de comparaisons, ou même le statut donné aux références et insertions induisent une dynamique que l'auteur ne peut espérer complètement maîtriser. Cela dit, que ce soit sous la forme de traités savants ou sous celle plus aimable mais non moins précise d'un bon roman [1], encore faudrait-il ne pas confondre la roue et le moteur qui fait tourner la roue.

L'assimilation du discours économique à une pure rhétorique est un jeu très dangereux, dont on voit bien à qui il profite [2]. En apparence, cette thèse semble vouloir discréditer les prétentions scientistes de l'économie standard. En réalité, elle conforte la position de cette dernière. Si l'économie n'est que rhétorique, alors seul compte le pouvoir de conviction. Dès lors, ceux qui, sont majoritaires dans une corporation ont raison, puisqu'ils sont majoritaires...Ah la belle trouvaille ! On comprend qu'elle aille droit au cœur de certains de nos confrères. Ceci permet, entre autres, d'évacuer le problème de la crise de la méthodologie de l'économie standard et fournit une autojustification aux pratiques de la majorité.

Le discours « hyper-critique » ou « déconstructeur » a surtout pour effet de discréditer la pratique de la méthodologie, au moment même où les économistes en ont le plus besoin. On peut y voir le pôle opposé du positivisme logique de Popper. À la thèse d'un processus linéaire conduisant à la Vérité scientifique pure et dure répond celle d'une absence totale de cette dernière, d'un espace purement dominé par la tyrannie du discours. Mais la pratique scientifique n'est ni purement déterminée par une logique internaliste (une vérité spécifique s'imposant de manière transparente aux acteurs), ni le produit d'une seule logique externaliste (seuls comptent les rapports de pouvoir et les rapports sociaux de la communauté des chercheurs, qui constituent le contexte externe à l'expérimentation).

Dire qu'il n'y a pas nécessairement de vérité transcendante, que notre rapport au réel est complexe et médié par des représenta-

1. Voir le remarquable *Nice Work* de David Lodge, traduit en français sous le titre *Jeu de société*, Paris, Rivages, 1990.
2. D. McCloskey, *The Rhetoric of Economics*, Madison (Wisc.), University of Wisconsin Press, 1985.

tions, n'implique nullement qu'il faille abandonner le principe de procédures de vérification. Ici, le comportement des partisans des thèses post-modernes et hyper-critiques n'est pas sans rappeler celui de l'enfant qui, parce que son jouet ne fonctionne pas comme il veut, prétend qu'il ne fonctionne pas du tout.

Le constat d'une crise méthodologique au sein du courant dominant s'impose. Peut-être est-il bon, alors, de rappeler cette citation de W. Jevons, que tout chercheur en sciences sociales se devrait de connaître par cœur : « Un calme despotique est le triomphe de l'erreur ; dans la République des Sciences, la sédition et même l'anarchie sont dans le long terme favorables au plus grand bonheur du plus grand nombre [1]. »

Il n'en reste pas moins cependant que, si la constante remise en cause des idées dominantes est nécessaire, il doit y avoir débat et non vacarme. Une situation où tout pourrait être soutenu sans conséquences, car sans procédures de vérification, ne serait pas moins despotique qu'un calme imposé par une main de fer. Un débat sans procédures est un débat sans enjeu ; ce n'est plus un débat. Voici donc à quel désastre pourrait aboutir la diffusion des thèses post-modernes, une dictature non moins dangereuse que celle du despote visible, au règne duquel le tyrannicide peut au moins mettre fin.

Refuser des procédures de vérification au prétexte qu'elles sont imparfaites est un comportement infantile. Il faut se pencher sur les méthodes permettant de limiter les imperfections et d'améliorer les procédures, même si l'on sait que la perfection est un objectif hors d'atteinte. Depuis des millénaires, les médecins finissent par perdre la bataille contre la maladie ; leurs malades, à la fin des fins, meurent. Ils n'en ont pas pour autant décidé que la médecine était une activité sans objet puisque son triomphe ultime, l'immortalité, était hors de portée. C'est le fond de la condition humaine que de mener des batailles qui sont le plus souvent perdues, ou qui au mieux n'engendrent que des succès temporaires et limités. Ce n'est pas pour autant qu'il faut cesser de se battre.

1. W. Jevons, *The Theory of Political Economy*, Londres, Macmillan, 1871, p. 266.

4. POUR UNE NOUVELLE ÉCONOMIE

La rupture avec les différentes impasses scientistes du positivisme est aujourd'hui une tâche prioritaire pour les économistes. Mais, on ne peut sortir des impasses du positivisme, et en particulier de celles de l'axiomatisme, cette maladie infantile de l'économie, que par l'adoption d'une démarche affirmant la nature particulière du rapport au monde réel. En fait, tous les économistes font de la méthodologie tout comme ils font de la psychologie. Ils ont une hypothèse, implicite le plus souvent, sur le rapport au monde réel et le degré de lisibilité des causes à travers la manifestation des effets. Le problème est que, comme Monsieur Jourdain, ils le font sans le savoir. Pis même, ils refusent d'admettre ce qu'ils font. Le cœur du problème est sans doute là. Ce n'est qu'en acceptant les différentes dimensions propres à l'économie, et donc en s'acceptant comme des chercheurs en sciences sociales, que les économistes peuvent mettre fin à la crise de leur discipline, et, plus important encore, être enfin à même d'être un peu utiles au reste de la société.

4.1. Le réel et l'abstrait

La liquidation du positivisme passe nécessairement par une formulation précise du rapport entre réel et abstrait.

Tony Lawson oppose ainsi à la vision du réel et de sa connaissance, qui serait directe, immédiate et transparente, développée par les approches positivistes, celle d'un monde stratifié en trois niveaux. Tout d'abord l'*empirique* qui nous est accessible directement par l'expérience, puis le *factuel* qui concerne les événements réels et l'état des contextes au-delà de nos perceptions immédiates, impliquant pour être connaissable que nous reconstruisions les impressions issues de nos expériences immédiates sur la base d'hypothèses et de représentations, enfin le *réel* qui correspond aux tendances, mécanismes et structures réellement à l'œuvre, que nous percevons par leurs effets et résultats, que nous ayons ou non conscience de leur existence[1]. Cette démarche implique que

1. T. Lawson, *Economics and Reality*, Londres et New York, Routledge, 1997.

l'interrogation scientifique ne puisse s'arrêter à la question du « comment » ; elle doit impérativement poser celle du « pourquoi », même si rien ne prouve qu'une réponse puisse y être fournie, pour pouvoir justement résoudre l'interrogation sur le « comment ».

Il faut alors opposer à l'instrumentalisme et à l'axiomatisme une approche qualifiée de *réalisme critique*, pour reprendre l'expression de Collier[1]. Cette approche a deux conséquences importantes. Elle implique tout d'abord de bien distinguer et d'expliciter les niveaux d'abstraction auxquels une enquête scientifique se déroule. Elle implique ensuite de penser en termes de systèmes interdépendants et connaissant des rétroactions multiples qui ne sauraient être immédiatement et directement envisageables sur la base de l'expérience et du vécu, autrement dit en termes de complexité. Le réalisme est ici dit critique car il reconnaît que les structures et institutions des sociétés dépendent de l'action humaine et sont ainsi ouvertes au changement en raison des représentations, plus ou moins mystifiées, que les acteurs ont de leurs propres actions et des résultats qui en découlent. On retrouve alors une des thèses les plus puissantes de Marx, celle qui affirme que ce sont les hommes qui font l'histoire, même s'ils ne font pas toujours celle qu'ils veulent et encore moins celle qu'ils croient faire. Ce réalisme critique et cette vision d'un monde stratifié rendent alors possible la construction d'échelles d'abstraction. Elles permettent de préciser les niveaux de raisonnement et les programmes de recherches, de distinguer ce qui relève du cas d'espèce et de la généralisation[2].

4.2. Jalons pour une méthodologie

Cette rupture nécessaire avec le positivisme permet de dégager une méthodologie scientifique pour les économistes qui reconnaissent et acceptent leur insertion dans les sciences sociales.

Il faut tout d'abord que les hypothèses soient réalistes. Dire qu'une hypothèse doit être réaliste n'implique pas qu'elle soit vraie mais qu'elle ne soit pas ouvertement contrafactuelle et

1. A. Collier, *Critical Realism : An Introduction to Roy Bhaskar's Philosophy*, Londres, Verso, 1994.
2. J. Sapir, « Le capitalisme au regard de l'autre », *op. cit.*

qu'elle respecte un certain nombre d'acquis préalables. Ainsi, supposer que les agents sont, en tout lieu, à toute heure, en mesure de calculer la totalité des conséquences possibles de l'interaction entre une décision et l'environnement, supposition qui est consubstantielle à l'hypothèse de rationalité maximisatrice, n'est pas réaliste. Supposer que leurs comportements reflètent des routines et des choix sous incertitude, parce que justement ils ne peuvent tout connaître ni tout calculer est un point de départ réaliste.

Il faut ensuite que le raisonnement soit cohérent. Un raisonnement cohérent est un discours construit dans lequel on ne fait pas entrer, sous prétexte d'une explication conjoncturelle, un élément qui soit incompatible avec les prémisses. Cette cohérence n'est pas suffisante pour garantir que le raisonnement soit juste, mais une incohérence interne signale toujours *a contrario* une faille majeure dans le raisonnement.

Il faut enfin pratiquer une testabilité limitée. Dire que l'on ne peut pas tout tester, ou que les résultats ne peuvent être tenus pour naturellement indiscutables, ne signifie pas qu'il faille renoncer à tester. Le chercheur doit pratiquer une testabilité limitée ou critique, dont le protocole repose sur deux préambules :

a. *Il faut pouvoir décomposer un argument en conjectures simples.* Le simple processus de décomposition des argumentaires a déjà une valeur critique et analytique essentielle, en permettant la mise en évidence des interactions et rétroactions. La testabilité limitée s'oppose ici à l'emploi de la clause « toutes choses étant égales par ailleurs », qui implique que le système étudié soit simple, dans le sens où l'on puisse faire varier un élément sans modifier les relations de cet élément avec le reste. La testabilité limitée part du principe que les systèmes sont complexes.

b. Il faut procéder à *une construction explicite du test*, c'est-à-dire à une analyse critique des sources des données, des processus qui les mettent à la disposition du chercheur, de leur contenu théorique implicite (par exemple dans l'utilisation des données de PNB/PIB), du degré de généralité du test et de la procédure du test.

4.3. Plan de route

Le projet d'une nouvelle économie, qui respecterait la méthodologie définie plus haut et porterait remède à la dégénérescence actuelle de la science économique, est ambitieux. Il implique de revenir aux fondements mêmes de cette discipline. Cette nouvelle économie, qui renouerait en fait les fils de divers courants hétérodoxes, ne peut être qu'une économie subjectiviste. En un mot cela signifie que l'on considère des acteurs conscients et non des automates, mais aussi des acteurs qui sont irréductiblement incapables de percer totalement le voile d'incertitude qui plane sur toute action humaine d'envergure. C'est ce point qui unit tout à la fois Keynes, Hayek, Marx, Schumpeter et les institutionnalistes américains, et qui les sépare aussi, et radicalement, de la tradition néoclassique. Ces acteurs réagissent aux contraintes du mode réel, mais ils le font à travers des perceptions et donc par l'entremise de leur subjectivité. Cette dernière est, dans une large mesure, le produit des différents contextes collectifs au sein desquels ces acteurs évoluent.

Dans une économie subjectiviste, la décision est toujours potentiellement créatrice, elle repose toujours sur un pari sur le futur. Cette décision met en branle des acteurs hétérogènes, qui opèrent dans des environnements hétérogènes, qui se fondent enfin sur des biens et des services hétérogènes. L'hétérogénéité est première, non seulement parce qu'elle définit un environnement, mais aussi parce qu'elle est le résultat, conscient ou non, de la capacité d'innovation et d'invention des acteurs. Si la création répond à l'hétérogénéité tout en l'engendrant, l'hétérogénéité induit l'incertitude, tant statique à travers des comparaisons toujours imparfaites, que dynamique à travers l'émergence toujours possible de ruptures, de discontinuités majeures. Création, hétérogénéité et incertitude sont donc les maîtres mots d'une économie subjectiviste. Aussi, deux éléments émergent pour comprendre ces paris et cette création, le temps et l'argent. Le temps, car l'inscription des actions dans une temporalité irréversible est une base fondamentale pour une approche réaliste. L'argent, car la monnaie comme institution est la tentative la plus achevée, tout en restant incomplète, pour jeter un pont entre des mondes, tant présents que futurs, hétérogènes.

La théorie néoclassique et son héritière actuelle, l'économie standard, se définissent au contraire par le triple refus de la création, de l'hétérogénéité et de l'incertitude. Ce faisant, elles ne peuvent que nier le temps et être incapables de comprendre le rôle et le statut de l'argent. Temps et argent sont donc les impensés de l'économie dominante. Impensés et non oublis ; il s'agit de véritables points aveugles, qui conduisent à une incompréhension fondamentale de ce qu'un marché peut être et de ses relations avec les espaces publics, c'est-à-dire l'État.

Penser une nouvelle économie est possible, mais implique un bon plan de route. Au sein du cadre méthodologique délimité ci-dessus, on propose alors au lecteur la progression suivante.

Le premier chapitre s'attache à évaluer le courant néoclassique, la théorie de l'équilibre général. Ce qui permet de montrer d'une part où se trouvent les problèmes théoriques et méthodologiques réels, et d'autre part de redéfinir ce que peuvent être les stratégies de recherche en économie. Contrairement à ce que l'on croit souvent, du moins chez ses adversaires, ce qui est condamnable dans l'équilibre général n'est pas l'attention portée à la microéconomie ni le degré d'abstraction. C'est faire fausse route que d'attaquer les néoclassiques sous cet angle. Par contre, il convient de prendre conscience des incohérences, logiques et théoriques, induites par les hypothèses qui structurent cette théorie. Il faut aussi mesurer qu'elles sont irréalistes, au sens où elles constituent soit des conjectures contrafactuelles, soit des postulats métaphysiques. Enfin, la prétention des néoclassiques à représenter la seule stratégie de recherche scientifique doit être dénoncée comme une imposture. La critique des néoclassiques incite à se pencher à la fois sur une autre stratégie, celle qui met la notion de *crise* et non l'*équilibre* au cœur de son projet de recherche. Ceci soulève alors le problème des filiations conceptuelles, un problème doublement occulté par l'axiomatisme et l'instrumentalisme du courant dominant.

C'est pourquoi le chapitre 2 consiste en un retour de la mémoire. Une discipline qui ne garde pas la trace de ses débats passés ne peut, par définition, produire de critères valables de vérification. Ce chapitre est consacré à deux grandes controverses qui ont durablement marqué la pensée économique : celle entre partisans de la planification et du marché, et celle à propos des cycles économiques. Ces controverses nous rappellent qu'il y eut des convergences aujourd'hui oubliées ou occultées. Ainsi, Keynes et Hayek sont, sur certains points, plus proches qu'on ne le pense. De même, il y a d'intéressantes convergences entre l'ultralibéral Hayek et le socialiste Neurath. Inversement, la théorie de l'équilibre s'avère une théorie de l'économie centralisée et non d'une économie dominée par des agents décentralisés. Les résultats de ces controverses mettent au premier plan l'importance du temps et de la notion d'économie séquentielle, c'est-à-dire d'une économie conçue comme une séquence de périodes successives, où les décisions présentes sont conditionnées par le résultat des décisions passées. De Cantillon à Keynes, en passant par Hayek, l'économie séquentielle est au cœur du raisonnement des économistes qui ont refusé le réductionnisme néoclassique.

Le chapitre 3 est alors consacré à analyser ce que prendre le temps au sérieux implique pour la théorie économique. Ce temps est d'abord celui de la décision ; on ne peut infiniment en retarder certaines sous peine de connaître le sort de l'âne de Buridan. Mais si le temps de la décision ne nous est pas infiniment compté, certains décident avant d'autres. Le jeu entre décideurs en premier et décideurs en second est une source potentielle d'instabilité et de crise. À ce temps s'ajoute celui qui s'écoule entre le moment où une décision est prise et celui où elle produit ses effets. Ce temps de l'action est tout aussi important pour une théorie réaliste de l'action économique. Ceci permet de faire émerger le concept de contrainte temporelle, qui pèse sur les comportements à égalité avec la contrainte d'environnement.

Mais une économie décentralisée et séquentielle pose le problème de la monnaie. Pourtant, et c'est l'objet du chapitre 4, c'est peu dire que la pensée économique est mal à l'aise face à l'argent. Entre la négation formelle d'un rôle réel de la monnaie, qui caractérise tant les néoclassiques que le discours économique soviétique, et une absolutisation de son rôle dans un essentialisme monétaire, il y a cependant une place pour une analyse réaliste de la monnaie. Elle implique de confronter les opinions des économistes et des sociologues. Elle met au jour une nouvelle convergence, cette fois entre Weber et Keynes.

On peut alors, et c'est l'objet du chapitre 5, s'attaquer à un certain nombre de paradigmes qui encombrent les discours sur l'économie, qu'ils soient ceux des journalistes, des politiques, ou le discours réputé savant des économistes eux-mêmes. On a choisi quatre paradigmes emblématiques : la concurrence, la décentralisation, la propriété et la flexibilité. À travers l'analyse de ces paradigmes, des incohérences logiques ou des présupposés irréalistes qu'ils recouvrent, il s'agit moins d'instruire le procès d'un certain discours que de conclure le bilan d'une certaine approche de l'économie qui est aujourd'hui intellectuellement épuisée et qui a abandonné toute rigueur autre que formelle.

CHAPITRE I

L'équilibre général est-il une machine à décerveler ?

Sur un marché anthropophage, une ménagère fait ses courses. Elle regarde l'étal du boucher et voit, cervelle de médecin, 5 coquillages le kg, cervelle d'ingénieur, 5 coquillages le kg, cervelle d'écrivain, 5 coquillages le kg, cervelle d'économiste, 25 coquillages le kg. Elle demande au boucher :

— Elle est si bonne que cela, la cervelle d'économiste ?

— Vous n'y êtes pas, elle est comme les autres mais vous n'avez pas idée de combien d'économistes il faut tuer pour en avoir 1 kg.

Plaisanterie récurrente dans les pays ayant eu à subir les politiques du FMI (il en existe des versions brésiliennes, polonaises et russes).

La Théorie de l'Équilibre Général (désormais TEG) constitue certainement l'une des énigmes scientifiques les plus étonnantes et irritantes du XXᵉ siècle. Nul ne nie que ses hypothèses soient fondamentalement irréalistes, voire que sa capacité à rendre compte de l'économie réelle, ne serait-ce que d'une manière fort abstraite, soit limitée. Elle exerce cependant une fascination sur une majorité des économistes qui ne s'est pas démentie en un siècle et qui s'exerce y compris au sein des autres courants de pensée de l'économie. Il est vrai que l'on est en présence d'un discours dont la qualité première est la cohérence interne. Cette dernière, ainsi que les possibilités de généralisation qu'elle offre constituent ses atouts les plus forts. La TEG se prête en effet aussi bien à des exercices en micro qu'en macroéconomie. On peut appliquer des modèles d'équilibre général à la totalité des problèmes connus en économie, de la finance à l'économie du travail. Que les résultats en soient pertinents est une autre affaire. On mesure cependant ce que cette capacité de la TEG peut avoir d'intéressant pour des économistes universitaires dont le statut est directement fonction du nombre d'articles qu'ils peuvent écrire.

Pourtant, à travers l'exploration de cette théorie que l'on va conduire dans ce chapitre, se dévoilent à la fois des incohérences et son incapacité à penser comment et pourquoi se coordonnent des agents décentralisés, si ces derniers ne sont pas de purs automates. Il est illusoire d'espérer résoudre ce problème à travers une surenchère dans la formalisation mathématique, qui n'est qu'un instrument qui ne fait que refléter les hypothèses théoriques préalables. Cela renvoie aux apories d'une tradition mécaniste, présente y compris chez Adam Smith, mais dont les aspects néfastes n'ont véritablement éclaté qu'avec la constitution de la TEG en « théorie standard » dans les années 40 et 50. L'application en économie de méthodes mathématiques de plus en plus sophistiquées a renforcé et durci le côté mécaniste de l'équilibre général.

1. UN COUP DE FORCE ET SES ENJEUX : DE LA RÉVOLUTION WALRASIENNE À LA FORMULATION MODERNE DE L'ÉQUILIBRE

La TEG se constitue par un « coup de force » théorique de la part de Léon Walras qui décide de considérer l'économie comme un ensemble de marchés interdépendants à l'exception de toute autre situation. Cette position était à la fois risquée, révolutionnaire et fascinante. Risquée, quand on se souvient qu'elle est formulée à la fin du XIXe siècle, dans un contexte où la prégnance du marché, en particulier comme l'entend Walras, était le plus souvent limitée, quand ce n'est marginale, dans les économies réelles. On aurait pu s'attendre à un rejet de cette démarche au nom du réalisme. De fait, il est patent qu'elle mit du temps à s'imposer.

Ce qui convainquit certainement des économistes de se tourner vers cette approche qui tournait le dos en apparence à la réalité fut son caractère révolutionnaire. Pour la première fois on disposait d'un système à la fois global et cohérent d'explication de l'économie, où cette dernière n'avait d'autre référence qu'elle-même. En ce sens, le marxisme, même s'il se présente comme une critique de l'économie politique classique, entretient des liens importants avec la tradition qui émerge au XVIIIe siècle. La TEG quant à elle se présente comme une rupture radicale, tout en prétendant fonder scientifiquement un des apports de cette tradition, la fameuse « main invisible » d'Adam Smith.

1.1. La TEG ou le serpent et les économistes

Le pouvoir de fascination de la TEG fut incontestablement renforcé par l'élaboration d'une formulation moderne par K. Arrow et G. Debreu dans les années 50. Il s'exerçait cependant depuis des décennies. Cette fascination, il faut le souligner, n'a jamais été générale. De Veblen à Keynes, en passant par Marx, les opposants n'ont pas manqué. Parmi eux, il faut aussi inclure, et on y reviendra dans le second chapitre, une partie de l'école autrichienne, spécifiquement Hayek et Schumpeter. Il serait donc abusif de considérer que, pour les cinquante premières années du XXe siècle, l'économie néoclassique a bénéficié d'une sorte de monopole. Pourtant, les critiques vont, si ce n'est s'affaiblir, du moins souvent s'affadir. Y compris au sein des opposants à l'équilibre général, cette fascination s'est manifestée par le recours à la métaphore de l'équilibre, ou par l'importation d'une partie des hypothèses néoclassiques. On peut ainsi trouver des marxistes qui sont, en réalité, des néoclassiques pour une partie de leur raisonnement, comme Oskar Lange dans les années 30 et 40 ou John Roemer pour les années 80 et 90.

Une partie des keynésiens aussi va réintroduire une logique néoclassique dans son raisonnement, ce qui donnera la forme du canonique diagramme IS-LM. Sous ce nom barbare se cache l'une des pires trahisons de Keynes, mais aussi, malheureusement, la principale et parfois seule manière dont on enseigne Keynes aux étudiants. John Hicks et Alvin Hansen vont réduire l'argument développé dans la *Théorie générale* à deux mécanismes, l'un portant sur l'équilibre entre épargne et investissement, et l'autre entre offre et demande de monnaie. Ces deux équilibres déterminent deux courbes, la première appelée IS et la seconde LM, dont le point d'intersection définit à son tour un nouvel équilibre entre le niveau d'activité de l'économie et le niveau des taux d'intérêt.

Toute la macroéconomie keynésienne est ainsi réduite à un équilibre, mot clé du vocabulaire walrasien. Ont disparu, dans l'opération, le rôle reconnu par Keynes à l'incertitude, la complexité et le réalisme du mécanisme de décision en matière d'investissement qu'il décrit, ainsi que les causes structurelles d'instabilité d'une économie monétaire de marché.

En dépit de critiques multiples, provenant d'horizons divers, la TEG semble toujours émerger des débats comme la position naturelle de la majorité des économistes. Ces derniers paraissent fascinés tel l'oiseau devant le serpent qui va le dévorer. Qu'il y ait des raisons institutionnelles à cette situation est évident. Les modèles d'équilibre général sont, on l'a dit, applicables à tous les sujets ; ils sont aussi l'occasion de déployer des trésors d'imagination quant au réemploi des mathématiques en économie, ce qui tend à devenir un critère discriminant pour être publié. La force de la TEG tient désormais tout autant à sa prégnance dans les institutions académiques qu'à sa capacité à répondre ou à intégrer les critiques qui lui sont faites. Ce dernier point mérite attention. Il montre que l'on ne peut se débarrasser de la TEG et des questions qu'elle soulève d'un simple revers de manche. Voilà pourquoi il faut prêter attention à son noyau dur, tenter de déconstruire la théorie et de la comprendre, si l'on veut en expliquer les effets sur les économistes et non simplement les déplorer.

1.2. Les bases de la TEG

Le but de Léon Walras était de constituer l'économie, sous sa forme d'économie mathématique, en une *mécanique* des sciences sociales. Le terme de *mécanique* est essentiel et donne le cœur du projet. Cette approche devait, selon lui, conduire à un « socialisme scientifique » car, et on l'oublie souvent, Walras se définissait comme un socialiste. Pour atteindre ce but, il a cherché à démontrer à quelles conditions l'échange, conçu comme forme généralisée de l'activité économique et incluant la production, ici comprise comme un échange intertemporel de facteurs de production (le travail et le capital), pouvait aboutir à un équilibre déterminé par la satisfaction maximale des échangistes. Tel est le projet de la théorie de l'équilibre. L'équilibre signifie ici que toutes les offres ont trouvé preneur, et que toutes les demandes ont été satisfaites.

Il se situe nécessairement à un niveau élevé d'abstraction, et à cet égard cela n'a guère de sens de le lui reprocher. Tout travail théorique implique l'abstraction. Mais, parce qu'il entendait fonder une mécanique des sciences sociales, Walras a succombé au mirage de la réduction. Les agents de son modèle sont de purs automates ; ils réagissent à des signaux (les prix). Est centrale au modèle walrasien l'affirmation que, sur les marchés concrets, les échanges se dénouent grâce à la concurrence[1]. Or, ceci n'est rien d'autre que la main invisible d'Adam Smith. On a vu en introduction que cette main invisible n'est pas une déduction ou un résultat scientifique, mais une aporie métaphysique au sein du raisonnement smithien. Surgit ici une tension qui court dans toute la TEG. Elle se pose comme une théorie de l'économie décentralisée, de l'action des agents libres. Mais la condition même de l'harmonisation de ces actions n'est jamais réellement démontrée. Le point va éclater avec encore plus d'évidence dans la forme moderne de la théorie walrasienne, celle qui découle des travaux de G. Debreu et de K. Arrow. L'équilibre découle alors de trois conjectures et d'un mécanisme :

a. On suppose que les biens sont différents, que ce soit par leur place dans l'espace et le temps, leurs propriétés et caractéristiques et les états du monde dans lesquels ils s'inscrivent.

b. Un prix est défini pour chaque bien, en tout temps et en tout lieu.

c. On réduit les échangistes à deux catégories d'agents, les ménages et les entreprises. Chaque agent hérite du passé une dotation en facteurs donnée.

Quant au mécanisme, Frank Hahn l'explicite de la manière suivante : « Pour tout vecteur prix non négatif (soit pour tout système de prix), chaque ménage choisit une action qui définit un point dans l'espace des biens. Elle a la propriété qu'il n'existe pas d'autre action possible pour le ménage sous la contrainte de budget existante [...]. De même, pour tout vecteur prix non négatif (soit pour tout système de prix), les firmes choisissent une décision représentée par un point dans l'espace de la totalité des biens tel qu'il n'est pas d'autre action qui soit à la fois possible techniquement et plus rentable[2]. »

1. L. Walras, *Éléments d'économie politique pure ou Théorie de la richesse sociale*, Paris, Librairie générale de droit et de jurisprudence, 1952, p. 129.

2. F. Hahn, *Equilibrium and Macroeconomics*, Oxford, Basil Blackwell, 1984, p. 47.

En fait, l'équilibre décrit est triple. Il implique que la demande agrégée soit la somme de la demande des ménages pour les prix d'équilibre, qu'il en soit de même pour l'offre agrégée des entreprises, enfin que pour aucun bien la demande n'excède l'offre. Contrairement à ce qui est souvent affirmé, ce mécanisme ne repose sur aucune cause explicite ; l'équilibre est ici défini comme un état et non comme le résultat dans une économie réelle d'une séquence d'actions. La TEG ne nous dit pas « comment » on arrive à l'équilibre ; en ce sens, elle n'est pas une démonstration. Par contre, il est inexact de prétendre, comme le font certains des adversaires de la TEG, que l'équilibre implique l'existence d'une matrice des prix relatifs — soit l'ensemble des relations liant les prix des produits les uns par rapport aux autres — qui soit à la fois unique et stable (au sens où il existerait une et une seule relation entre les prix et que ces derniers ne pourraient bouger). Par contre, cet équilibre est unique pour les valeurs données des différentes variables (il n'existe qu'*une et une seule* solution au problème pour un ensemble donné de prix relatifs), et il est stable (l'énoncé du problème *doit* conduire à la solution). Notons bien, ce point sera plus tard au cœur du débat entre von Mises, Lange et Hayek, que ce qui importe ici ce n'est pas le prix absolu d'un bien ou d'un service, soit son prix exprimé dans une certaine quantité de monnaie, mais les prix relatifs, soit les prix des biens et des services exprimés les uns en fonction des autres.

Cette économie de moyens pour obtenir le résultat découle de deux hypothèses contenues au sein même des conjectures initiales. D'une part, on suppose (1) qu'il existe des marchés couvrant toutes les possibilités de transaction, au comptant et à terme, sur tous les biens et services disponibles comme sur les contrats portant sur ces biens et services, pour tous les biens et services existants et susceptibles d'exister dans le futur, et (2) que décision et action sont confondues ; toute décision d'un agent équivaut à un résultat et celui-ci est conforme à la décision initiale.

La première de ces hypothèses *pose d'emblée le marché comme une totalité*. Il contient tout où il n'est pas ; c'est une hypothèse d'une violence extraordinaire car elle implique, si la nature totale du marché n'est pas vérifiée initialement, que son accomplissement soit un objectif nécessaire à l'existence d'un équilibre. Il y a un projet totalitaire en germe dans le discours néoclassique qui exige que l'ensemble des actes et des rapports humains puissent être calculables, que le futur cède au présent, qu'il n'y a d'autres sentiments que le calcul. Cette hypothèse est nécessaire pour établir la conjecture (b) qui signifie qu'il y a une commensurabilité de tous les biens et services existants ou à venir, autrement dit qu'ils peuvent tous être exprimés sous forme d'une mesure commune, le prix. Sans la commensurabilité, le calcul de maximisation est par nature incomplet et donc imparfait ; dans ce cas, le mécanisme décrit par Hahn ne peut jouer. L'hypothèse d'un système complet de marchés est clairement irréaliste ; si elle fonde la conjecture (b), elle détruit en réalité la conjecture (a) qui semblait introduire un certain réalisme.

En effet, si tous les biens et services présents et à venir peuvent voir leur valeur relative évaluée par des marchés, alors leurs différences, le problème de l'hétérogénéité, mais aussi de la place dans le temps des différentes décisions concernant ces biens et services, disparaissent. Un système complet de marchés, incluant des contrats sur la totalité des opportunités présentes et à venir, revient à supposer que le temps n'existe plus, que le futur se confond avec le présent. Pour donner un exemple, cela impliquerait que l'acheteur d'une calèche à chevaux en 1890 ait déjà eu connaissance du prix relatif de la Ford T par rapport à cette calèche. Plus précisément, que sa décision d'acheter une calèche à un certain prix ait été motivée par un calcul d'optimisation concernant non seulement les calèches et automobiles existant au moment de l'achat mais aussi celles à venir. L'hypothèse d'un système complet (tous les cas de figure sont pris en compte pour tous les produits) et parfait (la confrontation des offres et demandes révèle la totalité des informations nécessaires à la décision) de marchés revient à postuler l'omniscience de l'agent économique ou un univers parfaitement stationnaire, sans futur ni passé.

L'hypothèse d'une confusion entre décision et action signifie quant à elle que l'on suppose que la décision, sa mise en œuvre et sa vérification sont simultanées. Il y a ici une deuxième négation du temps, après celle implicite découlant de l'hypothèse d'un système complet de marché. C'est cette confusion entre décision et action qui permet de ne pas considérer la stabilité et l'unicité de la matrice des prix comme des conditions de l'équilibre.

Les conjectures économiques sont souvent, on l'a dit en introduction, en réalité des poupées gigognes. Même dans leur forme la plus simple elles contiennent d'autres conjectures qui restent implicites. Mais les économistes en ont rarement conscience comme le montre l'exemple du débat suivant. F. Hahn s'insurge contre des critiques formulées contre la théorie de l'équilibre par N. Kaldor, auquel il reproche de ne pas comprendre l'argumentation du modèle Arrow-Debreu. Il reconnaît cependant que cette incompréhension est sans doute liée au fait que, pour Kaldor comme pour d'autres critiques de la TEG, l'économie est séquentielle par nature, autrement dit toute décision s'inscrit dans un présent déterminé par un passé et contraignant l'avenir[1]. Ce que Hahn ne voit pas c'est justement que le débat porte sur ce problème de la confusion entre décision et action. Cette confusion est une conséquence inéluctable d'un raisonnement qui fait des agents des automates dont les *actions* ne sont en réalité que des *réactions* déterminées par des contraintes prévisibles — les prix et les quantités définies dans le système complet de marchés — et des préférences tout aussi définies. Tel est le prix du postulat mécaniste de Walras. Par contre, Keynes et les keynésiens authentiques, auxquels on peut rattacher Kaldor, parce qu'ils sont des subjectivistes au sens où ils estiment que les acteurs entrent en contact avec le monde réel à travers des représentations subjectives et non pas directement, sont d'emblée conscients de la différence entre décision et action. En fait, l'hypothèse « objectiviste » de la TEG, qui signifie que l'environnement se donne aux agents directement sans que ces derniers aient à fournir un effort pour l'interpréter, est un point de rupture essentiel, non seulement avec d'autres écoles en économie, mais aussi au sein des sciences sociales.

1.3. Une théorie positiviste en action, et ses conséquences

On touche ici à quelque chose de primordial ; il y a, à l'évidence, deux conceptions générales de la connaissance qui s'affrontent dans le débat entre les partisans de la TEG et leurs adversaires. La TEG implique la combinaison de l'atomisme (le tout est réductible en une infinité de parties sans perte d'information) et de l'isolationnisme (on peut parfaitement isoler une relation des autres, ce qui implique une connaissance complète et explicite de la totalité des interactions des parties du tout). Cela définit assez bien le cadre du *positivisme logique* dans les sciences sociales et en particulier en économie. Ce dernier prétend pou-

1. F. Hahn, *Equilibrium and Macroeconomics, op. cit.*, p. 48 ; le texte de Kaldor objet des critiques est N. Kaldor, « The Irrelevance of Equilibrium Economics », *Economic Journal*, 1972.

voir déduire directement des relations stables de l'observation empirique. Voilà qui signifierait que nous aurions un accès direct et total à la réalité sur la simple base de nos expériences immédiates. Une intelligence immédiate des causes à partir de l'observation des effets suppose que les causes soient simples, permanentes et indépendantes de tout contexte. Le tout peut alors être réduit en ses parties sans dommage pour sa compréhension. On peut opposer à la vision du réel et de sa connaissance développée par les approches positivistes celle d'un monde stratifié en trois niveaux, que l'on a développée dans l'introduction à partir des travaux de Lawson et Collier. Cette démarche implique que l'interrogation scientifique ne puisse s'arrêter à la question du « comment » ; elle doit impérativement poser celle du « pourquoi ». Pour reprendre une formule qui fut utilisée par les historiens de l'École des *Annales* (Marc Bloch, Lucien Febvre), les faits ne se donnent pas d'eux-mêmes, ils se construisent, et le chercheur doit en permanence interroger de manière critique sa méthode de construction des faits. On touche ici du doigt l'importance du débat méthodologique évoqué dans l'introduction.

Le point est particulièrement important en économie. Si on adopte la position positiviste, elle permet de prétendre que l'on peut aboutir à une théorie de l'économie pure, projet de Walras, dégagée de toute pollution provenant du politique. Ce projet de naturalisation, s'il était tenable, donnerait immédiatement un statut particulier aux économistes, non plus en tant que scientifiques, mais dans la vie sociale. Ils pourraient proférer des énoncés prescriptifs qui seraient incontestables du point de vue politique. L'enjeu du positivisme est aussi, on l'oublie souvent, une autonomisation du savant, ou de celui qui se prétend tel, par rapport au contrôle de la société, et en premier lieu au contrôle démocratique. Le positivisme s'accompagne en général de la croyance en la nature moniste de la science. On doit lui opposer cette autre conception, qualifiée par un économiste et épistémologue anglais de *réalisme critique*.

Il implique tout d'abord de bien distinguer, et d'expliciter, les niveaux d'abstraction auxquels une enquête scientifique se déroule. Il implique ensuite de penser en termes de systèmes interdépendants et connaissant des rétroactions multiples qui ne sauraient être immédiatement et directement envisageables sur la base de l'expérience et du vécu, autrement dit en termes de complexité. Le réalisme est ici dit critique car il reconnaît que les structures et institutions des sociétés dépendent de l'action humaine et sont ainsi ouvertes au changement en raison des représentations, plus ou moins mystifiées, que les acteurs ont de leurs propres actions et des résultats qui en découlent.

À travers les hypothèses de la commensurabilité et de l'information parfaite, soit l'hypothèse du système complet et total des marchés, les théoriciens néoclassiques décrivent un monde où les agents auraient un accès immédiat et direct à la réalité du monde qui les entoure. Mais, tout connaître sur l'environnement immédiat ou lointain implique que cet environnement soit immobile, et ne puisse être modifié par les conséquences de nos actions, y compris celles visant à accroître notre connaissance. Dès lors l'action cesse d'être une création et aucune innovation n'est possible. La connaissance parfaite n'est imaginable que dans un monde mort. Tout projet total est par nature mortifère.

Cette immobilité constitue ce que l'on appelle l'hypothèse du « monde stationnaire » ou encore de stationnarité. Elle est la base implicite du positivisme. Refuser ce dernier, à l'exemple de Keynes, de Marx mais aussi de Hayek et de Schumpeter pour les économistes, ou de Lucien Febvre et Marc Bloch pour les historiens, de Durkheim et Mauss chez les sociologues, revient évidemment à révoquer l'hypothèse « objectiviste ».

1.4. Le cœur du système

Pour tenter de comprendre la TEG, il convient alors de désemboîter les conjectures que l'on a mentionnées. Elle peut être définie par trois grands blocs : une théorie du consommateur (ou des ménages), une théorie du producteur (ou de la firme) et une théorie du mécanisme d'ajustement. La théorie du consommateur comprend elle-même deux blocs distincts : une théorie de la rationalité des choix et une théorie de l'utilité[1]. Ces diverses théories sont elles-mêmes organisées autour d'hypothèses, dont certaines se recoupent, et qui ont des origines diverses. On a déjà signalé le legs smithien, mais il faut lui ajouter l'utilitarisme, hérité de Bentham[2], et enfin un certain nombre de généralisations du sys-

1. D. Hausman, *The Inexact and Separate Science of Economics*, Cambridge, Cambridge University Press, 1992.

2. J. Bentham, *An Introduction to Principles of Morals and Legislation*, publié en 1789, réédité, sous la direction de W. Harrison, Oxford, Basil Blackwell, 1967.

tème institutionnel des économies de marché, tel que Walras et ses successeurs se le représentaient.

On aboutit alors, si on décompose les différentes théories, à une liste d'hypothèses ou d'affirmations se présentant comme des « lois ».

Ainsi, dans la théorie de l'utilité, retrouve-t-on quatre affirmations essentielles : (1) les préférences des agents sont *complètes* (ils ont un avis sur toutes les opportunités possibles, du présent comme de l'avenir), (2) ces préférences sont *transitives* (s'ils préfèrent x à y et y à z, ils préfèrent x à z), (3) ces préférences sont continues (elles s'appliquent en permanence dans la durée et sur la totalité du champ des choix de l'agent, sans ruptures) et (4) ces préférences sont *indépendantes du contexte dans lequel le choix devra être fait.*

Ces quatre affirmations sont clairement présentes et chez Walras et chez les néoclassiques modernes comme G. Debreu. Il faut tout de suite dire que les quatre affirmations de la théorie de l'utilité posent un problème majeur dans une démarche scientifique. Elles soulèvent d'abord un problème de cohérence logique. La théorie des jeux montre que si le comportement est « rationnel » au sens de l'application de ces préférences, on aboutit à des résultats irrationnels (les agents choisissent les solutions les plus mauvaises pour eux) ; il faut donc supposer que les agents adoptent volontairement des comportements irrationnels pour obtenir des résultats rationnels. Si on considère maintenant les affirmations sur les préférences comme ayant un statut de conjecture scientifique, alors il faut admettre qu'elles ont été réfutées par les travaux menés en psychologie expérimentale depuis les années 70 [1]. Ces travaux ont démontré que les préférences sont lourdement dépendantes du contexte dans lequel elles sont formulées, que la transitivité est fréquemment violée, enfin que la complétude et la continuité ne sont pas vérifiées dans des situations concrètes. L'être humain n'est pas un automate programmé, il est fondamentalement un animal social. Ses comportements sont en grande partie déterminés par les interactions qu'il a avec d'autres individus. Incapable de tout prévoir et de tout calculer, il construit ses choix sur des règles, qu'il s'agisse de celles que la société lui impose ou de celles dont il se dote. Il peut, dans le cours

1. Pour une présentation de ces travaux et une évaluation de leurs conséquences, J. Sapir, « Théorie de la régulation, conventions, institutions et approches hétérodoxes de l'interdépendance des niveaux de décision », *in* FORUM A. Vinokur (ed.), *Décisions économiques*, Paris, Économica, 1998, pp. 169-215.

de son expérience, considérer que les règles qu'il utilise ont été confirmées ou infirmées. Dans ce dernier cas, s'il est surpris par un résultat, il change de règles, ou plus précisément, il réorganise, même à son propre insu, l'articulation entre règles sociales et règles individuelles qui constitue la matrice de ses décisions.

On retrouve aussi des affirmations qui, clairement, sont des généralisations à partir de fonctionnements historiquement connus et liés soit à des états de la technique soit à des états des cadres institutionnels. Ainsi en est-il de l'affirmation que la production se fait à rendements décroissants (tout nouvel accroissement d'investissement induit un accroissement de production inférieur à l'accroissement précédent), ce qui est vrai pour l'agriculture, mais discutable pour l'industrie, que les échanges sont instantanés, que les agents n'ont aucun pouvoir sur les prix, enfin que les taux marginaux de substitution (dans quel rapport on accepte de substituer la dernière quantité du bien x à une quantité du bien y) du consommateur sont décroissants.

On aboutit ainsi à 14 hypothèses une fois les conjectures désemboîtées. Sur ce total, deux sont identiques, car elles s'appliquent tant au consommateur qu'au producteur (2a et 3c), et deux sont fondamentalement liées (1a et 4b). Si le système des marchés est incomplet — s'il ne couvre pas la totalité des opportunités et des transactions présentes et à venir — les préférences ne peuvent être complètes car on ne peut avoir de préférences que sur ce que l'on connaît. *La TEG exige que les 12 conjectures de base soient simultanément valides.*

Au-delà de la question du réalisme de ces conjectures, il faut immédiatement remarquer qu'elles soulèvent des problèmes de logique interne.

Le premier concerne l'affirmation (3a). Si les rendements de la production sont toujours et partout décroissants, autrement dit si l'on fait entièrement disparaître le phénomène du monde réel connu sous le nom d'économie d'échelle, alors on ne peut plus démontrer la spécificité de l'entreprise par rapport à l'acteur individuel. La production de l'artisan et celle de la grande usine sont réputées relever de processus entièrement identiques. Or, sans même mobiliser l'argument de Coase sur les coûts de transaction, ce qui explique la constitution de grandes organisations collectives pour produire c'est justement que la mise en commun directe et immédiate des compétences des individus aboutit à un résultat supérieur à celui que l'on obtiendrait si ces individus devaient

Système d'hypothèses de la TEG

Théorie	Hypothèses	Statut réel
I. de l'utilité	(1a) Complétude des préférences	Postulat, lié au (4b) et signifiant que les agents connaissent même ce qui n'existe pas encore.
	(1b) Transitivité des préférences	Hypothèse testable
	(1c) Continuité des préférences	Hypothèse testable
	(1d) Indépendance par rapport au contexte	Hypothèse testable
II. du choix du consommateur	(2a) Univers probabiliste (on peut classer les probabilités de tous les événements à venir)	Postulat
	(2b) La satisfaction est liée à la consommation	Hypothèse testable
	(2c) Le taux marginal de substitution est décroissant (ou hypothèse de substituabilité brute)	Hypothèse *ad hoc*
III. du producteur	(3a) La production se fait à rendement décroissant	Hypothèse testable
	(3b) Les rendements à l'échelle sont constants	Postulat
	(3c) Univers probabiliste	Postulat, *idem* que (2a).
IV. de l'ajustement	(4a) Instantanéité des ajustements	Postulat
	(4b) Complétude des marchés (Ils couvrent toutes les opportunités et toutes les transactions présentes et à venir)	Postulat, nécessaire pour formuler (1a)
	(4c) Agents automates	Postulat
	(4d) Absence de tout pouvoir sur les prix	Postulat

opérer de manière isolée. C'est l'un des fondements de la division du travail qui ne nous dit rien d'autre que le fait que le tout est supérieur à la somme de ses parties. Un facteur essentiel dans l'entreprise industrielle est justement l'émergence d'économies d'échelle, qui impliquent que, sous certaines conditions, les rendements soient croissants. L'affirmation (3a) aboutit déjà à un résultat contrafactuel. La production, dans le monde réel, se fait le plus souvent dans des cadres collectifs. Mais, du point de vue de la logique interne du raisonnement, si (3a) est vrai, la séparation des agents en deux catégories n'a plus de sens. Le producteur n'est qu'une forme de consommateur ; il produit un bien comme le consommateur individuel « produit » de l'utilité. L'affirmation

(3a) a donc pour effet d'empêcher de penser la spécificité de la production par rapport à la consommation mais aussi d'empêcher de penser la spécificité de l'organisation collective hiérarchisée qu'est l'entreprise. Si, en effet, les rendements sont toujours décroissants, il n'y a pas de raison, dans le cadre logique des autres conjectures, expliquant l'existence d'entreprises.

Un autre problème de logique a été soulevé en 1968 par Roy Radner. Si les agents sont rationnels, au sens où leur comportement correspond à la théorie de l'utilité et à la théorie du choix, le système de marchés doit être complet, au sens défini ci-dessus, instantanément. En effet, si un système complet de marchés n'existe pas dès le départ, il ne peut provenir de l'action spontanée des agents. En l'absence d'un tel système à la période initiale, il faut admettre que les agents opèrent dans un univers où l'information est imparfaite. Ils détiennent donc, au moment de décider, des informations qui sont à la fois incomplètes et distribuées de manière inégale entre agents. Dans ce cas, si chaque agent est bien un maximisateur d'utilité, il n'a aucune raison de vouloir partager avec autrui une information de qualité supérieure qu'il serait le seul à détenir. Il est logique qu'il préfère être le seul à en bénéficier. Et, comme l'information est imparfaite, il ne peut savoir ce que les autres savent. Il doit donc se comporter comme s'il détenait des informations meilleures que celles d'autrui, que cela soit vrai ou non. En effet, pour un agent qui veut maximiser son utilité et donc son avantage potentiel sur d'autres agents dans un univers concurrentiel, révéler à autrui ce qu'il sait ne lui apporte rien si la qualité de ses informations est inférieure à celle de ses concurrents, mais peut lui faire perdre gros si elle est supérieure. Or, en information imparfaite, il ne peut juger *a priori* de la qualité de ses informations. On voit ainsi comment la somme des actions d'agents rationnels (au sens néoclassique du terme) et en concurrence conduit à empêcher la diffusion des informations, et même à créer un marché potentiel de l'information. Le système reste donc, en raison de la logique combinée de l'hypothèse d'une rationalité maximisatrice et de la concurrence, irréductiblement incomplet [1].

Une extension de ce problème logique est constituée par le *paradoxe de Grossman-Stiglitz*. On suppose que l'information est constituée de deux composants, dont l'un est accessible gratuite-

1. La démonstration formalisée se trouve dans R. Radner, « Competitive Equilibrium under Uncertainty », *Econometrica*, vol. 36, n° 1, 1968, pp. 31-56.

ment (par exemple la connaissance du prix) et l'autre est coûteux (soit en termes monétaires, on paie pour obtenir cette information, soit en termes de temps). Le raisonnement walrasien nous dit qu'il y a équilibre si tous les agents disposent simultanément des deux composants. Ce même raisonnement nous dit aussi que si un des agents ne dispose que de l'un des composants, alors que tous les autres disposent des deux composants, on aboutit encore à l'équilibre (application simple de la loi de Walras [1]). Cela signifie qu'un agent peut profiter des autres sans acquitter le coût du second composant. Si les agents sont des maximisateurs rationnels, on peut supposer qu'un nombre non négligeable d'agents se refuseront à acheter la partie coûteuse de l'information, espérant être dans la situation du « dernier agent ». Il en résulte que jamais l'information ne sera parfaitement distribuée par le jeu spontané des mécanismes du marché et que jamais les conditions de l'équilibre ne seront réunies [2]. Autrement dit, un mécanisme de marché ne peut améliorer le fonctionnement du marché. Ou un marché est d'emblée parfait ou il ne peut jamais le devenir spontanément, si on respecte les hypothèses du modèle néoclassique.

Un troisième problème logique, concerne cette fois la forme des courbes de demande (la conjecture 2c, soit que la demande est une fonction inverse des prix). En tentant de déduire des hypothèses du premier groupe (la théorie de l'utilité) le résultat de la substituabilité brute (les demandes varient en sens inverse des prix), Sonnenscheim et Mantel ont montré que dans ce cadre on ne pouvait établir *que* la condition de continuité des demandes (pour tout prix, il existe un niveau de demande) [3]. Les demandes spéculatives, par exemple celles que l'on rencontre sur les marchés financiers ou dans l'immobilier en période de spéculation, quand la quantité demandée varie dans le même sens que le prix car les agents anticipent une dynamique stable des prix à la hausse ou à la baisse, ne violent nullement les hypothèses du premier groupe. Il en résulte que la condition de concurrence parfaite et la théorie de

1. Qui stipule que tout équilibre obtenu sur N–1 marchés entraîne l'équilibre sur le dernier marché considéré.

2. S.J. Grossman et J. Stiglitz, « On the Impossibility of Informationally Efficient Markets », *American Economic Review*, vol. 44, n° 2, 1980, pp. 451-463.

3. H. Sonnenscheim, « Do Walras Identity and Continuity Characterize the Class of Excess Demand Functions ? », *Journal of Economic Theory*, vol. 6, n° 2, 1973, pp. 345-354. R. Mantel, « On the Characterization of Aggregate Excess Demand », *Journal of Economic Theory*, vol. 7, n° 2, 1974, pp. 348-353.

l'utilité ne garantissent plus la détermination d'un point d'équilibre. L'exemple classique est celui des bulles spéculatives. Confrontés à une forte hausse des prix, les agents achètent plus car ils espèrent que les prix continueront de monter et ils analysent une hausse des prix comme le signal d'une hausse future. De même, quand les prix baissent, les agents suspendent leurs achats, espérant une baisse ultérieure. Dans les deux cas, ces comportements amplifient le mouvement au lieu de le stabiliser.

1.5. Les théorèmes du bien-être

La TEG ne prétend pas seulement démontrer l'existence d'un équilibre mais que cet équilibre, dans les conditions définies ci-dessus, est un optimum de Pareto, ou encore est dit efficient au sens de Pareto. Cette dernière formulation est d'ailleurs à préférer à celle de l'optimum de Pareto, que l'on trouve cependant dans d'innombrables manuels, car cette dernière accrédite l'idée fausse qu'il ne peut y avoir socialement de meilleure solution. Or, l'efficience au sens de Pareto signifie quelque chose de plus précis mais aussi de plus restrictif : on entend par là qu'il est impossible d'améliorer la position d'un seul agent sans porter préjudice à au moins un autre agent, ce qui implique qu'il y ait au moins deux agents concernés.

Quelle que soit la formule que l'on utilise, cette notion donne naissance aux deux théorèmes de l'économie du bien-être :

1. Tout équilibre général concurrentiel est efficient au sens de Pareto.

2. Tous les états Pareto efficients peuvent être atteints par des équilibres généraux concurrentiels pour une dotation donnée des facteurs aux agents.

Ces deux théorèmes caractérisent une économie de concurrence, ce qui signifie en réalité deux choses distinctes. En premier lieu, on suppose que les agents ne cherchent pas consciemment à coordonner leurs actions ni à s'unir. On ne prend en compte ici que les effets non intentionnels sur la collectivité d'actions concurrentes. La compétition de tous contre tous est ici la règle. En second lieu, on suppose que les effets d'une action, qu'ils soient favorables ou défavorables, ne peuvent profiter à quiconque sauf l'acteur. Si cette règle n'est pas respectée, on est confronté au problème des externalités, soit que la situation d'un agent donné peut être affectée par les conséquences non intentionnelles des décisions d'un ou de plusieurs autres agents. Les diverses nuisances (bruit, pollution), mais aussi les effets cumulatifs des infrastructures (routes, systèmes de communication, écoles, hôpitaux) ou simplement de comportement comme l'hygiène individuelle, sont des exemples classiques des externalités. S'il existe des externalités (qu'elles soient positives ou négatives), l'équilibre n'est plus efficient au sens de Pareto. L'action correctrice de l'État, par exemple sous la forme de l'impôt, devient alors nécessaire comme l'a démontré depuis 1918 A.C. Pigou. Notons ici que des prix fixés par la puissance publique, parce qu'ils réduisent les revenus des uns aux profits d'autres, sont l'équivalent de corrections fiscales, et donc tout aussi justifiés dans ce contexte. Telle était la logique de la fixation des prix de l'énergie et des transports, qui a joué un rôle important dans la politique économique de la France entre 1945 et 1975.

Le fait que le raisonnement de Pareto soit exclusif de l'existence d'externalités soulève alors un problème logique majeur. La notion même d'efficience au sens de Pareto n'a de sens que pour qualifier un ordre social, quel qu'il soit. Pour Robinson dans son île cette notion n'a pas de sens. Or, on ne peut imaginer une société sans penser en même temps l'existence d'externalités. L'efficience de Pareto est un critère d'évaluation d'un ordre social, mais fondé sur une hypothèse qui nie la réalité même de la vie en société.

Sans même entrer dans l'analyse des externalités, les résultats (1) et (2) ont conduit souvent des auteurs peu rigoureux à prétendre que le marché est ainsi un système socialement juste. L'erreur provient ici de plusieurs confusions.

La première, évidente, est entre un univers théorique (qui suppose que toutes les conjectures citées ci-dessus aient été validées) et l'économie réelle. Une telle erreur est grossière et témoigne de la confusion entre les niveaux d'abstraction et de la méconnaissance de la possibilité des échecs du marché dans les économies concrètes.

La seconde consiste à confondre l'existence d'un équilibre et l'unicité de cet équilibre. Si une situation, en fonction des spécifications de départ, fournit plus d'un équilibre, autrement dit s'il existe plus d'une combinaison pour laquelle toutes les offres et les demandes sont satisfaites, alors il n'est plus du ressort du marché, ou du mécanisme d'équilibre, de dire lequel de ces équilibres est le meilleur. Si l'équilibre n'est pas unique, la notion d'efficience au sens de Pareto cesse d'être applicable comme critère d'évaluation entre divers états d'un ordre social donné, car elle ne permet pas de choisir entre les situations d'équilibre. La démonstration de l'unicité de l'équilibre est une condition fondamentale pour porter un jugement normatif à l'aide de cette notion. Or, les solutions à équilibre unique correspondent le plus souvent à des modèles théoriques parfaitement irréalistes, c'est-à-dire pour l'essentiel au modèle walrasien originel. Dès que l'on introduit des hypothèses plus réalistes dans la description des contraintes et des comportements, en supposant que l'information des agents est imparfaite, ou qu'elle est distribuée de manière asymétrique suivant les agents, l'application de l'équilibre général aboutit à démontrer la possibilité d'équilibres multiples.

La troisième consiste à prendre l'allocation des ressources *ex ante* comme une donnée alors qu'elle peut être affectée par des choix gouvernementaux. Si on modifie la carte des moyens (matériels et immatériels) alloués aux agents (la dotation mentionnée au second théorème), on obtient naturellement un équilibre différent. Ainsi, même dans une logique néoclassique, l'intervention de la puissance publique peut être parfaitement légitime[1].

La quatrième confusion, sans doute la plus significative, consiste à confondre l'efficience au sens de Pareto et la justice. En effet, dire qu'une situation est efficiente au sens de Pareto ne nous dit rien de plus que x ne peut rien gagner sans que y ne perde. Mais il est possible que la perte de y soit minime par rapport au gain proportionnel de x. Il est aussi possible que, même si la perte de y n'est pas négligeable, elle n'en soit pas moins considérée comme socialement acceptable compte tenu du gain de x. L'efficience est un concept purement technique, alors que la notion de justice est une notion sociale, profondément politique. Le glissement d'un champ à l'autre conduit à exprimer des naïvetés, ou à tromper le client sur la marchandise.

Tout au début des années 70, John Rawls a ainsi produit une théorie de la justice fondée sur l'amélioration de la situation des plus démunis. Dans ce cadre, on peut parfaitement justifier des solutions qui sont techniquement inefficientes au sens de Pareto, mais considérées comme permettant des gains en justice, au sens de Rawls.

Le débat efficience-justice en cache cependant un autre. Il

1. F. Hahn, *Equilibrium and Macroeconomics, op. cit.*, pp. 115-116.

repose en effet sur l'hypothèse, rarement explicitée, que l'on puisse mesurer, sous une forme ou une autre, les utilités des agents et ce dans un cadre intertemporel. Or, une commensurabilité implique la préexistence d'un système complet de marchés pour qu'un prix puisse être déterminé pour tous les biens et services existants et à venir. Telle est la condition pour pouvoir prétendre que l'on puisse émettre un jugement « objectif », au sens où il serait indépendant des valeurs des différents acteurs. Si, comme nous y incitent Radner et les travaux qui se s'en sont inspirés [1], on considère cette hypothèse non seulement comme irréaliste, mais comme illogique, alors il faut abandonner l'hypothèse d'une totale commensurabilité dans un cadre intertemporel. Dès lors, il ne reste que deux options.

Soit pour préserver le concept d'efficience de Pareto comme à la fois normatif et prescriptif, on recourt à l'idée d'un univers stationnaire (rien ne change et tout est connu à l'avance). Alors, on peut certes imaginer que dans un tel univers existe une commensurabilité, mais elle se paie d'une négation du temps. Cet univers n'a ni passé ni avenir, mais uniquement un simple présent.

Soit on veut rester fidèle à la notion de cadre intertemporel et donc à la notion d'un temps s'écoulant pour chaque acteur, avec un passé, un présent et un futur ; mais dans ce cas il faut abandonner l'hypothèse de commensurabilité, et l'idée que l'efficience de Pareto puisse être normative et prescriptive.

1.6. Les limites de l'optimalité

L'efficience de Pareto, en réalité, n'est pas et ne peut être une norme sociale ; elle n'est qu'une astuce technique pour qualifier des solutions mathématiques. Oublier cela transforme l'économiste en idéologue, soit en quelqu'un qui s'appuie sur une forme pour prétendre mesurer et modifier la réalité. Or, ce glissement est malheureusement classique chez les auteurs de l'économie dominante. Il s'accentue avec l'usage immodéré du terme d'optimum

1. R. Radner, « Existence of Equilibrium of Plans, Prices and Price Expectations in a Sequence of Markets », *Econometrica*, vol. 40, n° 2, 1972, pp. 289-303. O. Hart, « On the Optimality of Equilibrium when Markets are Incomplete », *Journal of Economic Theory*, vol. 11, n° 2, 1975, pp. 418-443. J.J. Laffont, *Économie de l'incertain et de l'information*, Paris, Economica, 1991, chap. 6.

ou d'optimalité. Ce vocabulaire accrédite sans le démontrer qu'il n'y a qu'une et une seule solution souhaitable et que cette dernière découle spontanément du fonctionnement du marché. Voici la naturalisation de l'économie, propre à la logique positiviste, en action. Hélas nombre de mes confrères oublient une des contributions théoriques les plus importantes qui nous vient des années 50.

Il s'agit d'un problème de logique soulevé par le théorème du *second best* établi par Lancaster et Lipsey[1]. On peut le formuler ainsi. Si, dans une économie à plus d'un secteur (autrement dit, où les activités des agents sont différenciées, par exemple entre agriculture, industrie et services), un des secteurs est caractérisé par des externalités et ne peut se voir appliquer les règles de l'efficience au sens de Pareto, alors la recherche de cette même efficience dans les autres secteurs dans un cadre concurrentiel ne permet pas d'aboutir à une amélioration de l'efficience globale de l'économie au sens de Pareto.

Ce résultat a les conséquences suivantes. Pour que le premier théorème du bien-être ait un sens, il faut démontrer l'absence absolue d'effets d'externalités. Il faut donc supposer que dans le monde réel les décisions de l'agent (x) n'ont d'influence que sur cet agent (x) et à l'exclusion de tout effet sur autrui. On admire le réalisme de l'hypothèse. Si tel n'est pas le cas et si donc la puissance publique doit intervenir en un point pour corriger ces externalités (thèse de Pigou), alors la dynamique concurrentielle devient globalement inefficiente dans la totalité de l'économie.

On peut alors reformuler le problème de l'optimalité de la manière suivante. Si l'économie n'est pas dès sa constitution, dès la première seconde de la première minute de sa première journée d'existence, dans une situation optimale dans la totalité de ses secteurs, la notion même d'optimalité que l'on rattache à Pareto n'a pas de sens ; elle est une notion sans contenu.

On peut en déduire deux conséquences, l'une logique et l'autre de politique économique.

En logique, il convient d'abandonner la recherche d'un optimum comme critère d'évaluation d'une solution. La comparaison doit alors se faire sur d'autres critères comme la rapidité de la manifestation des effets positifs et la stabilité de ces derniers, la capacité à mettre en œuvre réellement une solution plutôt qu'une

1. K. Lancaster et R. Lipsey, « The General Theory of Second Best », *Review of Economic Studies*, vol. 24, n° 1, 1956, pp. 11-32.

autre, les effets induits de chaque solution... Les critères devenant réels deviennent multiples. Rien ne prouve qu'à un moment donné, dans une société donnée, tous les membres de cette dernière les partagent, ou simplement les hiérarchisent dans le même ordre. Dans ce cas, il faut construire une adhésion majoritaire à un critère ou une hiérarchie de critères ; le choix n'est plus technique mais relève de la controverse démocratique, il devient politique. Le fantasme de la naturalisation de l'économie meurt ici et maintenant. L'économiste doit céder la main au politique.

La seconde conséquence porte sur la nature des solutions qui s'offrent au décideur. Dans une économie régie par le *second best*, des mesures limitant la dynamique concurrentielle (des contrôles de prix, de capitaux, mais aussi des droits de douane, des autorisations administratives... bref, tout ce qui fâche) deviennent alors des instruments légitimes parce que plus efficaces que la poursuite permanente de cette logique concurrentielle.

2. LES ENJEUX DE L'UNICITÉ ET DE LA STABILITÉ DE L'ÉQUILIBRE

On vient de voir que nombre d'énoncés normatifs ou prescriptifs issus de la TEG et qui se bousculent sous la plume des défenseurs de l'économie standard ou dominante impliquent que l'équilibre soit unique et stable. L'unicité et la stabilité sont donc des caractéristiques dont l'importance n'est pas que formelle et ne concerne pas uniquement les économistes qui s'adonnent à la modélisation mathématique. Les problèmes qu'elles soulèvent permettent une discussion de la cohérence interne de la TEG.

L'unicité de l'équilibre est une condition *sine qua non* pour utiliser dans un sens normatif l'efficience au sens de Pareto. Or, cette caractéristique est aussi nécessaire si on veut utiliser l'hypothèse des anticipations rationnelles qui joue un rôle central dans les formes modernes de la théorie néoclassique, en particulier dans ses variantes libérales les plus extrêmes, représentées par l'école de Chicago, Milton Friedman et ses élèves.

2.1. Pourquoi l'équilibre doit-il être unique

En effet, une fois reconnu et admis que l'hypothèse d'un système complet et total de marchés avait peu d'intérêt, on doit se poser la question de savoir comment les agents réagissent quand ils ne savent pas quels seront les prix d'équilibre. On suppose donc qu'ils les anticipent, soit qu'ils font des prévisions sur le futur.

La grande astuce de Friedman, le lapin qu'il tire de son chapeau pour retrouver les résultats les plus forts du modèle walrasien tout en faisant semblant de respecter un certain réalisme dans ses hypothèses, consiste à supposer que les agents économiques font des anticipations rationnelles. Ce terme signifie que les agents finissent par anticiper de manière systématique ce que seront les prix d'équilibre, pour un état de la nature et des techniques donnés [1]. Cette notion d'anticipation rationnelle peut avoir deux justifications.

La première est instrumentale : c'est une hypothèse *ad hoc* que l'on introduit dans un modèle pour obtenir un résultat donné ; c'est en réalité ainsi que Friedman l'utilise. La seconde est théorique : si l'économie obéit à des lois du même ordre que les lois de la nature en physique, alors on peut déduire une tendance d'une suite d'observations, même si l'on ne connaît pas la formulation de la loi sous-jacente aux observations. Face à des lois naturelles, l'observation empirique peut donner lieu à des prévisions scientifiques même si elle est incapable de formuler lesdites lois. Ainsi les astrologues de Babylone ont-ils réalisé des calendriers astronomiques d'une grande précision, permettant de prévoir les éclipses, sans être en mesure de formuler les lois de l'astronomie. Une telle hypothèse revient en réalité à admettre que l'économie est un univers parfaitement déterministe, où les agents n'ont pas plus d'autonomie que de simples molécules. C'est évidemment, comme on l'a vu dans l'introduction, une des tendances spontanées de l'économie dominante.

L'hypothèse des anticipations rationnelles soulève plusieurs problèmes théoriques pour les économistes qui y recourent : on ne sait pas comment les anticipations convergent vers la prédiction de l'équilibre futur (sauf si on est déjà à l'équilibre) et les équilibres à

1. F. Hahn, *Equilibrium and Macroeconomics, op. cit.*, pp. 121-123.

anticipations rationnelles ne sont pas nécessairement efficients au sens de Pareto. En effet, le mécanisme d'anticipation repose, dans sa forme la moins irréaliste, sur une observation des résultats obtenus et la détermination, empirique ou théorique qu'ils correspondent à une « loi » du système. Cela revient à supposer une forme, particulière, d'externalité. En effet, si autrui a besoin de connaître les résultats de mes propres actions pour anticiper l'avenir, mon résultat affecte donc un autre que moi-même. Or, comme on vient de le montrer, l'efficience au sens de Pareto est strictement contradictoire avec un effet d'externalité.

Mais, même si on admet cette hypothèse, il faut savoir que la démonstration de l'unicité de l'équilibre devient capitale. L'équilibre doit être unique si on veut faire référence aux anticipations rationnelles.

Ces dernières impliquent en effet que les agents, à partir d'une suite d'observations, déduisent les valeurs d'équilibre des prix ; soit. Mais si plusieurs équilibres sont possibles, plusieurs prix d'équilibre sont possibles ; comment imaginer que tous les agents choisiront le même dans leurs anticipations ? On retombe ici sur un problème récurrent de la TEG dans ses diverses variantes. Quand les thuriféraires de cette théorie veulent bien condescendre à renoncer au système complet et total des marchés, ou à l'hypothèse d'omniscience des agents, ils affirment que la convergence des anticipations vers une norme unique permet de se passer des hypothèses irréalistes mentionnées. Le problème est qu'ils ne savent plus montrer, fors ces dites hypothèses, comment et pourquoi ces anticipations convergeraient et de plus vers une norme qui serait la trajectoire « naturelle » de l'économie. La démonstration de l'unicité des équilibres, dès que l'on sort du strict cadre walrasien, devient aléatoire[1]. Or, sans unicité, pas d'anticipations rationnelles. Friedman doit remettre son lapin dans son chapeau.

La question de l'unicité de l'équilibre renvoie donc à un dilemme fondamental. Renoncer à l'unicité revient à renoncer au caractère normatif, socialement et économiquement, de la théorie de l'équilibre. En présence de plusieurs équilibres possibles, les agents ne peuvent plus trancher par un raisonnement économique mais uniquement par un raisonnement politique. Il faut alors soit reprendre à son compte l'hypothèse parfaitement irréaliste du sys-

1. K.J. Arrow et F. Hahn, *General Competitive Analysis*, San Francisco, Holden Day, 1971.

tème complet de marchés (ou de l'univers stationnaire) soit aller plus loin dans une remise en cause du cadre néoclassique en imaginant des anticipations qui incluent la subjectivité des acteurs et la manière dont ils évaluent leurs expériences passées.

C'est une voie fructueuse pour la pensée économique comme le montrent les premiers travaux de George Shackle[1], qui anticipent ceux de Herbert Simon. Il faut cependant savoir qu'une rupture avec les hypothèses comportementales de la théorie néoclassique aboutit à valider les résultats de l'économie de Keynes, et en particulier sur la stabilité de situations de déséquilibre, ou encore sur la possibilité d'équilibres qui sont inefficients. On ne peut avoir le beurre et l'argent du beurre, la théorie néoclassique et la capacité à évaluer de manière réaliste l'économie. Vouloir maintenir le principe d'un équilibre unique, ce qui est primordial si on veut pouvoir être prescriptif, c'est se condamner aux hypothèses les plus irréalistes et les plus héroïques en matière de comportement des agents. Toucher ne serait-ce qu'à la marge à ces hypothèses et l'équilibre cesse d'être unique et la TEG devient dès lors muette quant à l'ordre social. La seule solution honnête consiste alors à admettre que l'économie néoclassique est une pure spéculation mathématique sans référence au monde réel.

2.2. Les enjeux de la stabilité de l'équilibre

La stabilité de l'équilibre renvoie à une autre catégorie de problèmes. Techniquement, un équilibre est dit stable si, pour tout déplacement hors de la situation d'équilibre, on tend spontanément à y revenir. Un équilibre est dit instable si un écart hors de la position d'équilibre conduit à des divergences cumulatives. Frank Hahn a démontré, il y a assez longtemps, que, dans un modèle d'équilibre général à anticipations rationnelles et biens de capital imparfaitement substituables ou hétérogènes, l'équilibre était instable. Toute trajectoire initiale ne correspondant pas exactement à celle de l'équilibre s'en éloigne de manière croissante[2].

Les équilibres stables sont souvent appelés des équilibres de

---

1. G.L.S. Shackle, *Expectations in Economics*, Cambridge, Cambridge University Press, 1949.
2. F.H. Hahn, « Equilibrium Dynamics with Heterogenous Capital Goods », *Quarterly Journal of Economics*, vol. 80, n° 3, 1966.

bol. L'image utilisée ici est celle de la bille que l'on lâche entre les parois d'un bol et qui, après des allers et retours, vient se stabiliser au fond du bol. On y oppose des équilibres dynamiquement instables, ou point-selle. L'image est ici la bille reposant sur la partie horizontale de la selle[1].

Tout comme l'efficience au sens de Pareto, la notion de stabilité de l'équilibre peut donner naissance à des confusions. Ainsi, un équilibre « stable » est souvent considéré comme une preuve que les marchés peuvent spontanément revenir à l'équilibre après un choc extérieur. Or, la notion de stabilité est une pure caractéristique mathématique, elle ne participe pas du monde réel.

En effet, les modèles que l'on utilise pour en faire la démonstration ne sont pas des modèles d'économie séquentielle ; ils n'étudient pas la dynamique d'une économie où les décisions et leurs effets s'enchaîneraient sur plusieurs périodes successives, avec la possibilité pour les agents de changer d'opinion d'une période à l'autre. Les travaux sur des modèles séquentiels sont largement tributaires en effet d'hypothèses rigides sur les anticipations, qui sont en réalité contradictoires avec la notion même de séquences successives[2]. On y suppose ainsi que le temps est parfaitement réversible, c'est-à-dire que les agents peuvent effacer de mauvaises décisions, ou qu'ils ne sont nullement contraints par leurs décisions antérieures. Or, on sait depuis les philosophes de l'Antiquité que « l'on ne se baigne pas deux fois dans la même rivière ». À l'évidence, une partie des collègues ignore cet aspect de la vie humaine.

Si on introduit le mécanisme de la Bourse des valeurs dans le modèle, ce qui est bien le moindre quand on se situe dans la tradition walrasienne, les problèmes deviennent encore pires[3]. Frank Hahn a d'ailleurs résumé les problèmes théoriques posés aux partisans de la TEG quant à l'économie séquentielle de la manière suivante : « En termes les plus modérés, l'économie séquentielle a posé des problèmes quant aux anticipations qui ne sont pas encore résolus. Malheureusement, ce n'est pas tout. Dans une économie séquentielle, ce que l'entreprise doit maximiser n'est pas clair ;

---

1. Pour une démonstration, voir G. Abraham-Frois et E. Berrebi, *Instabilité, Cycles, Chaos*, Paris, Economica, 1995, pp. 35-38.
2. R. Radner, « Existence of Equilibrium of Plans, Prices... », *op. cit.*
3. S. Grossman et O. Hart, « A Theory of Competitive Equilibrium in Stock Market Economies », *Econometrica*, vol. 47, n° 2, 1979, pp. 293-330.

ou, pour le dire différemment, ce que signifie le meilleur intérêt des actionnaires n'est pas clair[1]. »

En fait, comme l'a démontré Joseph Stiglitz, dans une économie caractérisée par une séquence successive de périodes, où les agents peuvent modifier leurs choix de détention d'actifs, l'équilibre issu de la concurrence est fondamentalement inefficace en raison de la manifestation de phénomènes d'externalités, sous la forme de répercussions non intentionnelles sur autrui des décisions optimisatrices prises individuellement par chaque agent[2]. En effet, chaque décision individuelle concernant la répartition du portefeuille d'un agent (entre monnaie liquide et titres, mais aussi entre actions et obligations, titres privés et publics) a des conséquences sur le comportement d'autres agents à la période suivante. Les entreprises et la puissance publique modifient leurs stratégies d'endettement, mais aussi leurs stratégies concernant les flux de revenus (taux de profit et taux d'imposition) en réaction au changement dans la répartition interne des portefeuilles des agents. Or, ces stratégies sont concurrentielles et vont aboutir à une modification des rendements relatifs, réels et anticipés, des différents actifs. Cette modification est différente de celle anticipée lors des changements initiaux, ce qui accentue le processus de modification de choix des actifs. En particulier, l'apparition d'une prime à la liquidité va pénaliser certains agents et en avantager d'autres, sauf à supposer que la structure de tous les portefeuilles ait été absolument la même à la première période. Le système peut entrer dans des cycles de plus en plus brutaux, et ne converge pas vers un équilibre. Pour qu'il en aille ainsi, il faut supposer soit une économie à une seule période, soit que les choix réalisés à la première période ne puissent être modifiés.

C'est une extension du théorème du *second best* mentionné plus haut. Si le portefeuille d'actifs de chaque agent n'est pas irrémédiablement rigide dans sa composition, et si on n'est pas déjà à l'équilibre (mais dans ce cas la notion d'économie séquentielle n'a pas de contenu), alors la diffusion sur autrui des effets positifs ou négatifs des décisions de chaque agent empêche de tendre vers l'optimum. L'économie se place dans une situation où certains

1. F. Hahn, *Equilibrium and Macroeconomics, op. cit.*, p. 82.

2. J. Stiglitz, « The Inefficency of the Stock Market Equilibrium », *Review of Economic Studies*, vol. 64, n° 1, 1982, pp. 241-262.

bénéficient d'avantages qui vont se renforçant au détriment des autres.

La notion de stabilité ne peut reprendre un sens opératoire que si on sort des modèles strictement walrasiens et si on s'intéresse à des modèles dynamiques aux hypothèses plus réalistes. Elle a cependant le mérite de souligner que l'on ne peut intégrer le temps, par exemple sous la simple forme d'une séquence de décisions successives, où les premières influencent, même faiblement, les autres sans faire éclater la TEG. La notion d'économie séquentielle n'est pas directement intégrable par l'économie néoclassique ; elle exige alors que l'on se tourne vers d'autres champs théoriques, vers Keynes par exemple ou encore Kalecki, avec toutes les conséquences théoriques et méthodologiques d'un tel pivotement. En particulier, il convient d'admettre que des déséquilibres peuvent être des situations naturelles et qu'il convient d'intervenir dans l'économie, par l'action de l'État par exemple, pour les corriger[1].

2.3. À chercher l'équilibre, on a perdu le marché

Les discussions portant sur l'unicité et la stabilité de l'équilibre ne font pas que mettre en valeur un certain nombre d'incohérences internes à la TEG. Elles soulignent un point essentiel : *cette théorie ne sait pas ce qu'est un marché*. Ceci peut sembler paradoxal, mais se montre simplement.

La TEG nous dit ce que doit faire un marché ; il doit produire un équilibre. Ce faisant, la TEG ne nous dit pas *comment* cet équilibre est produit s'il n'est pas déjà vérifié, puisque la TEG n'est pas, on l'a souligné, une théorie de l'économie séquentielle. Dans le modèle walrasien, la règle essentielle est qu'aucun échange ne doit avoir lieu avant que les prix d'équilibre n'aient été déterminés. On sait alors dans quelle condition on aboutit à l'équilibre mais on ne sait pas comment cette condition, une certaine matrice des prix relatifs, est apparue. Par son incapacité à nous dire ce qu'est un marché, la TEG est en réalité incapable d'expliquer la

1. F. Hahn, « Keynesian Economics and General Equilibrium Theory : Reflections on Some Currents Debates », *in* G.C. Harcourt (ed.), *The Microeconomic Foundations of Macroeconomics*, Londres, Macmillan, 1977, pp. 175-194.

formation des prix, comme le montrent Arrow et Hahn[1]. On peut alors supposer un tâtonnement, c'est-à-dire un processus d'essai et erreur, où les agents apprennent progressivement, dans leurs expériences, ce que devrait être le niveau d'équilibre des prix. Il faut souligner cependant qu'un tel processus n'est pas walrasien ni même conforme aux canons de la TEG, au sens où il accepte l'hypothèse d'échanges ayant lieu avant que ces prix n'aient été déterminés[2] ; il se rapproche de la notion de marché comme espace d'apprentissage que l'on trouve dans la théorie autrichienne chez von Mises et Hayek. Seulement, dans ce cas, il faut être explicite sur les institutions qui conduisent les agents à se rapprocher des « bons » prix et démontrer que le processus est naturellement convergent. À défaut d'une définition des institutions, on ne peut démontrer que les expériences vont aboutir à l'adoption *commune* d'une solution qui serait la *meilleure*. Adopter une vision « réaliste » du tâtonnement conduit alors immanquablement à se référer à un courant institutionnaliste, qu'il s'agisse de Commons, de Keynes ou de Hayek.

Un tâtonnement qui, lui, serait walrasien, et qui permettrait alors de retrouver les résultats de l'équilibre général, impliquerait quant à lui les cinq conditions suivantes :

— Une structure de communication entre les agents (sous l'hypothèse très forte que tout signal observable est vrai et intelligible sans traitement, hypothèse typiquement positiviste).

— Une structure d'ajustement des signaux, qui se fasse sans coûts et de manière altruiste.

— Un arrêt de toute opération tant qu'un résultat n'est pas sorti du tâtonnement.

— Des hypothèses très importantes quant au rapport aux prix des agents (ils sont preneurs de prix), quant à leurs comportements et quant à la simplicité des informations nécessaires.

— Une structure de surveillance et de punition, capable d'éliminer les déviants et d'empêcher que des consommations et des productions ne se déroulent avant la détermination de l'équilibre.

On constate que pour construire un tel environnement, il faudrait en réalité des institutions très fortes et un État hyper-autoritaire. Le monde que décrit un tel modèle ressemble beaucoup à ce

1. K.J. Arrow et F. Hahn, *General Competitive Analysis, op. cit.*, pp. VI-VIII.

2. F. Hahn et T. Negishi, « A Theorem of Non-Tatonnement Stability », *in* F. Hahn, *Money, Growth and Stability*, Oxford, Basil Blackwell, 1985.

qu'aurait été une Union soviétique idéale dans les rêves des plus acharnés des planificateurs, y compris avec le très fort degré de contrainte policière ; les libéraux néoclassiques seraient-ils donc des staliniens qui s'ignorent ? Or, on touche ici à une contradiction interne irréductible de l'économie néoclassique.

La vision traditionnelle de l'équilibre, telle qu'elle est propagée par la TEG, est en effet à la fois un discours circulaire (l'équilibre se caractérise par des échanges aux « bons » prix, mais ces prix doivent être connus avant l'échange tout en en résultant), et une vision de l'économie qui tend à abolir les institutions. Comme l'équilibre n'y est pas le produit d'un processus mais un effet mécanique d'un système réputé complet de marchés parfaits, ces dernières sont considérées comme des obstacles. Les institutions se caractérisent en effet par des systèmes de règles et de normes contraignantes qui s'opposent au fonctionnement parfait des marchés, puisqu'elles limitent les stratégies possibles pour les agents économiques. Ces derniers ne peuvent pas, dans un système encadré par des institutions, faire ce qu'ils veulent, quand ils veulent, où ils veulent et comme ils veulent. Ce sont donc ces obstacles qu'il faut évidemment supprimer au nom de l'objectif de flexibilité par les politiques dites de libéralisation qui ont été mises en œuvre depuis le début des années 80, en commençant par les marchés financiers et en aboutissant aujourd'hui aux services publics. Mais si on démantèle les institutions et l'on abolit les règles par principe, alors il devient impossible de réunir les cinq conditions nécessaires à un tâtonnement walrasien. Au-delà même de la question de savoir si la structure sociale théoriquement nécessaire à ce tâtonnement est souhaitable, on est confronté à un problème insoluble de logique interne du raisonnement néoclassique. Tout comme la cassette figurant dans le générique du feuilleton américain des années 60 *Mission impossible*, il s'autodétruit dans les trente secondes.

La discussion sur l'unicité et la stabilité de l'équilibre conduit donc à dégager trois résultats fondamentaux.

Tout d'abord, la TEG ne permet pas spontanément d'extrapoler depuis des résultats formels qu'elle prétend fournir des considérations prescriptives ou normatives ; contrairement à ses affirmations, *elle n'est pas généralisable.* Personne ne peut dire, sauf à mentir effrontément que la théorie « montre » la supériorité dans l'économie réelle du modèle de marché et de concurrence dont cette théorie est porteuse. Le glissement d'une démonstration formalisée à une généralisation concernant des marchés concrets est toujours une escroquerie intellectuelle. La TEG n'étudie que des cas extrêmes, sous des hypothèses irréalistes, et avec une définition de l'agent humain qui a été scientifiquement invalidée. Elle est tout ce que l'on veut sauf justement une Théorie Générale.

Ensuite, la TEG a, sous le masque d'une impeccable cohérence, un réel *problème d'incohérence*, comme en témoignent les différents obstacles logiques que l'on a mentionnés. Quand elle évacue une hypothèse par la porte, c'est pour la réintroduire par la fenêtre. Elle ne peut être à la fois cohérente et réaliste ; elle n'est donc pas une théorie « ouverte » mais un discours fermé. En cela elle cesse de respecter les critères de scientificité propres aux sciences sociales. La formalisation mathématique ne masque pas longtemps ce problème même si elle peut impressionner, à tort, le néophyte.

Enfin, et contrairement à ce que l'on prétend souvent, la TEG est en réalité *muette sur les choix sociaux*. Derrière le discours libéral qui prétend, bien à tort, se fonder sur une démonstration scientifique du mécanisme de la main invisible, on découvre l'accumulation des paradoxes de l'équilibre général.

3. UN ÉQUILIBRE GÉNÉRAL, DES ÉQUILIBRES DÉGÉNÉRÉS ?

Nous voilà donc en présence d'une théorie qui se prétend capable de fournir une explication totale de l'économie et de la société, d'une théorie qui imprègne plus des trois quarts des publications dans la discipline et pratiquement 90 % des discours. Pourtant, cette théorie est un échec scientifique manifeste ; elle est un cadavre gisant au milieu du champ théorique balayé durant le XXe siècle.

Si elle n'était que cela, le mal serait limité. La théorie de la génération spontanée est morte au XIXe siècle sous les coups de Pasteur et de quelques autres, et pour le plus grand bien de tous. Le problème réside dans l'incapacité de l'économie en tant que discipline, c'est-à-dire aussi en tant que communauté humaine structurée par ses institutions propres et ses rapports de pouvoir, à enterrer ce cadavre. Non que la plupart de ceux qui, à un moment ou à un autre, font référence à la TEG ne sachent à quel point l'ensemble de ce cadre est contestable. Mais, pour des raisons historiques, dont l'étude mériterait à elle seule plusieurs ouvrages, la majorité des économistes ont identifié leur discipline, la notion même d'économie, avec la manière de penser que charrie la TEG. Nous vivons avec un cadavre, et ce dernier empeste. L'incapacité à se déprendre de ce cadre mental, ce carcan de fer, que constitue la TEG, empêche de penser le monde réel. Elle produit des formes particulières de dégénérescence du discours. Elle appelle en définitive une reformulation générale du projet des économistes.

3.1. Une économie monétaire sans monnaie

La TEG empêche de penser le réel, et de ce phénomène on va donner un exemple simple. Un paradoxe important de la théorie néoclassique réside dans l'évacuation de la monnaie, pour décrire des économies qui sont toutes en réalité des économies monétaires. Cette évacuation est opérée dès le début du raisonnement de Walras. Par une fort belle astuce logique et mathématique, la démonstration que si dans un monde à N biens, et donc à N marchés, l'équilibre est vérifié sur N–1 marchés, alors le dernier est nécessairement en équilibre, on peut se désintéresser de la monnaie. Bien sûr, il faut prétendre dès le départ que l'ensemble des marchés des biens est à l'équilibre. Mais ceci n'est autre qu'une vieille fadaise reprise depuis le début du XIXe siècle, la fameuse loi de Say : *les produits s'échangent contre des produits ; la monnaie est un voile.* Si la monnaie est un voile, elle est donc neutre. Elle n'affecte pas nos décisions. Le résultat est plus que paradoxal, il est réellement choquant.

Or, un échange monétaire n'est pas assimilable à du troc pour une raison essentielle : l'existence d'une asymétrie d'information entre le producteur-vendeur et l'acheteur. Le producteur qui vend ce qu'il a produit connaît les qualités, et aussi les défauts, du bien qu'il a créé. L'acheteur qui a entre les mains de l'argent ne sait pas ce que le vendeur sait. Par contre, le vendeur sait ce que l'argent, parce que la monnaie est en permanence encadrée par un système d'institutions, combine comme qualités et défauts. L'un sait mieux que l'autre. De plus, dans le troc, l'échange est immédiat. On ne peut décaler la perte de propriété d'un bien par rapport à l'acquisition d'un autre.

Introduire réellement la monnaie, c'est-à-dire une possibilité de décaler les décisions dans le temps et de choisir entre une consommation et la liquidité, dans la TEG a des conséquences immédiates. Il faut, si on veut éviter la présence de *déséquilibres permanents*, supposer soit l'état stationnaire (le temps n'existe plus, sauf au présent) soit exclure toute situation d'incertitude du domaine de l'économie. Autrement dit, les agents doivent pouvoir anticiper parfaitement et de manière indubitable ce que sera le comportement futur des autres agents. De plus, cette capacité à connaître le futur doit leur être donnée dès le premier jour et ne pas résulter de l'expérience. L'introduction de mécanismes d'apprentissage chez les échangistes potentiels aboutit à la démonstration que, même dans une situation de prix parfaitement flexibles, un équilibre n'est pas obtenu. En effet, le marché ne pouvant produire spontanément la « bonne » distribution des informations parmi les agents qui le composent (démonstration de Radner évoquée plus haut), ces agents n'ont aucun moyen de savoir si (1) leur expérience est la même que celle des autres agents et (2) si cette expérience correspond bien à un effet de tendance longue sur le marché et non pas à une situation accidentelle et provisoire. Dans ces conditions il est impossible de montrer que l'apprentissage individuel spontané aboutit simultanément à une convergence des anticipations entre elles et à une convergence de ces anticipations avec la réalité. On peut par contre montrer que les phénomènes de convergence des anticipations qui se produisent dans ces conditions constituent des bulles spéculatives, comme on en connaît régulièrement sur le marché de l'immobilier ou sur les marchés financiers.

L'hypothèse de neutralité de la monnaie — une modification de la masse monétaire n'affecte que les prix absolus et ne change ni les prix relatifs ni les comportements des agents —, hypothèse centrale de la TEG, n'est cohérente avec les autres hypothèses de la TEG que si on rajoute de nouvelles hypothèses. En effet, même si seuls les prix absolus sont affectés, ils constituent une forme supérieure de prix relatifs, puisqu'ils indiquent le rapport d'échange entre un bien et un autre bien, la monnaie. Une hausse des prix absolus est une baisse du prix de la monnaie. Logiquement, si on respecte les hypothèses quant au caractère maximisateur de l'agent, il réagira à une hausse des prix absolus en se débarrassant de ses encaisses liquides. Il faut alors supposer qu'il achète des biens et des services *dans la même proportion que celle des décisions d'achat déjà faites avant la modification de la masse monétaire*. Si tel n'est pas le cas, si par exemple avec la liquidité dont il veut se débarrasser l'agent achète plus du bien (x) que du bien (y) par rapport à sa décision initiale, le prix relatif de (x) par rapport à (y) en sera affecté. Il faut donc ajouter une nouvelle hypothèse aux hypothèses initiales. Par ailleurs, la neutralité de la monnaie ne résiste pas à l'introduction d'hypothèses même moyennement réalistes quant au comportement des agents, par exemple des décisions séquentielles (où le résultat de l'action (a) doit être connu avant que la décision (b) soit prise) ou une information imparfaite.

Les équilibres, pour être vérifiés, supposent, il faut le rappeler, dans la TEG l'existence de marchés complets. Or, pour démontrer une solution d'équilibre en économie monétaire, on est obligé de postuler que les anticipations sont toujours continues (exclusion des effets de surprise et des changements d'attitudes) et que les agents *croient* en la neutralité de la monnaie. Autrement dit, il faut que tous les agents soient persuadés que la TEG est juste et qu'ils ne puissent changer d'avis sur ce que sera le futur. Seulement, on peut se demander comment les agents pourraient tous être entièrement convaincus et de manière irréversible par ce qui n'est qu'une théorie contestable. La convergence des anticipations, nécessaire pour obtenir l'équilibre recherché, n'est pas ici produite spontanément par le marché mais par une institution normative, par exemple une administration dotée de pouvoirs de coercition sur les agents et les obligeant à croire en la TEG, produisant des effets cognitifs prévisibles et homogènes. Cela revient à admettre que le marché néoclassique ne peut produire de lui-même les conditions de son bon fonctionnement. L'obtention des résultats visés par la politique économique ne peut résulter d'une simple extension des mécanismes du marché ; elle implique la construction des institutions qui permettent à ce marché de bien fonctionner. En d'autres termes, il faut construire l'État, comme système cohérent d'institutions, pour que les marchés soient efficients. Le résultat est intéressant, mais quelque peu paradoxal, et en tout cas à l'opposé du discours libéral de ces dernières années.

Ces résultats sont importants non seulement parce qu'ils montrent à quel point la TEG a du mal à s'accommoder de la monnaie, ce qui est un comble pour une théorie de l'économie de marché, mais surtout parce qu'ils invalident les présupposés des politiques économiques qui se fondent sur la TEG. Nombre de prescriptions formulées par le FMI ou par des Banques centrales reposent en effet sur des hypothèses comme la neutralité de la monnaie ou la possibilité d'obtenir des résultats optimaux (des équilibres) si on améliore la flexibilité des prix. Ainsi les économistes du FMI soutiennent que l'application de politiques monétaires restrictives n'a aucune influence sur le niveau d'activité du pays concerné, soit le taux de chômage, le niveau des salaires réels et autres broutilles du monde réel. Si, effectivement, la politique monétaire n'avait point d'effet sur le monde réel, on pourrait la retirer des mains des gouvernants. On voit surgir ici la belle construction discursive des banques centrales indépendantes. Certains sont même allés plus loin, préconisant lors de la crise financière de 1998, l'application d'un Conseil monétaire (pour faire savant, on dit *Currency Board*). Ce système conduit à indexer en tout temps le montant de la monnaie nationale sur celui des réserves de devises. Il n'y a simplement plus de politique monétaire. Relevons cependant ici une légère incohérence. Cette indépendance des Banques centrales et cette idée des Conseils monétaires ont ouvertement pour objet de garantir la stabilité de la monnaie. Mais, si la monnaie est réellement un voile, que nous importe sa stabilité ? Et si elle n'est pas un voile, si effectivement sa stabilité ou son instabilité ont des conséquences sur l'économie réelle, alors peut-être les politiques monétaires ont-elles une réelle importance pour l'économie et doivent-elles donc être l'objet de vrais débats démocratiques et non pas de lubies d'experts.

Quant aux prescriptions sur la flexibilité des prix, mes chers collègues du FMI (j'écris chers, cars ils ont beaucoup coûté en argent et en souffrances à ceux sur le dos desquels ils ont sévi) font comme si le système complet et total des marchés de la TEG existait dans le monde réel. Puis, de temps en temps, ils découvrent qu'ils vivent dans un monde imparfait. Encore directeur du FMI, Michel Camdessus, a visiblement des remords puisqu'il reconnaît, dans une interview, que la politique de son organisation a contribué à créer en Russie un désert institutionnel dans un univers de mensonge[1]. Ainsi donc, la charge libérale, sabre au clair, nez au vent, aurait abouti à fragiliser voire détruire l'environnement nécessaire au fonctionnement des marchés. Peut-être eût-il été souhaitable d'y penser avant que de pousser les deux tiers de la population russe en dessous du seuil de pauvreté.

Le traitement du problème de la monnaie (sur lequel on revien-

1. Voir *Libération*, 31 août 1999, p. 3.

dra plus longuement par la suite) dans le cadre de la TEG est un désastre absolu. Un simple exemple, ayant des applications immédiates, le montre. Si dans un modèle d'équilibre général on introduit la possibilité pour les agents de détenir des dettes sous forme d'obligations publiques ou privées, il faut alors supposer que le système économique n'est pas affecté par des discontinuités qui pourraient résulter des faillites. Une faillite, signifiant qu'un débiteur est dans l'impossibilité de rembourser ses dettes, impliquerait une perte de valeur des obligations qu'il a émises, perte non anticipée par l'agent qui a acquis l'obligation. Si de telles discontinuités sont possibles, sous la forme de défauts privés ou publics (comme le défaut du gouvernement russe sur sa dette interne en août 1998) alors, de nouveau, l'équilibre n'est plus démontré.

L'introduction d'une dette publique sous la forme de bons du Trésor détenus par les agents et engendrant un flux prévisible de revenu a des conséquences explosives. Ceci implique, si l'on veut retrouver le résultat walrasien standard d'une neutralité de la monnaie, que l'on suppose que les agents soient capables d'intégrer à leurs calculs une actualisation de la charge fiscale nécessaire à la gestion de cette dette et ce pour l'ensemble des périodes à venir. En effet, un État qui s'endette s'engage non pas à rembourser le principal mais à servir les intérêts. Pour cela il doit disposer de ressources fiscales. Or, ces dernières sont constituées par des prélèvements sur la richesse des agents qui détiennent la dette publique. Le gain potentiel actualisé de l'achat d'un bon du Trésor doit donc se mesurer au surcroît possible de la pression fiscale rendu nécessaire justement pour payer les intérêts, et ce sur la durée de maturité du bon du Trésor concerné. Par ailleurs, si dans la période de maturité du titre, la puissance publique a des besoins de financement plus importants que prévu, elle vendra plus de bons que prévu. Dans ce cas, le rendement réel des bons nouvellement émis va augmenter, ce qui fera baisser le prix des bons déjà en circulation sur le marché secondaire, et va modifier le rapport de rendements entre bons du Trésor et titres privés.

Ces mouvements vont donc affecter de manière substantielle la valeur du portefeuille de l'agent et donc sa richesse apparente et réelle. Autrement dit, pour pouvoir supposer que les agents vont fonder leur décision d'acheter des titres publics sur un calcul rationnel d'optimisation, il faut supposer qu'ils connaissent, quand ils acquièrent une obligation d'État, la totalité de la politique budgétaire et fiscale de l'État en question sur la période concernée par la maturité du titre concerné. Une telle hypothèse est d'un profond irréalisme. Le reconnaître signifie que des mouvements monétaires, se traduisant par des variations des prix absolus comme des taux d'intérêt, vont modifier brutalement et le revenu et la richesse des agents.

Il découle de ceci que l'on ne peut à la fois introduire sérieusement la monnaie dans un modèle d'équilibre général et prétendre retrouver les résultats walrasiens canoniques, et en tout premier lieu la « neutralité » de la monnaie ainsi que la stabilité des équilibres. À cet égard, le monétarisme, qui se réclame explicitement du cadre walrasien et qui est le cadre officiel de référence théorique du FMI, est un échec théorique total et sans remède. Ou il aboutit à des incohérences logiques, ou il démontre le contraire de ce qu'il veut démontrer, à savoir que la monnaie modifie les équilibres, voire empêche même d'aboutir à des équilibres.

3.2. Le réalisme et la dégénérescence d'une démarche

La TEG se caractérise, on vient de le voir, par son incapacité à définir ce qu'est un marché et par l'absence de la monnaie. Dans une théorie économique censée établir les lois de fonctionnement d'une économie de marché monétarisée, voilà qui renvoie au problème de l'opposition entre axiomatique et réalisme que l'on a évoqué dans l'introduction. Les économistes du courant dominant n'ont pas seulement enfreint l'obligation de réalisme, mais aussi celle de cohérence. Parce qu'une position explicitement non réaliste devenait de plus en plus difficile à soutenir face au monde extérieur, qui demande à l'économiste autre chose que des modèles mathématiquement élégants, ils ont pu croire que des modifications marginales de leur programme de recherche pouvaient permettre de combiner le respect des axiomes initiaux et une capacité descriptive et explicative.

En fait, ils ont abouti à un corpus théorique qui devient de plus en plus incohérent, où des éléments de théorie institutionnaliste (l'importance des règles, nouvelle définition de la rationalité de l'agent) sont introduits au sein de raisonnements qui restent marqués par le cadre de la TEG. Un exemple en est donné par les contorsions théoriques des chercheurs du FMI pour expliquer le développement du troc en Russie entre 1993 et 1997, alors même que l'inflation baissait. Un document de recherche du FMI, datant de 1997, constate que la re-monétarisation de ces économies est très lente en période de baisse rapide de l'inflation[1]. Pour expliquer ce phénomène, il recourt à la description d'un effet de cliquet. Le troc impliquerait la construction de systèmes de relations entre entreprises conduisant à la mobilisation de connaissances très spécifiques en matière de confiance réciproque entre les agents d'un système de troc multilatéralisé. Plus on s'engage dans le troc et plus ces connaissances sont valorisées. Au contraire, si on sort du troc, elles sont détruites car les partenaires antérieurs n'ont plus confiance dans l'agent qui vient de briser le cercle de la circulation non monétaire. Pour sortir du troc, il faut donc être sûr que l'on n'aura pas besoin d'y recourir à nouveau dans un futur proche. Ce raisonnement est appuyé par une analyse en termes de coûts de transaction et de dévalorisation des structures de connaissance. Cette analyse est tout à fait pertinente mais elle est tout aussi contradictoire avec les fondements de l'analyse monétariste et néoclassique de l'inflation employés dans le même document. On suppose ainsi que d'une part, dans le domaine du troc, les agents seraient soumis à l'incertitude et chercheraient à s'en prémunir par un système de règles, et d'autre part, dans leur comportement monétaire, qu'ils feraient des anticipations rationnelles pour que l'on puisse aboutir à une analyse monétariste de l'inflation.

Un autre exemple parlant, et de plus grande importance, renvoie à ce que l'on appelle la « nouvelle économie institutionnaliste », avec un auteur comme Williamson. Dans un récent ouvrage, ce dernier donne comme cadre au travail de cette nouvelle école la combinaison de deux hypothèses, la *rationalité limitée* et l'*opportunisme*. La rationalité limitée signifie que les agents, au contraire de ce que prétend la TEG, ne sont pas omniscients ou informés par un système complet et total de marchés. Ils sont incapables de réaliser en permanence des calculs d'optimisation sur l'ensemble des paramètres de leur environnement. C'est donc une hypothèse réaliste, qui conduit à privilégier, dans le comportement de ces agents le rôle des règles ou des routines. Par contre, l'opportunisme signifie que ces mêmes agents sont susceptibles de rompre ces dites routines à chaque instant et de manière imprévisible pour autrui. En particulier, s'ils appartiennent à une organisation (une

1. A.R. Ghosh, « Inflation in Transition Economies : How Much ? and Why ? », *IMF Working Paper WP/97/80*, Washington, DC, FMI, Dpt. Europe-II, juillet 1997.

entreprise ou une administration), ils peuvent décider d'adopter une attitude déloyale vis-à-vis de cette organisation. Cela revient à postuler qu'ils sont en mesure de calculer à tout instant les coûts et les avantages des décisions qu'ils viennent de prendre par rapport au cadre collectif avec lequel ils sont en relation. Cette hypothèse est censée expliquer pourquoi les agents changent d'avis de manière imprévisible et cherchent à exploiter des opportunités nouvelles. Le problème est que si les agents peuvent réellement calculer *toutes* les opportunités à chaque instant, alors ils sont omniscients. La capacité d'un calcul portant sur la totalité de l'environnement, et permanent renvoie à une forme d'information parfaite. Mais si les agents sont réellement omniscients, et s'ils peuvent réellement tout calculer en permanence, leur rationalité n'est pas limitée ; elle n'est autre que la rationalité traditionnelle de la théorie néoclassique. Et si, au contraire, on prend au sérieux la première hypothèse, dont le réalisme est évident, alors il faut abandonner la notion utilisée d'opportunisme. Non que les agents ne changent pas d'opinion, mais ces changements ne sont pas le fruit d'un calcul total et permanent mais de surprises invalidant les règles de décisions antérieures, ou d'événements remettant en cause les routines existantes, ou la légitimité des règles qui les fondent. C'est justement ce que Shackle a perçu dès 1949 quand il insiste sur la différence dans le comportement d'un agent économique entre un événement imprévu *(unexpected)* et un événement peu probable *(counter-expected)*. Un événement peu probable a cependant été prévu ; s'il survient il ne signifie pas que l'ensemble de la structure de prévision de l'agent était fausse, mais simplement qu'il s'était trompé dans la pondération entre les événements. Si par contre survient un imprévu, c'est bien la structure de prévision qui est fautive, et ceci implique une révision totale des anticipations. Prétendre, comme le fait Williamson, combiner la rationalité limitée et l'opportunisme, c'est se condamner à tenir un discours incohérent. On ne peut impunément faire cohabiter réalisme et éléments provenant de la TEG.

Dans ces conditions, on comprend qu'une fraction de la profession ait préféré s'en tenir à l'irréalisme formel, tout en prétendant au pouvoir explicatif, normatif et prescriptif de ses modèles. Pour ce faire, il a fallu invoquer l'hypothèse d'ergodicité.

3.3. *L'hypothèse d'ergodicité et les fantasmes des économètres*

L'emploi d'une métaphore empruntée à la mécanique et à la physique est ici parfaitement conscient. Il s'agit de renforcer la dimension mécaniste de la représentation de l'économie. L'hypothèse ergodique a été formulée au tournant du XXe siècle pour trouver une solution à des problèmes relevant de la physique des gaz. Au sens de sa définition par H. Poincaré, elle implique que, dans un système donné, on soit en présence d'une récurrence parfaite. Elle postule alors l'égalité des moyennes des observations à chaque phase dans une expérimentation où il n'est plus possible de mesurer un nombre suffisant de microphénomènes. En économie, cette hypothèse permet de supposer que si les observations statistiques disponibles relèvent de processus stochastiques, alors il y a convergence des résultats quand on tend vers l'infini, soit la très longue période. On retrouvera des moyennes dans les observations traduisant l'existence d'une loi naturelle, même si la formulation exacte de cette dernière reste inconnue à l'observateur.

En d'autres termes, l'hypothèse d'ergodicité revient à dire la chose suivante. Parce que la réalité de l'économie est l'image directe, sans intermédiation sociale, de déterminismes immuables (les fameuses « lois exactes » au sens de Karl Menger évoquées dans l'introduction), l'observation immédiate des effets de ces déterminismes (des régularités statistiques par exemple) permet d'être prédictif sur le futur même si on est dans l'incapacité de formuler les lois exactes de ces déterminismes. Ceci se rencontre en physique et en astronomie. C'est bien parce que le mouvement des planètes relève d'un système ergodique que les astrologues babyloniens ont pu dresser des calendriers précis, même si l'interprétation qu'ils donnaient de leurs observations était fantaisiste.

Pour les adeptes de la TEG, l'hypothèse ergodique est évidemment pain bénit ; elle donne une justification mathématiquement élégante à l'hypothèse des anticipations rationnelles. Dans un environnement ergodique, le futur peut être saisi par la projection de statistiques récoltées sur le passé. On suppose donc qu'il y a des lois en économie, au sens que l'on donne au terme de loi en physique. Même si elles ne nous sont pas directement accessibles, il est alors possible d'en déduire le mouvement par des observations statistiques, même imparfaites.

L'hypothèse ergodique revient à postuler un déterminisme

complet et, de plus, à terme, directement intelligible ; on retrouve bien ici un des grands fantasmes fondateurs du positivisme. Il en découle une vision particulière de la notion même d'incertitude. S'il y a une détermination des mouvements de l'économie par des lois de portée et de nature générales, alors il y a dans la nature même de l'économie un ordre objectif des probabilités des différents futurs. L'incertitude quant au futur est ainsi toujours probabilisable, ce qui est le fond même du discours tenu par les théoriciens de l'information imparfaite. Cette vision s'est heurtée à celle développée par F. Knight[1], selon laquelle il existe toujours une part d'événements dont il est impossible de considérer l'émergence dans une logique probabiliste. Cette vision de l'incertitude, opposée au risque (qui lui est probabilisable) contient une rupture fondamentale avec la TEG. C'est dans cette brèche que J.M. Keynes s'est engouffré, avec une vision de l'incertitude reposant sur le fait que les agents ont un libre arbitre, même limité, et qu'ils sont en mesure de modifier le cours des événements futurs (même de manière non intentionnelle). En fait, on peut même considérer que cette rupture était en germe dans le premier ouvrage scientifique majeur de Keynes, le *Traité des probabilités* qui contient une réfutation de l'idée d'un monde complètement probabilisable[2]. L'essence de la thèse keynésienne est que les structures sociales sont organiques et non atomistiques ; elles sont complexes avec des niveaux multiples de rétroaction. Il en découle que le système évolue dans le temps et qu'il n'est jamais complètement et directement intelligible.

L'hypothèse ergodique a des implications très importantes ; elle a fortement influencé l'économétrie moderne, en particulier dans ses développements d'après 1945. La vision d'un monde entièrement verrouillé par une structure de probabilités connaissables à terme est au cœur du programme de recherche que T. Haavelmo fixe à la discipline dans le supplément à la revue *Econometrica* qu'il rédigea en 1944. On peut ainsi y lire : « La question n'est pas si les probabilités existent ou non. Si nous partons du principe qu'elles existent, alors nous sommes en mesure d'émettre des

1. F. Knight, *Risk, Uncertainty and Profit*, Houghton Mifflin, New York, 1921. Voir en particulier pp. 19-20 et 232.

2. J.M. Keynes, *A Treatise on Probability*, republié in *Collected Writings*, vol. VIII, Macmillan, Londres, 1988.

jugements quant aux phénomènes réels qui sont corrects d'un point de vue pratique[1]. »

Ce choix méthodologique a deux justifications. Il est d'une part instrumental, en ce qu'il permet de présenter l'économétrie comme *le test* des théories économiques. D'autre part, si effectivement les lois de probabilités sont stables et valables en tout temps, il est possible de généraliser facilement à partir de résultats locaux. Cette vision, cependant, repose sur une profonde mythification des procédures de tests utilisées en économétrie. Plus fondamentalement, elle conduit à un raisonnement parfaitement circulaire. Les tests économétriques sont ainsi réputés établir notre connaissance des lois du système ; mais pour que nous puissions interpréter leurs résultats en ce sens, il faut supposer *a priori* que de telles lois existent, sont générales, et que nous les connaissions. Cette fétichisation de l'usage des mathématiques et de la formalisation avait déjà été analysée et dénoncée par Keynes dans le *Traité des probabilités*.

3.4. L'équilibre à l'aune du réalisme critique

La question du réalisme, et conjointement du rejet du positivisme, est donc centrale si on veut comprendre le processus de dégénérescence de certains argumentaires en économie. Adopter un point de vue réaliste revient donc aussi à remettre en cause le parti pris d'une possible lecture purement « objective » du monde. En effet, la théorie néoclassique ne nous propose que des indicateurs objectifs, les prix dans le modèle originel, voire les quantités dans des variantes plus sophistiquées. L'idée que la formation des prix relève d'un processus « objectif », d'une forme de loi de la nature, se trouve explicitée déjà chez Menger à la fin du XIXe siècle. Mais, dans le même temps, on suppose que ces indicateurs « objectifs » doivent être appréciés à un niveau subjectif, celui des préférences et de la comparaison entre les anticipations et la perception de la réalité.

On peut en donner un exemple avec le problème du statut du profit comme signal pertinent dans une interprétation « réaliste » de la construction d'un équilibre. On considère alors que les agents

1. T. Haavelmo, *The Probability Approach To Econometrics*, supplément à *Econometrica*, vol. 12, 1944.

aboutissent à l'équilibre par un processus d'essai et erreur, en sélectionnant progressivement les « bons » prix, c'est-à-dire dans ce contexte les prix d'équilibre. Les capitalistes sont-ils sensibles à l'écart entre les taux de profit observés dans chaque branche ou au contraire à l'écart entre le taux de profit effectif et le taux de profit naturel, ce dernier étant alors défini comme celui qui devrait découler de la loi naturelle de formation des prix si elle pouvait jouer sans frictions ni entraves ? Si on accepte le premier critère, et que l'on suppose donc que les agents réagissent aux apparences, l'économie peut connaître des équilibres multiples. Mais, s'il existe plusieurs solutions possibles à l'équilibre entre les offres et les demandes, outre les problèmes évoqués plus haut quant à l'importance de l'hypothèse d'une unicité de l'équilibre, on peut se demander comment fonctionne le mécanisme de sélection. Pour qu'il y ait sélection, il faut qu'il y ait un optimum. S'il y a plusieurs solutions possibles, on ne peut plus sélectionner.

Si on penche pour la seconde solution, c'est-à-dire que les agents réagiraient aux écarts entre les « apparences » et la « réalité », on peut aboutir à un équilibre unique et retrouver l'idée d'une sélection des comportements. Seulement, il faut supposer la connaissance par les agents des lois intimes du système auquel ils appartiennent, sans oublier de conséquentes capacités de gestion des informations, pour qu'ils puissent déterminer d'emblée ce que serait un taux de profit naturel. Les monétaristes proposent une solution : les prix de long terme (ceux des séries temporelles sur quarante ou cinquante ans) sont les prix naturels et ils définissent un taux de profit naturel. Mais cette thèse des monétaristes équivaut à un nouveau coup de force théorique, car il faut au préalable démontrer que *l'équilibre est sous-jacent aux fluctuations de court et moyen terme*. Pour cela, il faut d'abord montrer la possibilité et la stabilité d'un équilibre pour prétendre que les mouvements conjoncturels constituent des fluctuations autour d'une tendance naturelle, ce qui équivaut à un raisonnement circulaire où la possibilité de tendre vers l'équilibre est déterminée par le fait que cet équilibre existe déjà [1]. Ajoutons que comparer des données de long terme à des données de court terme suppose que l'environnement ait été parfaitement stable sur la longue période considérée, sinon la comparaison est bien entendu faussée.

Cette contradiction entre des critères subjectifs et des indica-

1. M. de Vroey, « S'il te plaît, dessine moi...un marché », *op. cit.*, p. 75.

teurs objectifs peut conduire à basculer du côté du subjectivisme. Dès lors, ce ne sont plus les prix ou les quantités qui sont des indicateurs mais la convergence plus ou moins bonne des perceptions et des représentations. Frank Hahn, qui est certainement l'économiste néoclassique le plus conscient des problèmes soulevés par la théorie qu'il utilise, propose ainsi la définition suivante de l'équilibre : « Une économie est en équilibre quand elle engendre des messages qui ne provoquent pas le changement des théories soutenues par les agents ni des politiques qu'ils poursuivent[1]. »

Notons que le terme de « théorie » tel qu'il est employé par Hahn est une source de confusion. Il trahit, même pour un auteur aussi critique, la persistance d'illusions et d'incompréhensions quant aux capacités des agents. Parler de « théorie » dans ce contexte reviendrait à soutenir que l'on peut avoir une connaissance des lois abstraites du système par l'observation directe des effets, thèse positiviste standard. Il serait plus cohérent d'utiliser celui de « représentation du monde ». Une manière plausible d'exprimer une théorie de l'équilibre reviendrait alors à écrire la formule suivante : *Une économie est en équilibre quand les événements provenant de son fonctionnement renforcent les représentations du monde et les systèmes de décision des agents qui en découlent.*

Une telle définition serait certainement acceptable par les auteurs du courant autrichien, ainsi que par un keynésien comme G. Shackle. Seulement, une telle définition ne nous dit pas plus si cet équilibre est stable quand l'environnement se modifie qu'elle ne nous permet de dire si cet équilibre est souhaitable. En effet, les représentations du monde et les systèmes de décision des agents peuvent parfaitement converger vers des résultats aberrants comme dans le cas des paniques ou des bulles spéculatives[2]. Il faudrait alors ajouter une condition supplémentaire : que *les événements provenant du fonctionnement de l'économie* conduisent à des représentations du monde convergentes avec la réalité. Ici, la question de la théorie de la connaissance sous-jacente à l'approche économique devient cruciale.

Un positiviste va bien entendu prétendre que l'on peut dégager

1. F. Hahn, *Equilibrium and Macroeconomics, op. cit.*, p. 59.
2. C.P. Kindleberger, *Manias, Panics and Krashes*, New York, Basic Books, 1989, édition révisée.

de l'expérience immédiate une compréhension des mécanismes et des causes de la réalité. Il a raison si, et seulement si, il est dans un environnement simple et unidimensionnel.

Un chercheur refusant le positivisme et adoptant la posture épistémologique du *réalisme critique* et la méthodologie qui en découle, comme indiqué dans l'introduction, soutiendra au contraire que de l'expérience immédiate ne peut naître, au mieux, qu'une modification des représentations existantes qui seraient cohérentes avec les formes intermédiaires, le niveau *factuel*, au sein desquelles cette expérience s'est déroulée. Ce niveau *factuel* est ainsi déterminé par l'architecture institutionnelle de l'économie. La convergence des représentations avec la réalité est possible, mais il s'agit alors d'une réalité intermédiaire, de la réalité propre à cette architecture et qui peut changer si cette architecture est modifiée. Les équilibres, les convergences et les stabilités, ne peuvent alors être que locaux et temporaires.

3.5. Les fantasmes totalitaires de l'Équilibre Général : l'homogénéité et la commensurabilité

Une hypothèse implicite mais centrale de la TEG est celle de l'*homogénéité* des agents et des produits. Officiellement, la théorie néoclassique reconnaît le principe réaliste d'hétérogénéité, car les biens et services sont dits différents. Mais, par le biais de l'hypothèse de la complétude des marchés, elle nie en réalité toute pertinence à l'hétérogénéité. Un système complet de marchés parfaits, s'il existait, permettrait une commensurabilité parfaite. On pourrait raisonner comme dans une économie où il n'existe qu'un seul bien et un seul service productif. C'est très exactement le système de l'économie de David Ricardo avec un seul type de capital, la terre, un service productif, le travail manuel, un bien, le blé. La question de savoir si certaines des hypothèses de la TEG n'ont pas justement pour fonction de nous ramener à ce modèle ultra simple vaut d'être posée. Le problème est que Ricardo ne se berçait pas d'illusions quant à la valeur heuristique de son modèle. Il lui avait permis de déterminer la nature précise de la rente foncière, et c'était tout. Si maintenant on abandonne l'hypothèse du système complet de marchés, car trop irréaliste, alors il faut postuler explicitement l'homogénéité des biens et services, ce qui n'est guère plus réaliste. Se dévoile alors un dernier problème propre à la

TEG. Elle impose de penser un monde simple, ou plus précisément de simplifier à l'extrême le monde pour pouvoir le penser. Mais si le diable gît dans le détail, il gît aussi dans la volonté d'éradiquer ce qui fait obstacle à une vision simple. Depuis l'Inquisition et jusqu'au XXe siècle, des dizaines de millions de personnes sont mortes de cet engouement pour la simplicité.

Le monde réel est hétérogène. On peut même soutenir que le fonctionnement concret des marchés et de l'économie capitaliste, en permettant un formidable développement de la division du travail, ne fait qu'accroître sans cesse cette hétérogénéité. En économie, l'hétérogénéité des biens est particulièrement en évidence dès que l'on sort de l'analyse des consommations courantes. Acheter des tomates à son épicier n'est pas un geste identique à celui de l'industriel qui commande un turbo-générateur industriel. Dans ce cas, même compte tenu de la diversité des productions engendrée par la concurrence internationale, les produits offerts ont des caractéristiques techniques déterminées, en particulier en matière de puissance. Si votre besoin excède de 20 % la puissance de la turbine que vous voulez acquérir, votre choix se limite soit à n'en acheter qu'une, et donc à vous rationner volontairement, soit à en acheter deux, et à avoir un excès de capacité. Par contre, ce qui est absolument impossible, c'est de commander 1,2 unité de turbine. Il en découle que, dans certains cas, les fonctions de consommation ne sont pas nécessairement continues. On peut toujours objecter que, globalement, l'ensemble agrégé des demandes forme une fonction continue. Cela revient à supposer que les déséquilibres locaux s'équilibrent quand on les agrège. C'est possible mais d'une part nul n'en sait rien *ex ante*, et d'autre part si c'est le cas on ne sait pas pourquoi, car rien ne dit dans la TEG pourquoi il devrait en être ainsi. L'homogénéité des biens et des services a donc bien le statut d'un postulat.

En ce qui concerne les agents, l'hypothèse d'homogénéité est centrale. C'est elle qui justifie des hypothèses sur les préférences qui permettent de standardiser *ex ante* les comportements. Renoncer à l'homogénéité des agents serait pour la TEG renoncer à la généralité des courbes de demande et des courbes d'offre, admettre que l'on peut décider de manière différente sans toujours et partout recourir à la maximisation sous contrainte. Voilà ce qui se cache derrière la définition néoclassique de la rationalité. Elle ne procède nullement d'une analyse, même fausse, du comportement humain. Elle est purement instrumentale ; c'est une astuce pour prétendre qu'il n'y a qu'un et un seul modèle de comportement. Alfred Marshall devait bien s'en douter si, comme on l'a rappelé dans l'introduction, il a eu envie au soir de sa vie, de tout reprendre par la psychologie. Aussi, plutôt que de dire que les hypothèses de la théorie néoclassique conduisent vers une homogénéisation des agents, il faut se rendre compte que, comme pour les biens et services, le postulat d'homogénéité est premier et que les prétendues hypothèses ne sont là que pour nous conduire à un résultat prédéterminé. Pourtant, nous savons bien qu'un salarié moyen ne peut se comporter comme s'il pouvait, réellement, se constituer en entrepreneur quand il trouve son salaire inférieur à ce que pourrait être un hypothétique profit. Néanmoins, les conséquences de l'homogénéité des agents dans la théorie ne sont jamais remises en question. En fait, cette homogénéité des agents est absolument décisive dans la démonstration moderne de la possibilité d'un équilibre général. Elle implique la disparition de la spécificité de l'agent « entreprise ». On peut même aller plus loin. Non seulement un salarié n'est pas un entrepreneur potentiel, un ménage n'est pas équivalent à une entreprise, mais les ménages et les entreprises ne constituent pas des ensembles homogènes.

La commensurabilité de la totalité des éléments de l'environnement c'est-à-dire des biens et des services produits et consommés, soit leur possible réduction à un étalon unique de valeur, découle du postulat d'homogénéité. Cette clause est tout aussi essentielle pour la TEG. La commensurabilité signifie que les agents sont en mesure d'assigner un prix (ou un coût) à l'ensemble des éléments qu'ils doivent prendre en compte pour leurs décisions. La commensurabilité peut se construire *ex ante* ou *ex post*. Si on se situe de manière rigoureuse dans le cadre néoclassique, où le marché est un mécanisme d'équilibre et non un processus révélateur, il est clair que la commensurabilité doit pouvoir être possible avant la prise de la décision. C'est le sens de la critique que N. Kaldor avait faite à la théorie de l'équilibre, en indiquant que celle-ci impliquait la détermination des prix avant l'échange[1].

Si on se situe maintenant dans une extension de la notion d'équilibre, en estimant par exemple qu'une perception objective de ce dernier n'est pas forcément nécessaire, et qu'il peut être un résultat non intentionnel de l'action des agents économiques, cette

1. N. Kaldor, « The Determinateness of Static Equilibrium », republié *in* N. Kaldor, *Essays on Value and Distribution*, Londres, Duckworth, 1960.

commensurabilité peut être révélée *ex post*, comme résultante de l'ensemble des décisions prises.

Or, l'hypothèse de commensurabilité se heurte à deux difficultés. Dans le cas de la commensurabilité *ex ante*, il faut que le marché connaisse la totalité des offres présentes et à venir pour que l'évaluation qu'il réalise soit juste. Une autre manière de présenter le problème consiste à supposer que le marché doit connaître la totalité des produits offerts dans le présent et l'avenir (en raison de l'hypothèse de substituabilité) et la totalité de la configuration des demandes. C'est l'hypothèse de complétude du marché.

Au-delà, la simple prétention à construire un système complet de prix se heurte à un problème de circularité du raisonnement, si on veut que les prix en question soient des prix de marché.

Supposons une population d'agriculteurs prenant possession d'un territoire vierge, où les ressources en eau sont abondantes, et décidant d'exploiter ce territoire avec des moyens modernes. Au bout d'un certain temps, l'emploi massif d'engrais, ou le développement de l'élevage intensif, va provoquer un phénomène de rareté de l'eau potable. La réponse de l'économiste néoclassique à ce problème consistera alors à dire que si on avait donné un prix à l'eau les agents auraient pris plus de précautions, et les réserves d'eau potable auraient été mieux utilisées. Imaginons alors que, à la manière de la machine à remonter le temps de H.G. Wells, on puisse transporter ledit économiste auprès de la population d'agriculteurs au moment où elle arrive dans le territoire et que cette population l'écoute. Un prix de l'eau est fixé sur la base de la rareté hypothétique de cette ressource dans le futur, ledit futur n'étant connu que grâce à la machine à remonter le temps qui a transporté à la période initiale notre économiste. Mais, si le comportement des agents devient bien celui prévu par la théorie néoclassique, alors ils économisent la ressource, dans notre cas l'eau, de telle manière que la rareté future ne se manifeste pas. On a changé le cours de l'histoire et, donc, l'économiste du futur n'aura jamais existé et n'aura jamais pu établir le raisonnement qui devait convaincre les agents initiaux. Ce paradoxe, bien connu de tous les lecteurs de science-fiction, montre que l'*on ne peut, au mieux, déterminer les prix que de ce qui existe*. L'idée d'une commensurabilité intertemporelle objective, tournée vers le futur, n'a pas de sens.

Si on suppose maintenant que la commensurabilité est subjective, qu'elle ne résulte pas de la confrontation d'offres et de demandes mais du partage de valeurs communes, elle n'est possible *ex ante* que si les agents ont des préférences similaires ou, ce qui revient au même, adhèrent à des systèmes de valeur identiques. Si tel est le cas, ils peuvent spontanément exprimer des préférences convergentes. Le problème, alors, est que l'on est obligé de supposer soit l'homogénéité des agents, soit qu'ils soient soumis à une règle sociale normative très forte. La spontanéité, ici, n'est compatible ni avec l'hétérogénéité des agents et de leurs systèmes de valeur, ni avec l'idée d'un choix qui ne soit pas, sur le fond, un choix collectivement déterminé.

Si la commensurabilité ne peut être acquise *ex ante*, on peut supposer qu'elle se construit *ex post*. Dans le cas d'une commensurabilité objective, si on suppose que l'ensemble des transactions effectuées à un moment donné est révélateur d'une mesure commune à la totalité des éléments pris en compte, rien ne prouve que, à la suite d'une nouvelle série de transactions, le même résultat sera retrouvé. Ce problème se pose en particulier dans le cas de transactions répétées dans le temps. Si, à la première des transactions, on a d'emblée abouti à l'équilibre, la répétition de comportements conserve ledit résultat, tant que nul autre bien ou service n'est introduit et tant que les besoins et préférences restent inchangés. On est donc clairement en état stationnaire. Si la première des transactions n'a pas révélé la bonne commensurabilité, on peut faire l'hypothèse que les agents sont en mesure de tirer les leçons d'un échec. Cette hypothèse est plus lourde qu'on ne l'imagine, mais il est possible de s'en contenter pour l'instant. En admettant que la répétition engendre la correction progressive des erreurs et la convergence vers l'équilibre, encore faut-il que la répétition soit à l'identique, c'est-à-dire que n'intervienne nul nouvel élément dans l'offre comme dans la demande. Autrement dit, sauf encore une fois à supposer un univers stationnaire où les mêmes gestes se reproduisent à l'infini, on ne possède aucune garantie sur une commensurabilité intertemporelle comme produit révélé *ex post* d'un ensemble de transactions.

Si, maintenant, la commensurabilité subjective se construit par la coutume, l'habitude ou l'apprentissage, de manière spontanée, alors les opérateurs doivent partager, en tout temps et en tout lieu, un certain nombre de normes communes. On retombe ici sur l'hypothèse de l'homogénéité des agents.

En fait, il est plus facile de comprendre comment se constitue la commensurabilité subjective *ex post* si on abandonne l'hypothèse de spontanéité. Le débat politique peut faire converger, pour un temps, les systèmes de valeur. Une décision précédée d'un débat démocratique est probablement plus en mesure de dégager une commensurabilité subjective que le marché. Un exemple le montre, celui de la tentative d'implanter à la fin des années 70 et au début des années 80 l'élevage des coquilles Saint-Jacques dans la baie de Saint-Brieuc. Ce programme correspondait à un problème économique simple : la croissance de la demande pour le coquillage, en particulier lors des fêtes de fin d'année, avait provoqué une surexploitation des ressources naturelles, menaçant l'avenir immédiat des pêcheurs de la région de Saint-Brieuc. Le passage d'une pêche « naturelle » à un élevage du coquillage était une réponse logique dont on pouvait penser qu'elle correspondrait aux intérêts rationnels de la population d'agents économiques considérés. En fait, l'histoire de ce programme que dressent Michel Callon et John Law montre qu'il n'en fut rien [1]. Les populations d'agents, mais aussi celles du coquillage lui-même (le produit) se sont avérées fortement hétérogènes. Si les différences progressivement découvertes parmi les espèces de coquilles Saint-Jacques ont posé des problèmes scientifiques difficiles mais non insurmontables, l'hétérogénéité des acteurs humains a, elle, failli faire entièrement capoter le projet. Ce que montrent Callon et Law, c'est qu'il n'y a pas de commensurabilité subjective *ex ante*, même pour un projet qui, logiquement, devrait voir converger vers lui les intérêts des acteurs. Le problème c'est, justement, que l'étude de cas montre que la notion d'intérêt dans sa superbe simplicité néoclassique n'existe pas. Il y a des stratégies, de l'intéressement, des perceptions souvent divergentes en fonction des contextes locaux, autant de phénomènes qu'ont décrits les auteurs travaillant en psychologie expérimentale. La commensurabilité doit donc être construite, ce qui permet à Callon de développer sa thèse d'une traduction sociale nécessaire et incontournable de tout argumentaire et d'illustrer celle des investissements de formes [2]. Ce processus de construction équivaut à la constitution d'espaces de controverses, c'est-à-dire de structures démocratiques. Ce qui

1. Voir M. Callon et J. Law, « La protohistoire d'un laboratoire », *in* M. Callon (sous la direction de), *La Science et ses réseaux*, Paris, La Découverte, 1989, pp. 66-116.

2. M. Callon, « Éléments pour une sociologie de la traduction », *L'Année sociologique*, Paris, PUF, 1986, pp. 169-208.

explique dans une très large mesure les échecs initiaux du programme d'implantation de la culture des coquilles Saint-Jacques en baie de Saint-Brieuc, c'est l'approche technocratique, non démocratique, adoptée au départ. Le succès ultérieur est dû à un changement progressif de stratégie, qui n'a pas été pleinement conscient d'ailleurs chez certains acteurs.

L'hypothèse de commensurabilité parfaite *ex ante* a des implications lourdes et fondamentales. En particulier, elle a pour conséquence que, pour la TEG, *ce qui n'a pas de prix n'existe pas.* Inversement, la TEG ne peut s'étendre comme mode de représentation du monde, ce qui est visiblement un projet d'une partie des économistes, qu'en donnant un prix à la totalité des hommes et des choses. La chute dans le marché des corps (sous la forme de la prostitution), ou des morceaux de corps (le trafic d'organes) est ainsi au moins autant une logique de la société qu'un effet d'une doctrine économique devenue système de représentation dominant. Non que l'achat et la vente n'aient existé avant que ne soit élaboré la TEG. Mais cette dernière, en affirmant sa domination, fait sauter progressivement les derniers verrous contenant la transformation en marchandise de la totalité du monde visible et invisible.

Que cela ne soit pas supportable et engendre des réactions plus ou moins violentes est un autre problème, comme le démontrent les manifestations contre l'OMC en décembre 1999 à Seattle. L'hypothèse de commensurabilité parfaite *ex ante* parachève et couronne le projet totalitaire inscrit dans la théorie néoclassique et ses postulats d'homogénéité.

Le refus, théoriquement justifié, de cette hypothèse de commensurabilité parfaite *ex ante*, et son remplacement par l'hypothèse d'une commensurabilité *ex post* et tendancielle ont des conséquences tout aussi importantes. Si la commensurabilité doit se construire à travers des processus de traduction définissant des espaces de controverses, *alors la démocratie devient fonctionnellement nécessaire à une économie décentralisée caractérisée par l'hétérogénéité des produits et des agents.* Cette démocratie est clairement autre chose que le simple droit de vote combiné à l'État de droit. On doit l'entendre ici comme un processus d'organisation des acteurs combiné à l'exercice d'un contrôle ; la controverse n'est pas simple addition de discours. Elle exige pour fonctionner comme processus de construction de la convergence des représentations et des anticipations, des procédures de vérification. Cela implique, comme le montre l'exemple étudié par Michel Callon, la délimitation d'espaces de négociation. Mais, ceux-ci ne peuvent exister que si la communauté concernée est dotée d'une souveraineté, autrement dit du pouvoir de modifier ses règles et ses modes de fonctionnement[1]. La notion de souveraineté signifie alors que la controverse n'est pas seulement un débat encadré par des règles de vérification, elle est aussi un débat avec un enjeu. Les acteurs ont donc bien, à son issue, le pouvoir de prendre des décisions et de les mettre en œuvre. Faute de quoi, si la décision leur avait été ôtée, la négociation ne pourrait avoir lieu. *La démocratie fonctionnellement nécessaire à une économie décentralisée et marquée par l'hétérogénéité qualifie donc une communauté organisée* (elle se dote de règles de vérification et de contrôle) *et agissante* (le pouvoir de modifier sa condition ne lui a pas été retiré). Ce n'est donc pas la démocratie définie par la seule relation électorale libre et régulière de l'individu isolé face au pouvoir.

L'opposition commensurabilité parfaite et *ex ante* / commensurabilité tendancielle et *ex post* recouvre donc une opposition fondamentale et radicale quant à l'organisation des sociétés humaines. D'un côté, on prétend réduire l'organisation sociale à une mécanique déterministe, ce qui justifie la fin du politique au profit de l'expertise seule à même de « dire » les lois de détermination. De l'autre, on réaffirme l'importance centrale et décisive du politique dans des sociétés dont les interactions sont trop complexes pour être pleinement et directement intelligibles dans leur totalité par un acteur et où les déterminations ne peuvent être que locales et temporaires. Récuser le mythe d'une commensurabilité parfaite *ex ante*, c'est reconnaître qu'il faut mettre le politique au poste de commande.

4. ÉCONOMIE OU THÉOLOGIE ?

La TEG se voulait, et se veut toujours pour ses défenseurs, une théorie de l'intérêt commun par le biais des actions individuelles, et une approche matérialiste, basée sur l'intérêt matériel des

1. Point mentionné par E.M. Gerson, « On quality of Life », *American Sociological Review*, vol. 41, n° 4, 1976, pp. 793-806.

acteurs, de la production et de la distribution des richesses. À cet égard il faut lui reconnaître une très grande élégance mathématique, qu'elle paie quant aux hypothèses qui deviennent alors nécessaires pour prétendre penser une « économie pure ».

En réalité, la TEG se révèle soit idéaliste, avec en particulier des hypothèses fortes quant à l'immanence de certains comportements et au refus du temps, soit complètement centralisée. Elle implique ainsi ou une intervention divine ou un État despotique. Les critiques faites à la planification centralisée, qu'il s'agisse du reproche d'une omniscience supposée du planificateur ou de sa dictature, s'appliquent alors directement au modèle dominant d'économie de marché.

La thèse de la « main invisible » n'est pas, contrairement à ce qui est affirmé sans pudeur par certains économistes, un résultat scientifique. C'est, au mieux, une brillante métaphore et, plus certainement la transposition en économie d'une image religieuse. Comme l'a démontré J.-C. Perrot, chez Adam Smith elle est la refiguration d'une image du Dieu caché, pour reprendre la formule magnifique de Lucien Goldmann, sur les influences jansénistes dans le théâtre de Racine.

La thèse de l'homogénéité des agents et des produits renvoie quant à elle à d'autres images religieuses, celles de la nature humaine qui nous serait donnée par notre Créateur et de l'unité essentielle de la Création. Un des grands économistes du XXe siècle, Gunnar Myrdal, qui reçut en 1974, par une ironie dont le jury du prix Nobel a le secret, son prix conjointement avec Hayek (les deux hommes se détestaient cordialement), avait montré, lui aussi, que l'économie dominante, soit la TEG, avait des bases métaphysiques et non scientifiques [1]. Il avait aussi montré que les prémisses et la logique de l'utilitarisme, qui inspire la TEG et à travers elle l'économie standard, renvoient à une fiction sociale. C'est d'ailleurs une caractéristique commune et générale des pensées religieuses. Elles ne jugent des sociétés existantes que sur la base d'une société idéale. C'est en général le premier pas qui conduit, de la croyance en une Jérusalem céleste au mépris pour les sociétés existantes, à vouloir ensuite construire la Cité de Dieu sur terre, sur les cadavres de tous ceux qui s'y opposent.

---

1. G. Myrdal, *The Political Element in the Development of Economic Theory*, publié en suédois en 1930, traduction en anglais Cambridge (Mass.), Harvard University Press, 1954.

Un certain nombre d'économistes, attachés aux principes de la TEG, vont alors reconnaître que cette dernière a peu d'utilité en tant que description du monde réel, mais qu'elle présente l'intérêt de fournir un cadre théorique cohérent, permettant des programmes de recherches allant progressivement vers plus de réalisme. Il est loin d'être sûr que cette tendance se soit réellement manifestée. On pourrait au contraire considérer aujourd'hui que la TEG s'enfonce dans le dogmatisme et la rigidification. Ce point a d'ailleurs été reconnu par F. Hahn lui-même qui évoque, dans un article de 1991, l'importance des rigidifications dogmatiques dans les religions en déclin, pour évaluer l'évolution de la TEG [1]. Tel est bien le problème central. La théorie de référence d'une majorité d'économistes n'est plus aujourd'hui qu'une succession de programmes de recherches frappés d'une plus ou moins grande dégénérescence. Le scientisme a succédé à la tentative de construire une approche scientifique, et les tics du comportement religieux envahissent la discipline.

Une des meilleures preuves en est l'incohérence du comportement des économistes standards. Ils se prétendent en effet attachés à une conception poppérienne de la science et de la réfutation des conjectures. Au-delà des limites de cette méthodologie, on pourrait s'attendre à ce qu'ils se comportent en poppériens logiques. Dans la théorie de la réfutation, le test qui compte n'est pas celui en faveur d'une conjecture, mais celui qui l'invalide. Or, justement, les conjectures sur le comportement des agents, les seules qui soient en réalité testables au sens de Popper, ont toutes été invalidées dans des expériences rigoureuses depuis la seconde moitié des années 70. Et pourtant, les économistes standards ânonnent leur théorie des préférences comme si de rien n'était. On pourrait multiplier les exemples. Ils vont tous dans le sens d'une fermeture au réel.

La pensée économique dominante, celle qui sert de référence aux gouvernants et aux économistes qui se propagent dans les principaux médias, n'est donc rien d'autre qu'une théologie.

Mais, l'application d'une théologie à une société réelle confronte le prêtre au réel. Son premier mouvement sera toujours de faire plier le réel, de lui donner la forme de sa croyance. Tel est le fond de tous les intégrismes et de tous les fanatismes. C'est

---

1. F. Hahn, « The Next Hundred Years », *Economic Journal*, vol. 101, 1991, n° 404, numéro spécial du centenaire.

bien pour cela que les économistes standards défendent de plus en plus la création de systèmes de pouvoir « indépendants » (Banque centrale, OMC et autres), c'est-à-dire échappant au contrôle démocratique. Le discours de l'expertise économique n'est aujourd'hui qu'une refiguration du discours de l'ordre religieux. Son problème est que le réel ne se laisse pas faire. Savonarole a été renversé, et même en Iran l'intégrisme religieux a dû composer pour rester au pouvoir. Dans ce balancier entre l'expertise et le politique, le second va revenir en force. Le débat s'est déjà joué chez les économistes, il y a des décennies. Tel sera le thème du chapitre suivant.

CHAPITRE II

Penser autrement : les débats refoulés des années 30 et leurs leçons

« Les économistes ne sont pas la solution du problème, ils sont le problème. »

Un banquier après la crise financière russe de 1998.

Les limites, paradoxes logiques et autres incohérences de la TEG montrent l'urgence qu'il y a à penser autrement l'économie. C'est ce à quoi se sont attachés les courants dits « hétérodoxes ». À la différence des néoclassiques, ils ont aussi maintenu une mémoire de la discipline et de ses débats. Or, si on récuse l'instrumentalisme méthodologique et l'axiomatisation irréaliste, alors le problème de la filiation des concepts utilisés se pose immédiatement. Les controverses scientifiques deviennent un des tests des théories, et l'histoire de ces controverses doit faire intégralement partie des théories contemporaines. Les économistes, à la différence des historiens, des sociologues ou des anthropologues, sont trop souvent oublieux de l'histoire même de leur propre discipline. L'amnésie qui touche aux débats, à l'origine et à la formation des concepts et notions utilisés aujourd'hui, est incontestablement l'une des sources de la décadence de l'économie en tant que discipline scientifique.

Deux débats parallèles et parfois contemporains, celui sur l'efficacité de l'économie planifiée et celui sur les cycles économiques, ont mobilisé parmi les plus brillants des économistes des années 20 à nos jours. Ils constituent des controverses scientifiques au sens le plus fort du terme et sont cruciaux non seulement pour ce qu'ils ont mis en lumière mais aussi pour ce qui a été occulté.

La crise de l'économie soviétique a été perçue avant tout comme une crise de la planification, validant les théories dominantes de l'économie de marché. L'argument de l'inefficacité de l'économie planifiée était pourtant ancien. Il avait été, si ce n'est oublié, du moins relégué à un statut secondaire dans les décennies suivantes. Dans les années 70, des auteurs sont revenus sur cet argument et le débat qu'il avait entraîné. C'est de ce moment que date le retour en grâce de Friedrich A. Hayek, devenu le maître à penser des libéraux dans les pays occidentaux avant de le devenir parmi les réformateurs du système soviétique[1]. La relecture des arguments employés montre cependant que l'on est systématiquement passé à côté des questions essentielles. Ce qui se cache derrière ce débat est une discussion essentielle sur la compréhension des systèmes économiques, leur nature, leurs modes de coordination et d'ajustement.

Cette discussion rejoint un autre débat, aussi important, et qui porte sur l'existence de fluctuations périodiques des économies. L'enjeu en est une représentation générale de l'économie, avec en son centre la notion d'équilibre. Ce débat, lié au premier par les contributions de von Mises ou Hayek, est lui aussi redevenu d'actualité. Les politiques de libéralisation et de financiarisation des économies occidentales menées depuis les années 70 ont en effet abouti à faire réapparaître des dynamiques cycliques qui avaient pu sembler appartenir au passé. Il fait resurgir sur le devant de la scène le nom de Keynes. Il est de bon ton, dans les colonnes dites économiques des grands quotidiens, de prétendre aujourd'hui à l'obsolescence de la pensée de l'auteur de la *Théorie générale*. Un des mérites justement du débat sur les cycles économiques est de montrer que les idées de Keynes sur le rôle de l'incertitude et les comportements spéculatifs restent d'une magnifique actualité ainsi que le montre un des économistes qui lui est resté le plus fidèle, Hyman Minsky[2].

1. J. Kornaï, *The Road to a Free Economy*, New York, Norton, 1990.

2. H.P. Minsky, « Uncertainty and the Institutional Structure of Capitalist Economies », *Journal of Economic Issues*, vol. XXX, n° 2, 1996, pp. 357-370.

1. LES JUMEAUX TERRIBLES : ÉQUILIBRE ET PLANIFICATION

Le débat sur le calcul économique et la planification trouve son origine dans la montée politique et électorale des forces socialistes au début du siècle (et en particulier dans l'empire allemand et l'empire austro-hongrois) ainsi que dans les pratiques économiques issues de la guerre de 1914-1918. Alors que bien peu d'informations filtrent sur ce qui se passe en Russie, pays considéré par l'ensemble des participants à ce débat comme économiquement retardataire (nous dirions aujourd'hui « en voie de développement »), l'impact de la révolution d'octobre 1917, comme celui des mesures prises par le gouvernement soviétique, est en réalité très faible. Le débat a été en fait lancé par les expériences de planification faites en Allemagne entre 1915 et 1918 [1], et porte sur comment choisir entre différentes solutions alternatives pour l'utilisation des ressources, dans un univers soumis à la contrainte de rareté.

1.1. Historique du débat

Si on excepte quelques publications avant 1914, le débat ne prend réellement son ampleur qu'à partir de 1919-1920. Il durera, en fait, jusqu'en 1945. Von Mises va y jouer un rôle déterminant, du moins pour la définition initiale de la problématique de cette controverse. Face à ses contradicteurs, il développera une double argumentation. D'un côté il conteste la possibilité d'un choix rationnel sans l'existence du marché, et de l'autre il insiste sur le rôle du profit comme mécanisme d'incitation pour les acteurs économiques. Pour reprendre une terminologie moderne, on dirait que le premier argument relève d'une contestation de la planification en statique alors que le second attaque la planification en tant que procédure dynamique. Von Mises ici attaque directement Otto

1. Le meilleur ouvrage analysant ce que fut l'économie de guerre allemande reste G. Feldman, *Army, Industry and Labor in Germany 1914-1918*, Princeton (NJ), Princeton University Press, 1966. L'impact idéologique que laissa cette expérience peut être mesuré en lisant l'ouvrage de W. Rathenau, *La Mécanisation du Monde*, 1919, traduction J. Vaillant, Paris, Aubier Montaigne, 1972.

Neurath, philosophe et économiste socialiste qui avait préconisé une économie fondée sur le calcul en nature et inspirée de l'économie de guerre. La question clé, au début du débat, porte donc sur la manière dont les choix d'allocation doivent être faits.

Pour von Mises le choix économique rationnel implique la comparaison, et cette dernière implique à son tour la commensurabilité des différentes options. Il faut donc un étalon commun, représenté alors par le prix monétaire (coût direct et coût d'opportunité) des différentes options soumises au choix. Dans une économie centralement planifiée, l'absence de concurrence entre les capitaux implique, pour von Mises, la disparition du processus de découverte du niveau des prix relatifs entre les différents produits. En conséquence, le planificateur ne peut prendre les décisions optimales en ce qui concerne leur utilisation. Cela n'implique pas qu'il ne puisse prendre de décisions, mais ces dernières seront toujours potentiellement moins efficaces que dans une économie de marché. Hors du calcul des coûts, il n'est donc pas de possibilité de choix rationnel. Ce point est justement celui contesté par Neurath qui considère que tout choix économique fait intervenir des valeurs sociales, morales et éthiques, justement parce que la commensurabilité des alternatives est irréductiblement imparfaite[1]. L'exemple de Neurath est celui du choix entre deux techniques de production d'électricité, les centrales thermiques au charbon et les centrales hydroélectriques, dans un univers où les décideurs ne connaissent ni l'ampleur des réserves en charbon, ni l'impact sur la santé des mineurs dans l'exploitation de ces réserves. Neurath, fidèle au principe d'incertitude qu'il avait analysé dès 1913[2], soutient qu'il ne saurait dans ce cas y avoir de rationalité par le calcul ; la décision est ici rationnelle parce qu'elle est conforme à une heuristique et non à une optimisation.

L'argumentaire de von Mises passe, insensiblement, des marchés réellement existants à des marchés théoriques qui seraient tout à la fois complets (c'est-à-dire capables d'englober la totalité des mondes possibles) et parfaits (les informations qu'ils révèlent

---

1. Neurath développe un argument qu'il a employé dès 1913 en philosophie. O. Neurath, « Les voyageurs égarés de Descartes et le motif auxiliaire », publié en français *in Cahiers de philosophie du langage*, n° 2, Paris, L'Harmattan, 1997, pp. 19-34 ; publié originellement in *Jahrbuch des Philosophischen Gesellschaft an der Universität zu Wien*, Vienne, 1913.

2. *Ibid.*

sont directement interprétables et non entachées de bruits et sont suffisantes pour la prise d'une décision optimale). Von Mises prétend, en réponse aux socialistes radicaux et en particulier à Otto Neurath, que l'usage de la monnaie, et par là même de la propriété privée, est indispensable à ce qu'il appelle le calcul rationnel. Ce qui est en jeu ici pour von Mises, c'est une détermination optimale des prix des biens d'investissement, car ces derniers déterminent selon lui l'ensemble du système. Si les choix d'investissement ne peuvent être dits rationnels, l'argument d'une supériorité de la planification centralisée sur le marché s'effondre.

Mais ce n'est pas là son seul argument. D'autre part, il soutient que quand bien même on réfuterait cet argument, l'absence d'une détermination objective du profit condamnerait l'économie à la stagnation, faute de mécanisme d'incitation. Cette critique a généralement été perçue par la suite comme attaquant la possibilité pratique de mettre en œuvre un système centralisé. Elle n'était pas la première formulée contre les héritiers de Marx.

Barone avait souligné, dès avant la Première Guerre mondiale, qu'il était théoriquement possible de concevoir un système d'équations susceptible de conduire à déterminer *ex ante*, sans recourir au marché, les prix relatifs nécessaires à l'équilibre. Tout en admettant la possibilité théorique d'une planification centralisée, il insistait néanmoins sur l'irréalisme de cette procédure, ce qui le conduisait donc à rejeter l'idée d'une économie planifiée. Cette ligne d'argumentation fut reprise à la fin des années 20, par F.M. Taylor. Ce dernier développe une critique de von Mises en montrant que la détermination des prix des biens de consommation par un processus similaire à celui imaginé par Barone est suffisante. En effet, dans un cadre néoclassique, les prix relatifs entre biens de consommation contiennent implicitement les prix relatifs des biens de capital. En effet, si on accepte les hypothèses de complétude de l'information et de perfection des marchés, ou si on suppose que le planificateur peut reproduire un processus conforme à ces hypothèses, alors effectivement les prix des biens de consommation sont révélateurs de l'efficacité comparée des processus de production qui leur ont donné naissance. On touche ici à la divergence des cadres analytiques au sein d'économistes se réclamant, en apparence, de solutions identiques. Taylor était incontestablement plus fidèle à la problématique issue des travaux de Walras que von Mises. Ce dernier, par contre, hésite entre une position apparentée à celle des néoclassiques et une rupture avec ces derniers en considérant le marché comme un processus progressivement révélateur des prix relatifs. Pour reprendre un argument évoqué dans le premier chapitre, von Mises évolue, à certains points de son raisonnement, dans le cadre d'une économie séquentielle, alors que Taylor, lui, reste plus fidèle au modèle non séquentiel qui caractérise la TEG.

Un grand économiste polonais d'inspiration marxiste, Oskar Lange, s'attela quant à lui à réfuter les argumentaires de von Mises, et Barone[1], et à démontrer qu'il était possible de déterminer *ex ante* les prix relatifs. Pour ce faire, il se situa dans le cadre même de pensée de la théorie économique néoclassique. L'apport majeur de Lange réside dans la démonstration qu'il est théoriquement possible de procéder au calcul des prix relatifs tendanciels que von Mises évoque comme clé d'une décision rationnelle. Une administration pourrait en effet reproduire le travail supposé du marché dans la théorie de Walras, et même mieux en l'absence des frictions résultant des imperfections de la concurrence. Deux règles doivent être respectées à savoir que le rapport des prix doit égaler celui des productivités marginales et les prix de consommation doivent être fixés au coût marginal. À ces conditions, O. Lange considérait qu'un système de propriété d'État généralisée des biens de capital permettait des choix d'allocation des ressources aussi optimaux que ceux du marché walrasien. Ce faisant, il estimait avoir prouvé la supériorité du socialisme *du point de vue de ses adversaires*. Dans l'un de ses articles, il allait jusqu'à saluer von Mises, auquel il promettait une statue dans le hall du futur bureau de planification de l'économie socialiste mondiale, pour sa contribution à la théorie de la planification par son analyse du rôle des prix. À cet instant, il convient ici de s'arrêter sur l'évolution du sens pris par la planification dans le cours du débat. Lange envisage un processus de calcul hautement centralisé, entièrement remis aux mains d'experts. Le bureau de planification qu'il décrit relève à l'évidence de la logique des agences indépendantes, comme les Banques centrales dans les années 80 et 90. Ce n'est assurément pas le type de planification envisagé par Neurath. Dans le plan qu'il propose aux autorités sionistes en 1921, il définit la planification comme une construction technico-sociale[2]. L'expert

1. On trouve la plupart de ces textes dans l'ouvrage dirigé par F.A. Hayek, *Collectivist Economic Planning*, Londres, Routledge, 1935.

2. K. Wilhelm (pseudo de O. Neurath), *Jüdische Planwirtschaft in Palästina*, Welt Verlag, Berlin, 1921, trad. « Économie planifiée juive en Palestine. Exper-

doit toujours dialoguer avec les représentants politiques de la communauté ; ce n'est pas lui qui détermine, dans l'isolement de son bureau, les priorités. La démocratie politique et sociale, les formes d'auto-organisation de la société jouent un rôle central dans le projet de Neurath. Ainsi, de même que le marché de von Mises n'est pas nécessairement le marché de Walras (et la différence sera encore plus grande avec Hayek), la planification de Lange n'est pas celle de Neurath.

Notons que Lange était très critique quant aux imperfections provenant soit des interférences politiques soit tout simplement de la difficulté matérielle qu'il y avait à collecter l'information nécessaire dans la planification « réelle ». De même que Hayek n'a jamais écrit que l'on ne pouvait faire fonctionner une économie planifiée, Lange n'a jamais dit que la planification de type soviétique était le modèle qu'il avait décrit. Le modèle soviétique était pour lui une économie de guerre *sui generis* fonctionnant à partir des systèmes d'ordres et de priorités que l'on avait connus lors des deux conflits mondiaux [1]. Après son retour en Pologne en 1946, il n'a plus développé sa propre argumentation en ce domaine. Il faut dire qu'elle était, dans le contexte des années 50, difficilement recevable par les idéologues staliniens.

Lange a d'ailleurs été critiqué par d'autres économistes d'inspiration marxiste, et en particulier M. Dobb. Ce dernier lui a très précocement reproché l'utilisation des catégories propres au capitalisme, comme les prix, le profit ou la rente. Il a aussi remarqué que le rôle du planificateur, dans le modèle de Lange, est purement réactif. Il abdique toute volonté de mettre en place des choix stratégiques majeurs et se cantonne dans un rôle purement technique.

À la veille du second conflit mondial, le débat avait donc évolué de la nécessité du calcul à la décision rationnelle, à la question de savoir comment ce calcul serait théoriquement possible dans une économie dépourvue de marché. Les réponses faites à Lange se sont situées sur ce terrain, et ont dû affronter la rigueur de son raisonnement. Hayek va développer un argumentaire qui porte sur le problème cognitif soulevé par des solutions du type Taylor-

---

tise sociale et technique », *Cahiers de philosophie du langage*, n° 2, Paris, L'Harmattan, 1997, pp. 166-196.

1. O. Lange, « The Role of Planning in a Socialist Economy », *in* O. Lange, *Papers in Economics and Sociology*, Varsovie-Londres, PWN et Pergamon Press, 1970, pp. 101-102.

Lerner-Lange. Si, en 1937, Hayek mentionne encore la notion d'équilibre, il indique que cette dernière n'est pas instrumentalisable en dynamique. La question essentielle qu'il pose est celle de la convergence des décisions et de leurs effets. Dans le texte de 1945, l'argumentation porte essentiellement sur la collecte des informations et l'irréalisme des hypothèses néoclassiques (qui sont celles de Lange) quant à la réalisation d'un cadre d'information parfaite. Le marché est ici opposé au processus de planification centralisé comme forme supérieure de révélation des informations et des connaissances. Ce faisant, Hayek rompt avec une hypothèse, commune tant à von Mises qu'à Lange et en général à tous les économistes qui s'inspirent peu ou prou de la TEG : la totalité des informations nécessaires à la décision économique est contenue dans les prix relatifs [1].

Ce point, cependant, a été mal perçu par les contemporains. Ils ont considéré que, comme von Mises, Hayek attaquait la possibilité *matérielle* de réaliser le processus décrit dans le modèle de Lange. Cette vision va être déterminante, du moins dans les années 50 et 60, et les économistes vont considérer la question close sur le bilan suivant : il est théoriquement possible d'imaginer un modèle centralisé (Lange a théoriquement raison), mais ce dernier est pratiquement inapplicable et, d'ailleurs, fort éloigné du fonctionnement réel de l'URSS et de ses alliés. Mieux vaut donc passer à autre chose...

Oskar Lange va se voir marginalisé. Il a connu cependant une certaine vogue en URSS au début des années 60, en particulier dans les travaux de ce que l'on appelle à l'époque l'« école mathématique » chez les économistes soviétiques. L'approche mathématique avait un aspect pédagogique important en combattant le volontarisme stalinien, qui se perpétuait sous Khrouchtchev [2]. Cette approche pouvait alors passer pour une alternative politiquement acceptable à des réformes introduisant des éléments de marché, car elle visait à redonner son efficacité aux mécanismes de la planification centralisée.

Il est intéressant de noter ici que nul n'a relevé, à l'époque, le

---

1. Voir sur ce point, E. Thomsen, *Prices and Knowledge : A Market-Process Perspective*, New York, Routledge, 1992.
2. Sur la politique économique en URSS à l'époque, voir J. Sapir, *Les Cycles économiques en URSS, 1945-1985*, Paris, Éditions de l'École des hautes études en sciences sociales, 1989.

glissement de perspective existant entre les arguments échangés dans les années 20 et ceux des années 30. Le sens profond de l'argumentation de Hayek dans son article de 1945 a été fréquemment réduit à une suite d'arguments portant sur la possibilité pratique du calcul. De même, nombre des implications de l'argumentation finale de Hayek restaient ignorées, alors qu'elles anticipaient sur des résultats qui seront redécouverts, dans les années 60 et 70, par ce que l'on appelle aujourd'hui l'école de l'information imparfaite. De manière symptomatique, Kenneth Arrow, dans son ouvrage à bien des égards fondamental sur les choix collectifs et les préférences individuelles de 1951, s'il cite à plusieurs reprises tant O. Lange que les contributions de M. Dobb et de A.P. Lerner, oublie complètement la contribution de Hayek. Plus intéressant encore est le fait que, dans le chapitre que Arrow rajouta en 1963 lors de la réédition de son ouvrage, on ne trouve pas davantage une référence à Hayek, alors que les théoriciens du *Public Choice*, Buchanan et Tullock, qui se sont inspirés de certains aspects de l'œuvre de Hayek, sont mentionnés et critiqués [1].

1.2. La relecture contemporaine du débat

Il a fallu 1985 pour que l'on comprenne le cœur de l'argumentation de von Mises et Hayek : le rôle de la libre concurrence comme processus de révélation des informations, car ces dernières sont largement implicites par nature.

Il y a pourtant une distinction importante entre von Mises et Hayek. Le premier raisonne en termes d'information, alors que le second va progressivement raisonner en termes de connaissances nécessaires à la décision. Le rôle des prix dans la théorie de la connaissance de Hayek peut être surestimé, comme ce fut le cas d'ailleurs chez d'autres économistes. Cette erreur semble provenir d'une lecture trop littérale de l'article de 1945. Ce dernier est en effet très souvent cité depuis une vingtaine d'années, mais complètement sorti de son contexte, c'est-à-dire de l'évolution qui va du texte de 1937 à l'ouvrage fondamental sur la cognition que Hayek publiera en 1952 [2].

---

1. K.J. Arrow, *Social Choice and Individual Values*, New Haven et Londres, Yale University Press, 2e édition, 1963.
2. F.A. Hayek, *The Sensory Order*, Chicago, Chicago University Press, 1952.

Ce qui ressort dès lors, c'est l'impossibilité pour un organisme centralisé de collecter les informations essentielles non point tant pour des raisons techniques, mais du fait de la nature de ces informations. Ces dernières ne se prêtent tout simplement pas à une compilation ni à une comparaison en des termes homogènes. L'argument a une force évidente, en ce qu'il n'est pas contingent à un niveau donné de développement des systèmes administratifs et statistiques. Les agents ne peuvent prendre les bonnes décisions que parce qu'ils apprennent à les connaître, à travers une succession d'expériences, bonnes ou mauvaises. Cette interprétation du débat permet de mettre fin au paradoxe sur lequel la controverse s'était arrêtée en 1945, soit la reconnaissance par les économistes de l'époque de la supériorité de la position de Lange, et donc la supériorité du plan centralisé sur le marché, d'un strict point de vue théorique. En rendant alors la victoire à Hayek, celui qui avait en cette polémique défendu le marché contre la planification centralisée, cette nouvelle interprétation fondée sur l'idée qu'une partie des informations nécessaires à la décision économique rationnelle est implicite permettait de réconcilier le résultat théorique avec les points de vue politiques dominants de la corporation. Le marché était donc bien la meilleure des solutions, et non pour des raisons contingentes (un développement trop limité des moyens de calcul), mais pour des raisons principielles.

Seulement, et de cela la majorité des économistes n'a pas eu conscience, ce résultat était potentiellement dévastateur. Si, pour démontrer la supériorité du marché sur le plan centralisé, il faut recourir à Hayek, il faut alors se souvenir que pour lui le marché n'est pas un mécanisme d'équilibre mais un mécanisme séquentiel de révélation des connaissances détenues, même inconsciemment, par les acteurs économiques. Cette révision ne fait que substituer un paradoxe à un autre. Assurément, la planification centralisée sur le modèle de O. Lange cesse alors d'être un mécanisme supérieur au marché. Mais pour obtenir ce résultat, on doit jeter aux orties la totalité de la Théorie de l'Équilibre Général. En un mot, pour démontrer la supériorité du marché, il faut renoncer aux paradigmes centraux de la pensée économique dominante depuis la fin des années 60 : les prix relatifs contiennent la totalité de l'information nécessaire et l'économie peut s'analyser à partir d'une hypothèse d'équilibre général. Ce résultat invalide 90 % du discours économique tenu par les experts et les gouvernants. De manière paradoxale, Hayek va donner raison à O. Neurath contre von Mises.

L'argumentation de Hayek porte sur les limites cognitives des agents. Ces limites ne proviennent pas d'un manque d'habitude ou de l'absence de moyens modernes de calcul, mais de l'irréductible incertitude qui caractérise la décision économique. Le marché, non comme métaphore mais comme espace concret où s'affrontent des agents en concurrence, est alors perçu comme un système de globalisation de ces connaissances. Le marché constitue alors le cadre d'un dialogue où se manifeste « ... un processus interactionnel créatif dans lequel la connaissance qui en émerge dépasse celle de chaque participant individuel[1] ».

Si l'appareil productif est parfaitement flexible, que l'on soit dans une économie capitaliste ou dans une économie planifiée, la nécessité de l'entreprise disparaît. *A contrario*, la permanence de la forme entreprise, tant dans les systèmes planifiés que dans les économies capitalistes[2], révèle l'existence de frictions qui rendent les ajustements imparfaits et séquentiels.

L'importance d'un marché des biens de capital, point d'ancrage de von Mises, ne se comprend que si on suppose que l'ajustement est imparfait, par exemple en raison du problème d'asymétrie de l'information, et que l'on considère que l'appareil productif ne peut pas techniquement être parfaitement flexible (argument jouant sur l'hétérogénéité du capital et la différenciation des compétences nécessaires à sa mise en œuvre). Dans ce cadre, l'argument de von Mises sur la nécessité de connaître la valeur du capital (qu'il identifie au prix de marché) redevient pertinent. On ne peut plus déduire les rapports d'échange optimaux entre biens de capital des prix relatifs des biens de consommation. Seulement, si la position de von Mises est plus réaliste que celle de Taylor, Lerner et Lange, son hypothèse aboutit à la confusion entre valeur et prix sur les marchés réellement existants. Ceci aussi est irréaliste. La valorisation donnée par un marché « réel », qui n'est donc nullement le mécanisme parfait de la théorie néoclassique, ne sau-

---

1. D. Lavoie, « Computations, Incentives and Discovery », *in* J. Pribyla (ed.), *Privatizing and Marketising Socialism*, Londres, Sage, 1990, p. 78.

2. Voir, sur ce point, A. Ben-Ner et E. Neuberger, « Toward an Economic Theory of the Firm in the Centrally Planned Economy. Transaction costs : Internalization and Externalization », *Journal of Institutional and Theoretical Economics*, vol. 144, n° 5, décembre 1988 ; B. Chavance, « Hierarchical Forms and Coordination Problems in Socialist Systems », *Industrial and Corporate Change*, vol. 4, n° 1, 1995, pp. 271-291.

rait être identifiée avec la valeur théorique du bien, celle qui nous informe de l'efficacité relative de ce bien par rapport à d'autres.

En effet, si l'usage des biens de capital est susceptible d'avoir des effets non intentionnels sur autrui, comme le reconnaît Hayek lui-même, cet usage doit être soumis à réglementation[1]. S'il y a réglementation, le prix de revente d'un actif peut être affecté. Admettons que demain une réglementation interdise la circulation de camions à moteur diesel, on imagine que pour les possesseurs de ces camions, il y aura une perte nette. Pour pouvoir éviter de nouvelles réglementations susceptibles de faire varier de manière imprévisible le prix relatif des biens affectés, il faudrait pouvoir prévoir un système de taxes couvrant les désutilités potentielles. Seulement, pour que ce système de taxes soit neutre par rapport aux prix de marché dans le futur, il faut pouvoir supposer que ce système couvre d'emblée la totalité des effets des désutilités potentielles. Mais pour prétendre élaborer un tel système de taxes, il faudrait aujourd'hui connaître parfaitement l'avenir.

Ici, c'est O. Neurath qui indiscutablement a raison quand il soutient que l'imprévisibilité du futur limite radicalement le rôle cognitif des prix. L'information donnée par les prix de marché est « fausse » dans la mesure où (1) on peut être confronté à des externalités (positives ou négatives) et (2) parce qu'il est impossible de prévoir l'ampleur, l'extension et les conséquences de ces externalités. Donc, dans le monde réel auquel von Mises se réfère, le prix réel de marché des biens de capital ne correspond pas uniquement à leur degré relatif de rareté. Dans ces conditions, son argumentation s'effondre, car la notion de « marché pur du capital » comme conséquence de la propriété privée est vaine d'un point de vue réaliste.

Hayek, quant à lui, a perçu très précocement ce problème. Il admet que le taux d'intérêt ne soit pas un prix de marché car ne pouvant refléter la comparaison entre la demande et l'offre sur un marché complet du capital[2]. Mais son argumentaire est incomplet. Hayek en effet ne conteste pas la possibilité théorique de pouvoir, un jour, disposer d'un tel marché. Or, cette hypothèse est intena-

1. C'est Hayek lui-même qui fait le lien entre effets non intentionnels et règles, *in* F.A. Hayek, *The Constitution of Liberty*, Chicago, University of Chicago Press, 1960, p. 66.

2. F.A. Hayek, *Geldtheorie und Konjunkturtheorie*, Vienne, Hölder-Pichler-Tempsky Verlag, 1929, chap. 4.

ble. Pour qu'un « vrai » marché du capital soit possible, il faudrait d'abord qu'il satisfasse à la clause de complétude, soit qu'au moment (t) les agents connaissent la totalité des possibilités futures quant aux combinaisons de biens de capital et de formes de réserve de valeur. Ceci implique l'omniscience des agents. Même si cette clause était remplie, il faudrait ensuite que les visions du futur soient convergentes, c'est-à-dire que même si les agents pouvaient avoir la connaissance des différentes opportunités qui leur seront offertes dans le futur, ils donnent tous à ces opportunités la même importance. Pour fonctionner, un tel marché supposerait alors la prédémonstration d'une situation d'équilibre (la convergence des anticipations), situation que justement ce marché doit faire naître.

On retrouve ici le problème de la circularité du raisonnement, qui est consubstantiel aux diverses théories de l'équilibre. Enfin, même si cette seconde clause était remplie, il faudrait que tous les agents aient le même accès aux opportunités ouvertes sur ce marché. Or, cela revient à supposer une société parfaitement homogène. Mais, dans ce cas, on n'a plus besoin de marché pour révéler les préférences, car si la société était parfaitement homogène chaque agent pourrait déduire de ce qu'il sait ce que les autres agents savent, et par là donc toutes les connaissances et informations seraient détenues simultanément par tous sans que l'on ait besoin d'un processus pour les révéler. Ce problème logique signifie que la critique pertinente à von Mises consiste à prendre au sérieux sa tentative contre les néoclassiques de poser le problème en des termes réalistes, mais de lui appliquer aussi cette méthode.

1.3. Planification et calcul économique : le débat chez les marxistes

La question du calcul économique au sein d'une économie planifiée a resurgi à de multiples reprises, et en premier lieu en Union soviétique elle-même, lors des débats de l'immédiat après-guerre concernant la reconstruction. Les premiers débats datent de 1946-1948. Les thèses de ces auteurs furent rejetées, mais non sans que l'on ait eu besoin de les critiquer publiquement, ce qui signifie bien que la question était considérée comme suffisamment importante pour ne pas devoir être tranchée par un simple acte administratif.

La question allait resurgir avec les débats sur le « socialisme de marché » à partir de la fin des années 50. À la suite du Printemps de Prague et de son écrasement par l'Union soviétique, une polémique devait se développer entre deux auteurs se réclamant l'un et l'autre de Marx et du socialisme, P. Sweezy et Ch. Bettelheim [1]. Pour le premier, il y avait incompatibilité radicale entre l'essence même du plan et celle du marché, et de ce fait toute tentative de vouloir faire cohabiter ces deux formes ne pouvait, à terme, qu'avorter. Ce à quoi le second répondit que le problème était politique et non économique, car des formes de plans existaient dans les économies capitalistes sans représenter pour autant des morceaux de socialisme.

La reformulation par Ch. Bettelheim du problème du calcul économique dans la (future) économie socialiste, dans un ouvrage de 1970 [2], allait marquer le renoncement à la possibilité d'un calcul économique directement à partir d'un niveau agrégé ou impliquant une possibilité d'équilibre. Définissant l'économie capitaliste comme une économie à la fois marchande (les producteurs ne sont pas les utilisateurs finaux des biens) et salariale (séparation entre les travailleurs et les moyens de production), il indiquait que l'entreprise était alors le niveau adéquat pour penser et, espérait-il, tenter de résoudre cette double séparation.

En un seul mouvement, le problème de la double coordination, entre les productions initiées de manière décentralisée et leur validation sociale et entre la détermination décentralisée du salaire et du profit et sa compatibilité avec un schéma global de reproduction, est au cœur de ce que nous appelons aujourd'hui les économies de marchés. Les économistes de ce que l'on appelle en France l'école de la régulation n'ont fait que reprendre cette démarche.

Le débat sur le calcul économique dans l'économie planifiée occupe ainsi une place fondamentale dans l'évolution des représentations que nous pouvons nous faire des économies modernes.

L'évolution de Hayek lui-même ne facilitait pas cependant la compréhension des termes réels du débat. Son argumentation de la période 1939-1945 est en effet en rupture avec une partie impor-

1. P.M. Sweezy et Ch. Bettelheim, *Lettres sur quelques problèmes actuels du socialisme*, Paris, François Maspero, coll. PCM, n° 98, 1970 et 1972, édition augmentée.

2. Ch. Bettelheim, *Calcul économique et formes de propriété*, Paris, François Maspero, 1970 et 1976.

tante de son œuvre antérieure. Il cesse de considérer les activités économiques comme un mécanisme d'allocation des ressources, ce qui reste le point de vue de la TEG et des économistes orthodoxes, pour en faire un processus d'apprentissage et de sélection. Il y a pour lui à la fois une division de la connaissance et des processus d'acquisition, qu'il n'hésite pas à comparer à la question de la division du travail chez A. Smith, et un problème majeur de coordination, qui le conduit à accorder un rôle essentiel aux règles. La redécouverte de Hayek pourrait d'ailleurs cacher un nouveau malentendu. L'enjeu réel du débat portait, et porte toujours, en réalité sur le paradigme de l'équilibre, dont il faut rappeler qu'il était, et reste encore, absolument central pour la grande majorité des économistes.

Au sein même de la tradition marxiste, une évolution analogue a eu lieu. La thèse centrale apportée par Ch. Bettelheim n'affirme rien d'autre que l'économie capitaliste est d'abord un problème de coordination avant d'être un problème d'allocation. On peut récuser les solutions proposées à l'époque. On ne peut se débarrasser du problème pour autant. Le débat sur le calcul économique a conduit, dans des cadres de départ différents et par des cheminements dissemblables, des auteurs à postuler que le problème de la décentralisation était premier et irréductible aux formes conjoncturelles à travers lesquelles il est géré dans chaque économie.

2. LE DÉBAT SUR LE CYCLE DES AFFAIRES ET SES CONSÉQUENCES

Un autre débat a joué un rôle essentiel, c'est celui qui porte sur le cycle économique, ou cycle des affaires *(business cycle)*. L'existence factuelle de fluctuations économiques est un point que Marx avait relevé dans sa critique du capitalisme ; il constituait un défi pour des théoriciens de l'équilibre. Ce défi, signalons qu'il fut aussi lancé aux théoriciens de l'économie de type soviétique par la présence de mouvements combinés des différentes variables économiques dans des systèmes prétendument planifiés. Il y a donc ici un problème théorique de taille, dont l'actualité est mise en évidence par le retour dans les économies contemporaines, depuis le début des années 90, des fluctuations que les politiques économiques de l'après-Seconde Guerre mondiale semblaient avoir réussi à supprimer.

2.1. Le débat de l'entre-deux-guerres : le rôle de la monnaie

Le débat a été lancé en 1926. Il faut ici souligner que celui qui allait devenir le spécialiste incontesté de l'analyse empirique de ces fluctuations, l'économiste américain W.C. Mitchell, considérait que la théorie de l'équilibre était inopérante et en tous les cas ne pouvait servir de base de départ pour une compréhension générale de ce phénomène[1].

Dans le débat qui fit rage sur cette question jusqu'en 1939, il est symptomatique que, à nouveau, la position de Hayek ait été centrale. Il a, initialement, défendu une forme d'équilibre général, au moins jusqu'en 1933. Il perçoit alors le problème de l'équilibre comme celui des connaissances nécessaires pour que l'on puisse aboutir à une convergence entre les données objectives de l'activité économique et leurs représentations subjectives chez les entrepreneurs. Pour lui, les prix relatifs se forment idéalement au niveau microéconomique et sous l'influence unique des facteurs réels, ce qui revient à adhérer à la position de Say et de Walras. Les fluctuations économiques sont alors provoquées par des erreurs d'appréciation qui sont elles-mêmes causées par le crédit et la monnaie.

À cet égard, Hayek se situe clairement dans la continuité de Wicksell et de sa théorie de la dualité du taux d'intérêt[2], avec la distinction entre un taux d'intérêt dit naturel et le taux d'intérêt tel qu'il est pratiqué par les banques. Cette distinction avait été reprise par von Mises. Pour Hayek, cependant, la dualité des taux d'intérêt vient de l'inexistence d'un « vrai » marché du capital. Ici, il rejoint l'analyse d'un économiste anglais, Robertson, qui a influencé Keynes[3]. Cette démarche lui permet de développer une compré-

1. W.C. Mitchell, *Business Cycles*, New York, National Bureau for Economic Research, 1927.

2. K. Wicksell, « The Influence of the Rate of Interest on Prices », *Economic Journal*, vol. XVII, n° 1, 1907, pp. 213-220. Voir aussi du même auteur, *Interest and Prices*, Londres, Macmillan, 1936, trad. de *Gelzins und Güterpreise*, Iéna, Fisher-Verlag, 1898.

3. D.H. Robertson, *Banking Policy and the Price Level. An Essay in the Theory of the Trade Cycle*, Londres, King and Son, 1926, voir en particulier les chap. 6 et 7.

hension des fluctuations économiques qui tente une synthèse, avant celle de Keynes, entre les variables dites réelles et celles dites monétaires, que la théorie néoclassique tenait pour rigoureusement séparées.

Les erreurs d'appréciations quant aux rapports entre les prix « réels », qui sont engendrées dans la sphère monétaire, se répercutent alors dans des décisions qui affectent les variables réelles du système. Il y a chez Hayek une passerelle entre les deux mondes, celui des relations monétaires et celui de l'économie « réelle ». Mais celle-ci est néfaste, même s'il reconnaît qu'elle est inévitable. Une action de la puissance publique, altérant ainsi les conditions de création monétaire ou provoquant une baisse artificielle du taux d'intérêt, ne pourra que retarder le retour à l'équilibre à partir d'une impulsion initiale. Le taux d'intérêt réellement pratiqué, et sa différence possible avec le taux naturel (celui qui existerait si seuls les facteurs réels jouaient), est une variable clé dans le mécanisme des choix intertemporels que les agents doivent prendre ; c'est pourquoi il s'oppose à Keynes et aux propositions de ce dernier pour une politique monétaire active.

Dans un article de 1935[1], Hayek parle de « constellations de prix », certaines étant susceptibles de pousser les agents à des anticipations irréalistes et d'autres au contraire les conduisant à des anticipations qui convergent avec la réalité. Cette vision est parfaitement compatible avec la théorie néoclassique. Pour construire cette vision, il utilise un modèle d'économie de troc dans lequel des chocs exogènes sont absorbés grâce à l'existence d'un système de prix intertemporels. Il faut cependant remarquer que, dans ses textes de 1928 et 1933, Hayek ne postule pas que la monnaie soit naturellement neutre. En cela il diffère fondamentalement des options quantitativistes de l'école classique comme de l'école néoclassique, qu'il considère comme une naïveté. Ce qu'il soutient c'est que *les autorités monétaires doivent adopter une politique neutre*. Chez Hayek en 1933-1935, la monnaie doit être neutralisée plus qu'elle n'est neutre.

Néanmoins, même avec ce correctif, la position adoptée par Hayek reste encore largement influencée par le cadre néoclassique dont il ne s'est pas encore complètement détaché. Il est clair, et ce fut remarqué par certains de ses contemporains, que le rôle

1. F.A. Hayek, « Price Expectations, Monetary Disturbances and Maladjustments », *Nationalökonomisk Tidsskrift*, vol. LXXIII, n° 1, 1935, pp. 171-191.

théorique que Hayek fait jouer à une économie de troc dans son raisonnement n'est pas fondamentalement différent de celui, hérité de la théorie de J.-B. Say, que l'on retrouve chez Walras. Cette place de norme de référence donnée à une économie où les produits s'échangeraient contre des produits implique en effet des hypothèses cognitives très fortes, qui rendent la thèse vulnérable.

Cela sera relevé en premier lieu par P. Sraffa, puis par H.S. Ellis. Ils vont signaler un problème majeur de l'argumentation de Hayek à l'époque. Si la production n'est pas stationnaire, le principe d'une monnaie neutre n'est pas suffisant pour engendrer des prévisions parfaites. La monnaie neutre suppose que l'équilibre ait été atteint sur l'ensemble des autres marchés (loi de Walras). On a ici une vision de la neutralité monétaire *ex post*, c'est-à-dire résultant d'équilibres antérieurs, dont nul ne nous dit comment ils ont été atteints et pourquoi ils seraient stables. Bien sûr, on peut opposer cette vision hayékienne d'une neutralité *ex post* à la vision *ex ante* des néoclassiques, où cette neutralité caractérise par essence le cadre des comportements. En ce sens, la position de Hayek apparaît comme moins brutalement irréaliste que celle de Walras et de ses continuateurs. Seulement, pour obtenir un équilibre de l'économie de troc il faut supposer une parfaite connaissance par les agents du niveau et de la composition des productions agrégées futures, ou, à tout le moins, des lois d'évolution de ce niveau et de cette composition. Faute de quoi, il est impossible de montrer comment des agents opérant dans un cadre concurrentiel vont aboutir à des volumes offerts et demandés correspondant à l'équilibre. Ellis ironisait à ce propos sur les capacités cognitives que les entrepreneurs du système hayékien étaient censés posséder pour que ce système puisse fonctionner. Notons que (ce que Ellis ne mentionne pas) si de telles lois étaient maîtrisables en un sens opératoire par ne serait-ce qu'un agent, alors le problème de la planification serait résolu. La position de Hayek au début des années 30 suppose donc une forme de ce que l'on appellera, deux décennies après, les anticipations rationnelles. Mais une telle hypothèse est parfaitement contradictoire avec sa propre théorie de la connaissance, ainsi qu'avec les textes qu'il écrira à partir de la fin des années 30.

Au-delà de ce problème, la thèse d'une neutralité *ex post* de la monnaie se révèle une impasse. Si on suppose que les agents économiques ne sont pas homogènes, en introduisant par exemple une différence de comportement entre les salariés et les non-salariés, la neutralité de la monnaie, même *ex post*, se révèle insuffisante pour ramener l'économie au plein emploi [1]. Nicholas Kaldor, dans un essai publié en 1934, attaque vigoureusement la position de Hayek. Dans ce texte, Kaldor, un futur héraut de la tradition keynésienne mais dont il ne faut pas oublier qu'il fut dans les années 30 le traducteur de Hayek en anglais, montre que dans la théorie de l'équilibre, la formation des prix doit précéder l'échange et non en résulter [2]. Il est évident que Hayek a été sensible à l'argumentation développée par N. Kaldor car, après 1935, il abandonnera ses positions antérieures.

2.2. Keynes et Hayek : les frères ennemis ?

On est ici au cœur de la polémique entre Hayek et Keynes, qui se développera entre la publication par le second du *Traité sur la monnaie* en 1930 et celle de la *Théorie générale* en 1936. *A priori*, les positions de départ sont proches, en particulier les deux adversaires font également référence à Wicksell et à sa théorie du taux d'intérêt. Mais l'interprétation de l'univers économique est radicalement différente.

Pour le Hayek qui lit et critique Keynes, des choix intertemporels entre épargne et consommation, revenu et temps libre, sont toujours possibles à partir de l'observation de l'évolution des grandeurs réelles telle qu'elle se reflète dans le taux d'intérêt. Hayek, à cette époque toujours, considère les prix monétaires non comme des images précises des rapports de rareté, au sens de la théorie néoclassique ou comme on l'a vu dans le raisonnement de O. Lange, mais comme des approximations qui sont tendanciellement assez robustes pour servir aux décisions des agents. Le problème est que, pour soutenir une telle position, il faut supposer que l'économie dite « réelle » obéit à des lois dotées d'une forte stabilité. En effet, un raisonnement qui prend appui sur la notion d'approximation doit supposer qu'entre les signaux apparents et

1. Il est en fait patent que la clause d'homogénéité des agents et des comportements est fondamentale dans le cadre néoclassique, car elle détermine aussi le jugement sur la neutralité de la monnaie. Voir D. Lacoue-Labarthe, *Analyse monétaire*, Paris, Dunod, 1985, pp. 51-53.

2. N. Kaldor, « The Determinateness of Static Equilibrium », *op. cit.*

les mouvements fondamentaux, il existe un lien à la fois permanent et stable dans le temps. Or, une telle hypothèse conduit à renoncer à l'idée d'incertitude radicale.

Pour Keynes, au contraire, il y a une incertitude radicale sur les rendements des investissements de long terme qui fait du taux d'intérêt un instrument de spéculation et non d'équilibre. Contrairement à ce que croient Hayek et certains de ses épigones, le conflit ne provient pas alors de ce que Keynes aurait adopté un point de vue trop agrégé, disons trop directement macroéconomique, alors que Hayek prônerait une approche plus microéconomique, ou désagrégée, des décisions. Cette différence entre les deux auteurs existe indiscutablement, mais elle est parfaitement secondaire par rapport à un problème plus général. Dans sa vision microéconomique, Hayek ne remet pas en cause, du moins pas encore, le principe d'homogénéité des agents et des comportements. Il considère que les choix intertemporels sur lesquels il fonde son analyse se font sans contraintes ni rigidités. Or, il suffit de faire sauter cette hypothèse pour démontrer l'existence de situations de déséquilibre au sein même du système néoclassique.

La récupération néoclassique de la rupture keynésienne, et en particulier celle qui s'est développée dans le monde universitaire à partir de la vulgarisation de J. Hicks, est beaucoup plus vulnérable à la critique hayékienne. Il n'en va pas de même de la position de Keynes qui refuse justement le monde parfaitement calculable.

Même si Hayek restera jusqu'à la fin de sa vie farouchement hostile aux conceptions keynésiennes, il va progressivement abandonner la défense de la notion d'équilibre que l'on trouve dans ses travaux de la période 1928-1933. Il va admettre que la prévision parfaite n'est concevable que si tous les prix ont été fixés simultanément sur un marché où seraient présents non seulement la totalité des biens existants mais aussi la totalité des biens à venir.

L'impossibilité de concevoir une telle situation, fors l'hypothèse d'un univers stationnaire, le conduit alors à renoncer à la notion d'équilibre au sens donné à ce terme par la théorie néoclassique[1]. Cette renonciation est d'ailleurs parallèle à celle de von Mises qui, à peu près en même temps, va lui aussi renoncer au concept

1. Voir N.J. Foss, « More on Hayek's Transformation », *History of Political Economy*, vol. 27, 1995, n° 2, pp. 345-364.

d'équilibre, que ce soit dans son acception descriptive ou comme idéal régulateur[1]. Pourtant, chez Hayek, subsistera au moins jusqu'en 1945 une sorte de nostalgie pour la simplicité conceptuelle de l'approche en termes d'équilibre.

Il est possible que Hayek ait laissé passer l'occasion de se rapprocher de Keynes, ainsi que le firent certains de ses proches, comme Kaldor ou encore Shackle. L'essentiel est que le débat sur le cycle des affaires, tout comme celui sur l'économie planifiée, ait conduit ses participants à discuter du paradigme de l'équilibre et de ses diverses interprétations. Il en émerge une vision autrement plus nuancée des contributions respectives de Keynes et de Hayek que celles qui ont cours aujourd'hui.

Un débat analogue va avoir lieu à propos des fluctuations des économies de type soviétique. Il a opposé les économistes qui ont lié la question des fluctuations à des phénomènes extérieurs au système économique et ceux pour qui des problèmes directement au centre du fonctionnement de l'économie sont la cause des fluctuations. Cette dernière voie sera surtout explorée par des auteurs hongrois à partir des années 70. Elle se fonde sur l'idée que la décision concrète d'investir est en réalité décentralisée dans le modèle de type soviétique, à cause de l'irréductible hétérogénéité des situations de chaque entreprise. Cette décision entre en conflit avec la prétention du planificateur à élaborer une norme générale. Les décisions finales sont alors le produit d'une interaction conflictuelle entre les responsables locaux et le planificateur. Cette interaction qui peut prendre la forme d'un marchandage, qu'il soit implicite ou explicite, ou qui peut s'exprimer à travers le détournement des règlements et procédures édictés par le planificateur, la modification par ce dernier de ces règlements et procédures en réponse, et l'émergence de nouveaux contournements.

Cette vision du cycle des économies de type soviétique a conduit à une révision de l'interprétation du modèle canonique de l'économie planifiée « réellement existante ». Il fallait alors réviser la vision du rôle de la planification, mais aussi des institutions sociales et politiques caractéristiques du modèle soviétique. Comme dans le cas du débat sur le cycle des affaires des écono-

1. L. von Mises, *Human Action. A Treatise on Economics*, Londres, W. Hodge, 1940, pp. 245-251.

mies occidentales émergeait alors la question des institutions assurant une cohérence *a posteriori* de l'économie.

On peut ainsi considérer rétrospectivement qu'il y a eu convergence entre les deux débats. Ceci n'est nullement étonnant, car ce qui est fondamentalement en jeu est le même problème : l'économie est-elle, et peut-elle être, un système dont l'équilibre serait l'essence et non une situation conjoncturelle ?

2.3. Le renouveau contemporain du débat

Les trajectoires des économies occidentales, de 1945 aux années 70, semblaient montrer une disparition du phénomène des crises périodiques. La réapparition de fluctuations importantes, la rupture des trajectoires de croissance dans les années 70 et 80 ont apporté un démenti à certaines certitudes. Elles ont aussi réactivé le débat initial car dans les trois principaux courants, la nouvelle école classique, la théorie des cycles réels ou celle des cycles financiers, on retrouve l'écho assourdi des controverses que l'on vient de présenter.

Les auteurs de ce que l'on appelle la nouvelle école classique (Lucas, Sargent) se reposent sur une explication monocausale des instabilités économiques actuelles, celle des perturbations du système informationnel des acteurs induites par des initiatives de la puissance publique. Ce type d'explication est compatible avec les thèses défendues par Hayek avant 1933. Après, ce dernier aurait été scandalisé par un économiste qui, comme R.E. Lucas, prétend que là où il y a incertitude il n'y a plus d'économie. La notion même d'anticipation rationnelle est profondément étrangère à un auteur pour qui le savoir n'est jamais donné à un agent, et même, une fois acquis, est en permanence menacé de remise en cause, voire d'invalidation.

La théorie des cycles réels est une autre manifestation de la vision néoclassique. Des chocs portant sur la productivité totale des facteurs déstabilisent un système réputé être à l'équilibre. Les agents ajustent alors leurs décisions pour maintenir la maximisation de leur objectif, et le cycle est transmis directement par ces ajustements. Les agents sont réputés faire dans un premier temps un arbitrage entre le loisir présent et le loisir futur, arbitrage qu'ils confrontent à un second entre le loisir présent et la consommation présente. Puis, ils effectuent dans un second temps un arbitrage entre consommation présente et future, qui détermine le niveau d'épargne. Le taux d'intérêt retrouve alors l'importance qu'il avait dans les travaux initiaux de Hayek, y compris dans l'opposition héritée de Wicksell entre le taux naturel et celui réellement pratiqué. Ces modèles présentent cependant des limites importantes dans leur capacité à rendre compte des mouvements effectifs des économies. L'ajout de nouvelles spécifications, comme des phénomènes de concurrence imparfaite ou la dimension monétaire et nominale des fluctuations, permet de repousser certaines de ces limites, mais ne les supprime pas entièrement.

Ils reflètent une représentation de l'économie qui souffre de simplifications abusives dont les principales sont, par ordre croissant d'importance, la sous-estimation des frictions dans les prises de décision, l'absence de prise en compte de dissymétrie dans les vitesses d'ajustement de l'offre et de la demande, la prédominance des hypothèses de fluidité et de substituabilité, enfin l'attribution aux agents de modèles de comportement homogènes. La propagation des chocs et des fluctuations repose en fait sur des hypothèses qualitatives assez lourdes.

L'introduction dans ces modèles de variations importantes dans l'utilisation du capital par les entreprises introduit un élément de réalisme appréciable. La variable clé cesse d'être alors le stock de capital mais devient son degré d'utilisation. On est dès lors en droit de se demander si l'introduction de cette nouvelle spécification dans les modèles du cycle réel est cohérente avec le corpus théorique de base sur lequel ils sont fondés. En poussant le raisonnement dans ses ultimes retranchements, on peut fort bien imaginer que des changements dans la perception par les acteurs des fluctuations de la demande déclenchent des procédures de précaution de la part des entrepreneurs, procédures auxquelles sont associés des niveaux différents de taux d'utilisation du capital. Le choc exogène réel initial n'est donc plus nécessaire pour produire les fluctuations. Seulement on est ici obligé de révoquer les autres hypothèses « objectivistes » de ces modèles pour intégrer ce raisonnement typiquement subjectiviste.

Une troisième catégorie de modèles contemporains est constituée par les cycles financiers et leurs interactions avec l'économie réelle. Ils doivent leur importance actuelle à la libéralisation de la finance internationale. Les caractéristiques des économies financiarisées avaient cependant été analysées depuis plusieurs années, en particulier dans les travaux de H.P. Minsky[1]. À partir du moment où le financement de l'investissement se fait de moins en moins par les fonds propres des entreprises, et que les titres deviennent de plus en plus liquides en raison du développement des marchés financiers, l'impact de l'incertitude sur les comportements de préférence pour la liquidité tend à se démultiplier. Par ailleurs, la capacité des banques à autonomiser l'offre de crédit *via* les innovations financières donne au mécanisme de la concurrence un redoutable pouvoir d'engendrer des excès d'endettement[2].

Dans ce type de cycle, c'est le mouvement à la hausse ou à la baisse de la valeur réelle des actifs patrimoniaux qui joue un rôle décisif dans le déclenchement des fluctuations. La hausse de la valeur réelle de cette catégorie d'actifs peut être causée par un excès initial du crédit par rapport au rythme de la production. Une fois engagée, cette hausse stimule, dans des mouvements spéculatifs haussiers, le développement du crédit et conduit à masquer une fragilité croissante du bilan des sociétés financières et des tendances latentes au surinvestissement dans certains secteurs. Cette fragilité, cachée mais bien réelle, rend les acteurs financiers très vulnérables à tout choc exogène et en particulier à un retournement de la politique du crédit, ou à un ajustement du prix de certains actifs quand des « bulles spéculatives » se dégonflent. Quelle que soit la cause initiale, il y a par la suite un phénomène d'autorenforcement dans la phase dépressive. La baisse de la valeur des actifs patrimoniaux engendre la contraction du crédit (le *credit-crunch*) et une hausse des taux d'intérêt réels qui, à leur tour, soumettent les entreprises à des ajustements financiers particulièrement difficiles. Ceux-ci sont rendus encore plus délicats par le comportement des ménages. Confrontés à une baisse de la valeur réelle de leurs patrimoines et à une hausse ne serait-ce que relative de leurs charges financières, ces derniers compriment leur consommation et retardent un certain nombre de décisions irréversibles (achats de logement ou d'équipements durables). La

1. H.P. Minsky, *John Maynard Keynes*, New York, Columbia University Press, 1975. Du même auteur, *Stabilizing an Unstable Economy*, New Haven (Conn.), Yale University Press, 1986.

2. L. Randall Wray, « Minsky's Financial Hypothesis and the Endogeneity of Money », *in* S.M. Fazzari et D.B. Papadimitriou (ed.), *Financial Conditions and Economic Performances : Essays in Honor of H.P. Minsky*, New Haven (Conn.), Yale University Press, 1992.

contraction de la demande qui en résulte aggrave alors la situation des entreprises déjà confrontées à des difficultés particulières dans la sphère financière.

Ce modèle de cycle suppose explicitement que le taux d'intérêt n'est pas le point fixe assurant l'équilibre épargne-investissement, mais qu'il est une variable hautement spéculative en raison des incertitudes qui pèsent sur la valorisation à moyen ou à long terme de certaines opérations.

Il semblerait que le débat moderne n'ait fait que rejouer celui des années 20 et 30. Cela n'est pas complètement exact, même si cela s'applique clairement à la nouvelle école classique. En réalité, il y a eu un renouvellement de l'approche des fluctuations économiques, qui permet de sortir du manichéisme de l'opposition *chocs exogènes/causes endogènes*.

Une première piste a été constituée par l'abandon de l'hypothèse de linéarité des relations économiques, hypothèse particulièrement réductrice. On peut alors représenter de manière relativement satisfaisante des mécanismes de perturbations endogènes reposant par exemple sur le conflit entre salariés et capitalistes. Lever l'hypothèse de linéarité ne suffit pas. Celle de la continuité des relations est aussi discutable, ce qui conduit à introduire la notion de dynamique chaotique, qui mène à une remise en cause de l'efficience des marchés dans un grand nombre de cas. Ceci introduit cependant le débat sur le lien entre des fluctuations et une tendance de long terme. Les modèles à *hysteresis* redécouvrent l'équivalent du taux naturel des anciens néoclassiques, en particulier dans le domaine du chômage. Pourtant, c'est l'utilisation même du terme d'hysteresis qui pose problème car elle implique des hypothèses très fortes quant à l'inexistence de toute autonomie d'action du système économique[1].

2.4. Trois leçons d'un débat

Si l'on doit tirer ne serait-ce qu'une leçon des débats sur les fluctuations économiques, ce devrait être celle-ci. Les modèles de comportement des agents doivent cesser d'être déterminés de

1. B. Amable *et alii*, « De l'hysteresis en économie », *Revue d'économie politique*, vol. 102, n° 1, 1992.

manière indépendante de l'ensemble des institutions, règles et procédures, au sein duquel les agents sont plongés. On peut ainsi comprendre pourquoi, à niveau égal de demande, les taux d'utilisation du capital peuvent fortement varier d'une période à l'autre, pourquoi certaines variables sont centrales dans certaines conjonctures et non dans d'autres. La dialectique entre la tendance et l'événement se doit alors d'être pensée dans le cadre des interactions entre le contexte au sein duquel se forment les représentations de la réalité qui guident les acteurs (les institutions, les règles, les coutumes, les conventions et les croyances), et l'impact sur ce contexte des décisions issues de ces représentations. Il faut donc se demander si les modes de décision des acteurs sont similaires ou comparables (hypothèse d'homogénéité des acteurs), s'ils sont confrontés à des contraintes identiques (hypothèse d'homogénéité des produits et des processus de production) ; si les contextes sont unifiés dans l'espace au sein duquel se manifestent les interactions (hypothèse d'homogénéité des territoires économiques), enfin s'il y a unification des liens temporels entre formation d'une représentation, décision, action et résultat (hypothèse d'homogénéité des temporalités).

Une pensée économique qui veut réellement se dégager de la double ornière du déterminisme absolu ou de l'indéterminisme complet se doit de formuler un modèle réaliste de la prise de décision sous incertitude, de même qu'elle doit se doter des instruments pour penser l'hétérogénéité.

Une seconde leçon devrait porter sur la nature du débat entre Keynes et Hayek. Si Keynes refuse la vision du taux d'intérêt que lui oppose Hayek, ce n'est pas au nom d'une vision agrégée de l'économie, mais en raison de son intuition quant à l'imprévisibilité fondamentale des rendements de certains investissements qui donne alors au loyer de l'argent la nature d'une variable spéculative et non de contrôle des comportements. Il faut ici remarquer que si les rendements étaient bien prévisibles dans le cadre des arbitrages intertemporels que propose Hayek, une planification par le taux d'intérêt serait théoriquement tentable. À partir de 1935, Hayek va abandonner l'idée qu'une économie de troc est une référence utile, même si elle est insuffisante, pour penser l'économie réelle, et ce faisant il abandonnera la vision classique de l'équilibre. Peu après, sous l'influence de Hicks en particulier, le raisonnement de Keynes se verra limé sur ce point, afin de pouvoir entrer dans une vision plus acceptable de l'économie pour des économistes formés dans le moule néoclassique. Ce faisant, les keynésiens vont occuper la chaise abandonnée par Hayek au début des années 40, mais la cohérence en moins.

Ceci nous conduit à une troisième leçon fondamentale. *La question de l'incertitude constitue bien la vraie frontière entre une économie classique, ancienne ou nouvelle, et une nouvelle approche.* Derrière cette question, ce qui est en jeu fondamentalement, c'est la vision du système économique comme ensemble d'acteurs, de flux et de relations homogènes, ou pour le moins homogénéisables, ou au contraire la prise en compte d'une irréductible et multidimensionnelle hétérogénéité. C'est en ces termes qu'il faut alors penser la question de l'équilibre ou de son rejet.

3. DE PROFUNDIS EQUILIBRIAE

Les grandes controverses économiques du XXe siècle montrent que dans la contestation de la notion d'équilibre, on trouve des argumentaires qui peuvent être significativement différents. Il faut alors revenir à la question de base, qui est celle de la décision économique. Dans un univers de rareté et donc de choix sous contrainte, comment peut-on prendre des décisions et surtout comment peut-on comparer entre elles des décisions et leurs effets, avant même de les avoir subis ? Autrement dit, la question de la théorie de la connaissance implicite à la théorie économique est centrale pour comprendre les différents auteurs.

3.1. Planification, équilibre et connaissance

Pour Hayek, à partir de la seconde moitié des années 30, les connaissances ne sont ainsi jamais pleinement données aux agents ; de plus, elles se transforment et évoluent perpétuellement. La critique contre la planification centralisée s'applique alors tout autant au modèle décrit par Walras et modernisé par Arrow et Debreu, et qui domine la pensée économique actuelle. Dans ces conditions, la notion de l'équilibre relève alors de la plus pure tautologie circulaire :

Toute modification de la connaissance d'un individu, c'est-à-dire tout changement qui le conduit à modifier le plan de ses actions, détruit l'équilibre qui existe entre ses actions précédentes et celles qu'il prendra après ce changement dans sa connaissance. En d'autres termes, l'équilibre comprend uniquement ses actions durant la période pendant laquelle ses anticipations se sont révélées justes[1].

L'équilibre implique ainsi une stabilité des comportements et des connaissances qui interdit tout ajustement pouvant mener à cet équilibre si l'on ne s'y trouve pas d'emblée. La raison essentielle en est que les agents sont différents les uns des autres, non seulement dans leurs situations de départ, mais dans leurs potentialités. Cette hétérogénéité radicale implique à la fois une fragmentation de l'information (thèse développée en fait par von Mises) et une fragmentation de la connaissance nécessaire pour traiter ces informations. Cette connaissance ne peut se reconstituer comme un ensemble global qu'à la suite des actions et non comme un préalable à ces dernières. La capacité des agents à faire des prévisions correctes pour décider d'un investissement ou d'une consommation, n'est pas ainsi le résultat d'une connaissance parfaite, mais d'une capacité à gérer leur propre ignorance[2]. Cette capacité, de plus, ne découle pas entièrement des caractéristiques propres de l'agent ; elle est largement induite des règles spécifiques de chaque marché, elles-mêmes découlant des institutions et de la période[3].

La notion de contingence, que l'on voit ici à l'œuvre, sépare définitivement Hayek des conceptions mécanistes qui dominent en économie depuis Adam Smith. En postulant qu'il n'y a rien ni dans la nature ni dans l'essence d'un agent pour le conduire spontanément aux bonnes décisions, si ce n'est la cohérence de ses actions et du cadre qui constitue son environnement, il fait faire à l'économie un progrès déterminant. Dès lors, l'ensemble des résultats, qu'ils soient micro ou macroéconomiques, doivent être analysés en rapport avec le cadre dans lequel ils ont lieu. Même si on peut détecter des répétitions, des récurrences dans les actions, il

1. F.A. Hayek, *Individualism and Economic Order*, Chicago, University of Chicago Press, 1948, p. 36.

2. W.N. Butos et R.G. Koppl, « Hayekian Expectations : Theory and Empirical Applications », *Constitutional Political Economy*, vol. 4, nº 3, 1993.

3. R.G. Koppl, « Animal Spirits », *Journal of Economic Perspective*, nº 5, 1991.

ne s'agit pas de lois au sens donné à ce terme dans les mathématiques, mais, pour autant que l'on puisse user de cette proposition, *de lois contingentes et momentanées, tendancielles et relatives.* Or, cette notion de contingence, tout comme le programme de recherches qu'elle propose, on peut la retrouver dans les textes fondateurs de ce que l'on appelle l'école de la régulation[1]. La dimension historique de l'évolution du capitalisme, de son expansion au niveau mondial, implique alors de constituer en objet d'études les contextes institutionnels qui vont déterminer, de manière locale et temporaire, les régularités qui seront saisies par les instruments statistiques.

La rupture avec le positivisme, l'idée d'une connaissance directement possible par l'expérience immédiate, ce scientisme hérité du XIXe siècle, est bien le point d'achoppement principal en économie. Cette rupture constitue la frontière entre des argumentaires scientistes et des démarches scientifiques.

3.2. Les convergences des années 30

C'est donc autour d'une telle rupture qu'il faut réorganiser les oppositions comme les convergences entre les différentes écoles de pensée en économie.

Gunnar Myrdal, l'un des opposants les plus virulents aux conceptions politiques de Hayek, soutient que le théorème fondamental du libéralisme économique selon lequel un optimum social peut être obtenu par l'agrégation spontanée (la main invisible) de décisions décentralisées est faux pour des raisons proches de celles avancées par Hayek[2]. La richesse nationale globale que l'on cherche à maximiser doit pouvoir être appréhendée de manière subjective, en fonction des préférences de chaque agent, si on ne veut pas faire une hypothèse très forte sur l'homogénéité des préférences de tous les agents. En même temps, pour que le raisonnement ait une base scientifique, cette mesure doit être compatible avec toutes les configurations de préférences tenues par les agents, aujourd'hui et demain. Or, une telle mesure ne saurait exister dans une société

---

1. Voir M. Aglietta, *Régulation et crise du capitalisme. L'exemple américain*, Paris, Calmann-Lévy, 1976.
2. G. Myrdal, *The Polical Element in the Development of Economic Theory*, New Brunswick (NJ), Transaction Publishers, 1990 (1re éd. 1930).

différenciée, composée d'agents hétérogènes, du moins certainement pas sous la forme d'une commensurabilité *ex ante*.

Le principe de la « main invisible » qui, depuis Adam Smith, est censé résoudre la question de la globalisation des décisions individuelles dans une économie décentralisée, n'est donc compatible qu'avec soit un état stationnaire de la société (impliquant l'absence de toute innovation économique ou sociale) soit avec une hypothèse d'homogénéité des agents. Il faut noter qu'Adam Smith aurait été horrifié par de telles hypothèses. Dès lors, la juxtaposition du principe de la « main invisible », soit d'une harmonie spontanée et non intentionnelle résultant de comportements individuels en concurrence, et d'une vision de la société à la fois dynamique (avec des innovations permanentes) et hétérogène, ne saurait relever du résultat scientifique. Ces propositions sont alternatives. Pourtant, il faut bien relever l'importance décisive de la notion d'ordre spontané et non intentionnel dans une large part de la pensée économique. Myrdal en a conclu que les bases de l'économie classique et néoclassique sont, sur ce point, une métaphysique de l'unité des désirs humains. Il y a, au départ, un postulat philosophique qui ne peut relever de la conjecture vérifiable, soit par le test, soit par la cohérence logique. La croyance, au sens religieux du terme, en cette unité des désirs humains, constitue un noyau dur d'une partie de la pensée économique.

Ce postulat de l'unité des comportements, on l'a retrouvé sous la forme de la clause d'homogénéité des agents dans la TEG. Il existe aussi dans la pensée tardive de Hayek, dans ces ouvrages du début des années 70. Cette unité des comportements renvoie, comme le montre R. Bellamy, à une éternalisation des structures des sociétés traditionnelles, avec leur faible différenciation sociale globale, le rôle du petit producteur individuel et la très grande inertie de leurs structures[1]. Une bonne partie de la pensée économique continue donc de voir le monde réel comme si ce dernier en était resté au XVIIIe siècle.

De manière encore plus spectaculaire, Hayek rejoint Keynes sur le problème de l'incertitude. Dans un article publié en 1937 à la suite de la *Théorie générale* et donc écrit antérieurement aux deux articles de Hayek sur la connaissance, Keynes fait un lien

1. R. Bellamy, « Dethroning Politics : Liberalism, Constitutionalism and Democracy in the Thought of F.A. Hayek », *British Journal of Political Science*, vol. 24, octobre 1994, pp. 419-441 ; voir en particulier pp. 432-435.

explicite entre l'incertitude sur les connaissances dont disposent les agents et l'incertitude sur les prévisions comme conditions conduisant au sous-emploi des ressources[1]. Ainsi Hayek, Keynes et Myrdal, trois auteurs qui ont chacun contribué au débat sur le cycle des affaires, vont-ils se retrouver dans la communauté de leurs rejets des bases de l'économie néoclassique au-delà de leurs oppositions sur des aspects plus particuliers des politiques économiques.

Ces approches convergentes des années 30 ne furent pas les seules. On peut aussi parler désormais de convergences intertemporelles, ou de la redécouverte par des auteurs récents, de certains des résultats élaborés avant 1940. Il faut signaler ici que, à partir de la fin des années 60, des auteurs comme John Radner et Joseph Stiglitz, mais aussi Green et Salop, vont retrouver des résultats analogues à ceux issus du débat sur le cycle des affaires. Ces auteurs partent des principes de l'Équilibre Général, mais en y introduisant des clauses « anormales » dans certains marchés (concurrence imparfaite, altération de l'information). Ils sont alors parvenus à des résultats convergents avec ceux de leurs aînés[2], souvent dans une méconnaissance de leurs travaux. Misère de l'histoire de la pensée...

Stiglitz sera d'ailleurs celui qui ira le plus loin dans les conséquences. Il conteste formellement l'adéquation entre efficience locale et efficience générale. Pour qu'une décision, par exemple d'investissement, qui serait localement efficiente, se traduise aussi par une efficience globale, il faut en effet supposer qu'existe dans l'économie un système complet de marchés, soit des marchés couvrant la totalité des options présentes et à venir[3]. Or, fors l'hypothèse d'un monde fini et stationnaire, une telle hypothèse de complétude n'est pas recevable. Ainsi, la recherche permanente de l'efficience de marché au niveau local n'est nullement la garantie ni même la condition de solutions qui soient globalement efficientes. Ce résultat est bien entendu destructeur pour la théorie néoclassique et les différents théorèmes de l'économie du bien-être.

---

1. J.M. Keynes, « The General Theory of Employment », *Quarterly Journal of Economics*, vol. LI, 1936-1937, pp. 209-223.
2. J.E. Stiglitz, *Wither Socialism ?*, Cambridge (Mass.), MIT Press, 1994.
3. J.E. Stiglitz, « Market Socialism and Neoclassical Economics », *in* P. Bardhan et J.E. Roemer (ed.), *Market Socialism : The Current Debate*, Oxford et New York, Oxford University Press, 1993, p. 23 *sqq*.

Mais il est tout aussi corrosif pour le raisonnement tenu par von Mises dans sa critique de Neurath, et en ce sens il permet une nouvelle lecture du débat.

En fait, les conclusions de Stiglitz vont dans le sens d'une remise en cause du postulat que les prix constitueraient les signaux essentiels ou décisifs de la décision économique, un point partagé aussi par d'autres auteurs [1]. Seulement, si on accepte un tel résultat, alors la clause d'impersonnalité des relations économiques n'est plus soutenable car c'est justement l'assimilation des prix relatifs à la totalité de l'information qui permet de défendre l'idée que le marché serait un espace caractérisé par de purs intérêts et excluant les relations entre individus dans leurs sens social et politique. Dans ce cas, l'égalité postulée depuis von Mises entre la monnaie (forme la plus pure d'une expression de la totale commensurabilité entre produits) et la possibilité formelle d'une décision rationnelle (c'est-à-dire dégagée de toute influence sociale ou politique) est invalidée. Admettre, comme Stiglitz aujourd'hui ou Hayek depuis 1952, que le rôle des prix n'est pas primordial dans la décision des agents contraint de renoncer à la dichotomie familière économie monétaire-calcul rationnel / économie non monétaire-calcul non rationnel. Ceci implique de penser la question de la monnaie dans une perspective plus complexe que ce que nous proposent les théories existantes.

Les résonances entre les débats des années 30 et les avancées actuelles sont ainsi importantes. Elles illustrent l'extraordinaire richesse des controverses qui se sont déroulées entre 1920 et 1945, et le prix que l'économie a payé à les oublier.

3.3. Les convergences masquées

Ce point permet de montrer que derrière les convergences assumées, il y a aussi des convergences masquées. Ici, la plus importante est celle qui se manifeste entre les thèses du Hayek d'après 1945 et celles avancées par Otto Neurath.

Neurath répond aux arguments de von Mises du début des

1. Voir ainsi S. Bowles et H. Gintis, « Post Walrasian Political Economy », *in* S. Bowles, H. Gintis et B. Gustafsson (ed.), *Markets and Democracy : Participation, Accountability and Efficiency*, Cambridge, Cambridge University Press, 1993.

années 20, en indiquant que l'incertitude pesant sur le futur compromet toute tentative d'évaluation par le marché. L'exemple discuté porte sur la comparaison entre le développement d'une centrale thermique alimentée au charbon et la construction d'une centrale hydraulique. Pour von Mises, l'essentiel est de calculer les coûts d'investissement et les coûts d'opération. Or, rétorque Neurath, pour que le calcul soit complet, il faudrait connaître l'ampleur des réserves en charbon, sinon le choix fait aujourd'hui risque de compromettre le futur des générations à venir[1]. Autrement dit, les choix sont intertemporels et, pour que le marché puisse apporter une réponse satisfaisante du point de vue des critères de von Mises lui-même, il devrait être complet, c'est-à-dire témoigner d'une connaissance parfaite du futur. Cette connaissance étant par nature impossible, sauf à supposer une forme d'état stationnaire où par définition il n'y a pas de différence entre le présent et le futur, Neurath en déduit le non-lieu des prix et du marché comme instruments uniques de prise de décision.

La réponse de Neurath consiste à dire que tout choix réputé économique contient une dimension sociale, normative et éthique qui est indépassable. Elle implique une décision qui ne soit pas purement technique mais aussi politique. Hayek va ici diverger d'avec Neurath, tout en reprenant les arguments sur l'incomplétude du calcul économique. Pour lui, cette incomplétude implique au contraire une renonciation, ou une limitation à tout le moins, à l'action politique. Mais il est incapable d'en faire la démonstration. Les dernières années de Hayek seront une pathétique tentative pour prouver que l'ordre spontané produit spontanément les règles sans lesquelles la spontanéité devient perverse. Cet échec le conduira à reprendre une vision conservatrice et métaphysique de la nature humaine comme ultime argument[2].

La similitude des questionnements entre Hayek et Neurath indique l'existence d'une tradition que la démarche néoclassique laisse insatisfaite. L'argumentaire de O. Neurath trouve aujourd'hui une nouvelle force dans les problèmes d'environnement et de santé. Des crises sanitaires comme la tragédie du sang contaminé, ou la

---

1. O. Neurath, « Personal Life and Class Struggle », *in* O. Neurath, *Empiricism and Sociology, op. cit.*, voir p. 263. Texte initialement publié en 1928.

2. Voir R. Bellamy, « Dethroning Politics : Liberalism, Constitutionalism and Democracy in the Thought of F.A. Hayek », *op. cit.*

propagation de la maladie de Creutzfeld-Jacob à travers les viandes de bovidés, renvoient fondamentalement à l'impossibilité pour un raisonnement de marché à intégrer le coût d'un risque non mesurable. Il en résulte une incompatibilité majeure entre les approches tentant de prendre en compte l'existence de risques imprévisibles et les approches se pliant à la logique de marché. L'introduction du fameux « principe de précaution » valide les intuitions d'Otto Neurath dans les années 20, dont on mesure aujourd'hui la formidable modernité. Elle est rigoureusement contradictoire avec le discours inspiré par l'économie standard.

En fait, l'argument ici va plus loin qu'une simple mise en cause du marché. Il touche aussi au choix technocratique, c'est-à-dire à l'autre forme de décision rationnelle, celle qui trouve sa légitimité dans la maîtrise d'une connaissance scientifique. La réglementation issue de l'instance politique et contraignant les acteurs économiques, ce que le discours dominant en économie aujourd'hui voudrait faire disparaître au nom d'une prétendue efficacité intrinsèque du marché, est donc un moyen aussi légitime et probablement plus efficient que le marché de gérer des coordinations dans le temps sous l'hypothèse de forte incertitude. Mais qui dit réglementation dit, comme le soulignait Neurath, choix social, politique et éthique.

3.3. Les leçons des débats : penser autrement

Les deux débats que l'on a retracés sont centraux pour la pensée économique car ils portent, en réalité, sur le degré de la connaissance possible du monde par les agents qui y interviennent. Cela permet d'identifier une condition nécessaire, mais souvent oubliée, à l'hypothèse de l'équilibre. Pour que cette notion ait un sens, il faut supposer que l'on puisse, à un moment donné, avoir une connaissance totale de l'environnement.

Cela n'implique pas que cette connaissance soit immédiatement disponible ; la notion d'équilibre peut être admise par un économiste qui considère que, dans la pratique, les connaissances disponibles sont limitées et insuffisantes. En ce cas, l'équilibre joue le rôle non d'une norme opératoire mais d'un idéal régulateur. Les différentes fluctuations de l'économie réelle ne sont alors perçues qu'en fonction de cette norme, qui constitue un pôle attracteur autour duquel les systèmes réellement existants sont supposés graviter. On cherche à peser sur le monde tel qu'il est pour tendre vers cet idéal, même si on peut douter de l'atteindre un jour.

Cela n'implique donc nullement que les tenants de l'équilibre aient besoin de croire que la réalité fonctionne toujours suivant les règles propres à la norme. Les notions d'imperfection, d'obstacles et de résistance sont toujours mobilisables pour expliquer les différences entre le modèle et la réalité.

Mais le problème qui surgit alors est qu'on ne peut plus penser l'épaisseur des fonctionnements concrets autrement qu'à travers ces notions d'imperfection, d'obstacle ou d'écart entre des grandeurs factuelles et les grandeurs supposées naturelles. Or ces notions se révèlent rapidement et inévitablement fortement réductrices. Elles font disparaître les processus historiques de constitution et de différenciation des contextes sociaux et politiques ; elles impliquent de se situer par rapport à une norme qui n'a jamais été fondée ou démontrée si ce n'est par des arguments métaphysiques. Myrdal ici a eu l'intuition de ce que J.-C. Perrot a démontré dans son analyse des sources intellectuelles de l'économie politique classique : l'équilibre, comme la métaphore de la main invisible qui le fonde sont des postulats religieux et non des résultats scientifiques. La notion de l'équilibre, même dans sa forme modérée d'un idéal régulateur, reste donc un obstacle redoutable à l'intelligence du monde réel. Elle est un facteur d'enchantement du monde, au même titre qu'un discours sur les anges et les fées. Récuser la notion même de connaissance parfaite, non pas en raison des obstacles concrets mais d'un point de vue théorique, aboutit alors à renoncer définitivement à la notion d'équilibre ou de planification centralisée. Ce n'est pas un mince résultat. Aussi mesure-t-on, *a posteriori*, le coût pour l'économie et les économistes de l'oubli, voire de la scotomisation, de ces deux débats.

Renoncer à l'idée d'une connaissance parfaite, ou, ce qui revient au même en économie, à celle d'une complétude des contrats, est donc un point fondamental. L'acte contractuel, qui fonde les branches les plus avancées de la théorie standard, ne se donne pas de lui-même ; il est irréductiblement incomplet et ne fondera jamais une vision de l'ordre social. Durkheim l'avait pressenti en montrant que la confiance sans laquelle le contrat n'existe pas ne peut se fonder dans le contrat. L'acte contractuel est par nature ouvert et ne saurait jamais se suffire à lui-même. La critique d'une complétude du contrat permet d'ailleurs de mesurer la limite des apports de l'économie autrichienne. On ne dira jamais assez que l'on doit à Hayek la réintroduction de la notion de connaissance en économie, et une vision de la complexité des processus cognitifs et décisionnels qui est centrale à toute tentative d'élaboration d'une économie réaliste. Les parentés entre Hayek et Keynes ont été ici soulignées. On pourrait aussi lui en trouver avec Marx, en particulier à travers l'importance qu'il accorde à la subjectivité des acteurs. Mais la démarche générale de Hayek a été, au soir de sa vie, polluée par l'illusion qu'un contrat pouvait engendrer les règles des contrats. Une chose consiste à affirmer que, dans le cadre de règles et d'institutions définies, le marché peut aboutir à des convergences spontanées. Une autre consiste à prétendre que le marché produit les règles et institutions qui encadrent le marché. Le recours, dans son ouvrage de 1979 [1], à une métaphysique de la nature humaine l'expose aux mêmes critiques que Myrdal avait adressées aux néoclassiques et classiques.

Refuser la connaissance complète ne signifie pas pour autant renoncer à l'idée qu'il est possible d'atteindre une certaine connaissance. Rien ne justifie, d'un point de vue logique, le glissement d'une critique d'une vision fermée du monde (ou d'une vision d'un monde stationnaire) à une vision d'un monde indéterminable et indéterminé, régi par le seul hasard. L'économie n'est certes pas cette histoire simple et logique dont rêvent tout autant les économistes néoclassiques que les partisans de la planification centralisée ; elle n'est pas nécessairement pour autant une histoire pleine de bruit et de fureur, racontée par un idiot.

Admettre l'idée que des connaissances partielles, révisables, soient possibles sans être pour autant données *ex ante*, ni garanties *ex post*, impose alors de définir des stratégies de construction et d'acquisition de telles connaissances. Une conception scientifique réaliste de l'analyse économique doit alors se fixer pour objet de comprendre comment les agents construisent et acquièrent de telles connaissances, comment ils les révisent, et comment ces processus peuvent coïncider avec la temporalité des processus de production et de consommation. Une telle conception réaliste rompt avec la vision traditionnelle de l'économie comme allocation des ressources. Non que des ressources ne soient allouées à divers usages durant les différents actes qui composent la vie économique. Mais cette allocation n'est qu'un symptôme de pro-

1. F.A. Hayek, *Law, Legislation and Liberty*, vol. III, *The Political Order of a Free People*, Londres, Routledge and Kegan Paul, 1979.

cessus plus fondamentaux. Elle découle de processus de prise de décision qui impliquent la construction de visions communes du monde à partir d'une réalité hétérogène. L'allocation des ressources découle de ce processus ; elle en est un sous-produit et non l'objet.

Une troisième conclusion concerne la relation entre la notion d'équilibre et celle d'hétérogénéité. Les deux débats explorés en ce chapitre montrent que l'équilibre, envisagé alors comme norme régulatrice, est lié à une autre notion essentielle, celle de l'homogénéité des agents comme de l'ensemble des éléments de l'environnement. Cette homogénéité est nécessaire pour évacuer le problème de l'incertitude, qui introduirait immédiatement une redoutable distance critique avec la notion d'équilibre. Les remises en cause de cette dernière ont ainsi été d'abord des remises en cause du postulat d'homogénéité.

À cet égard, l'idée de la double séparation introduite par Ch. Bettelheim constitue un pas fondamental pour penser l'économie décentralisée. Parce que les producteurs sont séparés des consommateurs, même si chaque agent peut être concrètement et un consommateur et un producteur, et parce que le travail salarié nécessite un engagement sur une grandeur non mesurable *ex ante*, l'incertitude devient alors la norme centrale. Cela ne signifie pas que toutes les situations soient caractérisées par l'incertitude la plus totale. Mais l'hypothèse de la centralité de l'incertitude permet alors de penser les économies réelles comme des systèmes construits autour de mécanismes visant à réduire soit l'intensité de cette incertitude soit son impact sur les comportements. À partir de la catégorie générale des économies définies par les deux séparations fondamentales, on peut alors discerner des modèles particuliers, en fonction de la nature des mécanismes employés. Ces modèles sont appelés à se différencier à leur tour en fonction des dynamiques induites par les différents mécanismes, et l'histoire des ajustements induits par ces dynamiques.

Cette approche permet de penser la stabilité temporaire des systèmes économiques sans supposer l'existence d'un équilibre de type néoclassique et retourne alors complètement le problème clé de l'analyse économique. Si on raisonne sur des stabilités *ex post*, alors l'économie devient la discipline qui étudie les médiations conduisant, ou ne conduisant pas dans le cas des crises, à ces stabilités. Ce pivotement de la perspective est la question cruciale qui ressort des débats que l'on a évoqués.

Ces trois enseignements rejoignent bien entendu certaines conclusions que l'on avait tirées de l'analyse de la logique interne du modèle de la TEG au chapitre précédent. On avait pu montrer à quel point l'hypothèse d'une commensurabilité totale donnée *ex ante* aux agents relevait du fantasme totalitaire. Cela avait conduit à mettre en avant, au contraire, l'idée d'une construction sociale de la commensurabilité et de sa vérification *ex post*, par l'intermédiaire d'espaces structurés de controverse, qui permettent à leur tour d'enrichir notre compréhension de la démocratie et son impact sur les mécanismes économiques.

Ce que l'on vient de voir dans le présent chapitre, c'est la profonde communauté intellectuelle du rêve de planification centralisée avec celui du marché parfait. Mais la critique de la planification centralisée, illustrée par les travaux de Lange, laisse intact le projet de planification tel qu'il a été exprimé par Neurath. On peut se demander s'il ne correspond pas, plus et mieux que les divagations sur les nécessaires correctifs sociaux au marché, aux aspirations qui se révèlent dans les sociétés modernes face à l'incapacité des logiques marchandes à intégrer le risque incalculable. Car, justement, le développement des sociétés modernes se caractérise par une montée foudroyante des phénomènes d'externalité. Le discours sur une prétendue capacité du marché à prendre en compte des risques qui, par nature, échappent à la logique du marché (puisqu'ils ne sont pas calculables) n'en devient que plus dérisoire.

La combinaison des problématiques de ces deux chapitres met alors au premier plan un nouveau problème, celui du temps. La question de la séquentialité des processus économiques, ou du possible décalage dans le temps des effets d'une décision, resurgit tout autant dans l'analyse des logiques internes des discours sur l'équilibre qu'à travers celle des débats évoqués ici. Le refus de penser le temps caractérise bien une partie des économistes, ceux que l'on a qualifiés d'économistes standards. Mais tenter de penser le temps d'un point de vue économique n'est pas une mince affaire. Tels seront alors l'objectif et l'ambition du troisième chapitre.

CHAPITRE III

Les temps de l'économie et le temps des économistes

Un économiste, c'est quelqu'un qui vous dira demain pourquoi ce qu'il a prédit hier ne s'est pas réalisé aujourd'hui.

La Théorie de l'Équilibre Général est avant tout une théorie de la négation du temps comme durée. Cela se manifeste sous la forme d'une hypothèse, explicite ou implicite, de parfaite réversibilité des décisions. Voilà qui permet de faire l'économie de l'hypothèse sur l'information parfaite. Si nous pouvons à tout instant revenir sur nos choix antérieurs, alors, le fait de choisir sous une information imparfaite n'affecte plus le raisonnement, puisque nous sommes supposés pouvoir toujours corriger nos choix. Mettre en cause la parfaite réversibilité, par exemple supposer que des choix doivent impérativement être séquentiels, redonne alors son importance à la notion d'information imparfaite. Dès lors, le temps refait son entrée dans l'économie, et avec lui la distinction entre prévision (ou anticipation) réalisée *ex ante* et vérification effectuée *ex post*.

Son rôle n'avait pas été ignoré avant la révolution néoclassique. Pour A. Smith comme pour K. Marx, mais aussi ultérieurement pour Schumpeter ou les institutionnalistes américains, la temporalité des décisions, le fait que l'une doive précéder l'autre, était un élément analytiquement pertinent. Au-delà du problème de la décision séquentielle, est en cause ici le plus souvent le changement des préférences, ou des représentations, à la suite d'une expérience. Il y a eu apprentissage et, par-là, le présent est radicalement différent du passé. La prise en compte de l'épaisseur temporelle des décisions des agents décentralisés introduit cependant une série de problèmes spécifiques.

Le temps doit être pris au sérieux. On peut le faire en se référant à l'histoire des économies, l'évolution des institutions qui les encadrent, ou encore à travers l'histoire des fluctuations de l'activité économique. L'histoire économique est ainsi une discipline à part entière. Une telle manière de procéder a bien des justifications. La comparaison entre des crises survenues à des périodes différentes est toujours riche d'enseignement. Mais cette approche est insuffisante. C'est en se plaçant au niveau de l'acteur, en essayant de comprendre comment l'écoulement du temps modifie ses réactions et ses comportements, que l'on perçoit le mieux ce que la prise en compte du temps peut apporter à une théorie réaliste de l'économie. Pour ce faire, il convient donc de se situer dans la microéconomie, un niveau d'analyse dont on a déjà dit qu'il n'était nullement la propriété de la théorie néoclassique et qu'il avait été indûment négligé par la plupart des économistes hétérodoxes.

La nouvelle économie dont on se réclame, celle qui cherche à « penser autrement » doit se construire aussi à partir d'une analyse microéconomique.

1. LE TEMPS CAUSAL

La négation du temps dans la TEG réside avant tout dans une conception étroite du temps, considéré comme homogène, continu et causalement inerte[1]. Voilà qui est cohérent avec la forme de déterminisme postulée par P. Samuelson, car dans ce cas le futur n'est que l'image du passé, et il ne reste donc que le présent.

L'homogénéité du temps signifie qu'il ne peut y avoir de transformations, de moments plus importants que d'autres. Si tel était le cas, on ne voit pas comment et pourquoi il y aurait des modifications de décision et de comportement. L'économie serait un système régi par une et une seule matrice de décisions.

La continuité constitue une négation de la durée. On ne peut désormais faire de distinction entre les prévisions faites avant les

1. M. Capek, *The Philosophical Impact of Contemporary Physics*, Princeton, Van Nostrand, 1961, voir pp. 36-48.

décisions et l'analyse des résultats de ces dernières. La continuité fait disparaître la tension entre les visions du monde *ex ante* et les visions *ex post*, qui sont cependant essentielles pour comprendre les ajustements des comportements comme l'a montré, à la fin des années 30, G. Myrdal[1].

Enfin, dire que le temps est causalement inerte revient à supposer que la place dans le temps entre différents événements n'a aucune implication quant à l'existence de liens de causalité. Les agents étant en réalité supposés tout savoir n'ont évidemment rien à apprendre.

Face à cette négation, un certain nombre d'économistes se sont révoltés. C'est ce courant que l'on va maintenant explorer en cherchant tout d'abord à montrer en quoi le temps permet de penser des causalités.

1.1. Temps et évolution

Les écoles autrichiennes comme keynésiennes (du moins celles qui ont résisté à la récupération néoclassique) proclament au contraire une vision du temps caractérisée par la continuité dynamique, l'hétérogénéité et l'efficacité causale. Le temps s'inscrit dans une logique de processus, terme central aussi chez Marx, avec des débuts et des fins. La continuité dynamique signifie alors que le même événement est vu différemment dans le temps, l'hétérogénéité signifie que la mémoire fait cohabiter pour le décideur des temps différents, avec des souvenirs plus ou moins forts ; enfin l'efficacité causale implique que le présent tienne compte, en un sens ou un autre, du passé.

Schumpeter a certainement été l'économiste du XXe siècle le plus explicite quant à l'importance du temps. Pour lui, un équilibre dynamique ne peut se manifester que si les agents sont dotés de capacités d'apprentissage. Mais, si tel est bien le cas, alors le processus d'apprentissage (l'histoire...) déterminera la nature de l'équilibre final obtenu. C'est ce que l'on appelle, dans le vocabulaire moderne, un « effet de sentier » ou *path dependency*. Cela le conduit à porter une appréciation très positive sur l'usage que Marx fait de l'histoire dans la construction de son argumentation.

---

1. G. Myrdal, *Monetary Equilibrium*, Londres-Glasgow, W. Hodge, 1939, pp. 43-44.

Les comportements et les structures de décisions ne n'inscrivent donc pas dans un état, que l'on aurait à qualifier par rapport à la notion d'équilibre, mais dans un processus.

Il y a là plus qu'une parenté avec la démarche de Veblen. Pour ce dernier, si on peut saisir les institutions dans des manifestations instantanées, on ne peut les comprendre qu'à travers le processus même de leur évolution. Admettre, comme nous y invitent Schumpeter et Veblen, qu'il y a évolution implique que l'on ne peut faire l'impasse sur la question des origines des formes sociales et des institutions que l'on étudie. Cela signifie que l'on ne peut se contenter de la question *comment ?* et qu'il faut poser aussi celle du *pourquoi ?* Plus précisément, méthodologiquement, ces deux questions apparaissent désormais comme liées.

Prendre le temps au sérieux n'est donc pas une simple figure de style. Le pivotement du programme de recherches se traduit d'ailleurs immédiatement dans une reformulation des problèmes de l'évaluation des actions, quand bien même on respecterait certaines des hypothèses du cadre néoclassique.

1.2. Le problème de la symétrie des ajustements ou le temps de l'action

Une première réflexion sur l'importance du temps peut être suggérée par un raisonnement qui part d'un problème classique en microéconomie. Si le temps n'est pas instantané, en supposant, pour ne pas trop violenter l'économiste standard, que les agents aient le bon goût de ne pas mettre à profit cette durée pour changer d'avis ou modifier leurs préférences et leurs capacités, se pose cependant la question du délai d'ajustement, et des élasticités liant les quantités aux prix, pour l'offre et la demande.

Si l'on est en présence de délais significativement différents, par exemple si l'offre connaît des ajustements plus lents que ceux de la demande, l'économie peut s'engager spontanément sur des trajectoires où les déséquilibres sont de plus en plus importants, résultat bien connu en agriculture, domaine où l'offre est évidemment contrainte pour des raisons naturelles et techniques. Ceci a été démontré sous le nom de « cycle de la viande de porc » ou de théorème de la toile d'araignée il y a fort longtemps, et fait partie de ce que l'on enseigne (ou devrait enseigner...) aux étudiants de premier cycle. Il s'agit d'expliquer pourquoi les prix et la production de la viande de porc peuvent varier de manière erratique sur plusieurs années sans converger vers l'équilibre. Ce problème peut d'ailleurs être étendu à de nombreuses productions agricoles ou de matières premières. Il a été spécifiquement étudié et résolu par de nombreux économistes dans les années qui ont suivi la Première Guerre mondiale. Les différents travaux, parmi les auteurs desquels on retrouve des noms célèbres comme ceux de R.H. Coase, J. Tinbergen et N. Kaldor, montrent que si les ajustements de demande et d'offre ne sont pas instantanés quand l'élasticité de la demande est plus faible que celle de l'offre (autrement dit, s'il existe des rigidités techniques dans la production), alors une économie de concurrence parfaite engendre des fluctuations qui divergent des niveaux de prix et de quantité d'équilibre. Une contraction de la demande entraîne une contraction, décalée dans le temps, supérieure de l'offre. L'excès de demande provoque alors un surajustement de l'offre à la période suivante, qui entraîne, dans une période ultérieure, un excès d'offre engendrant une nouvelle et encore plus forte contraction de la production. Le marché concurrentiel est ainsi parfaitement instable. Si le prix de la denrée produite est contrôlé par l'administration, par des planchers de fluctuation par exemple, ce mouvement divergent disparaît.

Ce que l'on a oublié, c'est que pour l'économiste qui fut certainement le meilleur spécialiste de cette question, Mordecai Ezeckiel, le problème n'était pas limité à l'agriculture, et ne correspondait pas à une situation exceptionnelle. Il contenait une explication possible aux crises économiques qu'il convient ici de citer largement.

« Si les prix et la production ne convergent pas rapidement vers un équilibre, alors chaque industrie peut attirer de manière récurrente plus de travail et d'investissement qu'elle ne peut utiliser de manière avantageuse, et peut laisser cette partie du travail et des équipements inoccupée la plupart du temps. Dans une série d'industries qui, toutes, montreraient la présence de cycles du type du *cobweb*, à chaque instant certaines fonctionneraient au niveau des pleines capacités, voire au-dessus ; d'autres opéreraient en dessous du point d'équilibre, en sous-capacités ; enfin, d'autres encore fonctionneraient au niveau d'équilibre mais en dessous des capacités installées pendant les périodes récurrentes de surexpansion. Pour l'ensemble combiné des industries considérées, les capacités installées dépasseraient celles qui sont en service à n'importe quel moment ; et les travailleurs formés pour travailler dans chaque industrie individuelle et empêchés par des frictions diverses de passer rapidement vers d'autres industries seraient toujours en partie inoccupés. [...] Même dans les conditions d'une concurrence parfaite et d'une demande et d'une offre statiques, il n'y aurait ainsi aucun "mécanisme automatique d'autorégulation" permettant d'aboutir à un plein emploi des ressources. Le chômage, les capacités excédentaires et le gaspillage des ressources pourraient ainsi survenir même si toutes les conditions de la concurrence parfaite étaient réunies[1]. »

L'argumentation présentée par M. Ezeckiel est particulièrement intéressante, pour plusieurs raisons. La première est évidemment qu'elle ne suppose au départ aucun écart par rapport aux conditions de la concurrence parfaite, contrairement à ce que l'on trouve dans les thèses keynésiennes. Cette argumentation est ou devrait être recevable même pour des économistes dont cette hypothèse de concurrence parfaite est le cadre de référence, car la distorsion évoquée par Ezeckiel ne saurait être corrigée par une amélioration des conditions de la concurrence. Le point est d'autant plus important que la notion de concurrence n'est pas uniquement un cadre de référence théorique, elle est devenue dans les politiques économiques menées au niveau national ou international une notion prescriptive et normative. Il en découle que les politiques visant à améliorer le fonctionnement de la concurrence, par exemple celles préconisées au niveau européen ou dans le cadre de l'OMC, sont ici parfaitement inefficaces, car les rigidités en cause sont naturelles ou techniques. On peut même supposer que de telles politiques aggraveraient la situation en rendant plus facile et plus pur le mécanisme du *cobweb*. Au contraire, des accords au niveau des industries considérées, des cartels par exemple, pourraient, à travers la constitution de stocks intermédiaires et la gestion coordonnée des capacités, limiter considérablement l'amplitude du phénomène décrit. Si l'on accepte donc l'idée que les temps d'ajustement puissent ne pas être parfaitement symétriques comme le soutient Ezeckiel, et comme le savent bien les praticiens, c'est la totalité des politiques industrielles menées à Bruxelles depuis les années 80 qu'il faut révoquer en doute.

Une seconde raison réside dans le traitement du marché du travail implicite dans cette argumentation. Il est fait mention de fric-

1. M. Ezeckiel, « The Cobweb Theorem », *Quarterly Journal of Economics*, vol. LII, n° 1, 1937-1938, pp. 279-280.

tions, et il est évident que ces dernières existent, en matière d'habitudes de vie ou d'impossibilité de se déplacer rapidement pour aller vivre auprès d'un nouvel employeur. Mais il y a aussi une référence faite à la formation des travailleurs qui rend un son très actuel. Implicitement, Ezeckiel considère que les savoirs ne sont pas immédiatement substituables. C'est une hypothèse importante, car elle rompt avec le postulat d'homogénéité et introduit une forte dose de réalisme. La spécialisation des savoirs, dont on peut penser qu'elle est une conséquence d'une plus grande division du travail dans une économie moderne, constitue une nouvelle contrainte de nature technique empêchant le système de revenir spontanément à l'équilibre. Une autre manière de formuler cela revient à dire que si les compétences des acteurs ne peuvent être homogènes, autrement dit si la division du travail dans la production est non négligeable, cette hétérogénéité des compétences conduit à une vitesse d'ajustement de l'offre qui se révèle moins rapide que celle de la demande. On retrouve alors, dans le cadre d'une économie séquentielle, la condition de fluctuations économiques violemment divergentes. Ceci implique aussi que des politiques de formation de la main-d'œuvre ne pourraient réduire ces fluctuations et la possibilité d'un sous-emploi. Ou alors, il faut prétendre que ces politiques de formation seraient à même de donner à tous les salariés potentiels tous les savoirs nécessaires aujourd'hui et demain et donc de nier l'hétérogénéité des compétences, ce qui revient à nier la division du travail.

Il y a donc ici une critique implicite d'une autre politique très en vogue dans les années 80 et 90, celle qui prétend pouvoir résoudre la question du sous-emploi par des efforts de formation. Il n'est pas question d'affirmer ici que ces derniers sont secondaires, mais de rappeler qu'ils ne peuvent en aucun cas constituer la seule ni même la principale solution. La formation, si elle est adaptée aux besoins de la production, reproduit et accentue la spécialisation des compétences. Elle crée de nouveaux obstacles à un ajustement rapide de l'offre. On pourrait soutenir un point de vue différent si, au lieu de raisonner en termes de formation, on raisonnait en termes d'éducation. Une éducation généraliste, soit non spécialisée au sens de culture générale, la plus poussée possible, peut contribuer à une plus grande facilité d'adaptation de la main-d'œuvre. Seulement, en ce cas, il faut que le rapport entre éducation générale et formation soit lourdement biaisé au profit de la première, ce qui n'est pas exactement le chemin que prennent les systèmes éducatifs aujourd'hui. On a déjà vu des agrégés de lettres devenir banquiers, on n'a jamais vu l'inverse.

On voit ici que le « théorème du *cobweb* » n'est donc pas précisément un point marginal, compte tenu de ses possibles implications prescriptives et normatives. Or, la démonstration date des années 30 et n'a jamais été réfutée. Elle a simplement été réduite, dans les programmes d'enseignement, au statut de curiosité, voire de simple sujet d'examen (on fait calculer aux étudiants le processus de divergence sur un nombre donné de périodes...). Ici encore, voilà un bel exemple de la vitalité de la pensée économique dans les années 30, comme on avait pu le remarquer à propos de l'analyse des cycles économiques, ou du débat sur le plan et le marché. Incidemment, cela permet de mesurer la régression intellectuelle qui s'est opérée sous couvert de l'axiomatisation de la TEG ; l'économie (néoclassique) ne serait-elle donc qu'une forme douce de lobotomie ?

L'analyse de M. Ezeckiel a d'autres implications. En soulignant l'importance dans les processus d'ajustement de l'économie réelle d'asymétries entre des mouvements à la hausse ou à la baisse, il propose une explication de l'inflation par des facteurs réels et non uniquement par des facteurs monétaires. On est confronté au dilemme suivant. Si le producteur ajuste rapidement ses capacités lors d'une baisse de la demande, il ne peut réaliser un ajustement inverse rapide. S'il veut pouvoir s'ajuster à la hausse rapidement, il doit au contraire conserver des capacités excédentaires, qu'il lui faudra financer. Dans les deux cas, on est en présence de tensions inflationnistes, dans le premier par excès de demande sur l'offre, et dans le second par nécessité de répercuter dans les prix le financement de capacités inemployées. Contrairement aux affirmations de générations d'économistes standards, et aux dogmes du FMI, une baisse du niveau de l'activité économique peut être facteur d'inflation, sauf si les agents anticipent une dépression durable. Mais si tel est le cas, alors la contraction des capacités devient telle qu'un frémissement de la demande à la hausse ne pourra que se traduire par une hausse des prix, laquelle « justifiera » des mesures monétaires restrictives, replongeant les agents dans une vision pessimiste du futur, et donc dans de nouvelles contractions de leurs capacités de production. On a ici une explication des situations stables, voire cumulatives, de sous-emploi qu'induisent les politiques monétaires restrictives. La théorie du *cobweb*, telle qu'elle a été formulée par M. Ezeckiel, fournit le fondement d'une analyse des mouvements des prix à partir de la formation microéconomique des coûts.

L'idée générale que les vitesses d'ajustement entre l'offre et la demande diffèrent et que cette différence est un facteur d'instabilité dans une économie séquentielle, constitue un résultat majeur de l'analyse économique. Majeur, indiscutablement, mais hélas oublié, ce que prouve la multiplication des énoncés tant communs que savants sur les « bienfaits » de la concurrence. Par ailleurs, le fait que des différences significatives puissent exister dans le sens de ces ajustements, ce que l'on appelle des effets de cliquet, est tout aussi important. Si les ajustements du secteur productif à la hausse sont considérablement moins flexibles que ceux à la baisse, des fluctuations de la demande peuvent entraîner l'économie dans une spirale de contractions successives du niveau d'activité. Chaque phase de contraction étant suivie d'un semblant d'équilibre que remet en cause la poussée inflationniste quand l'offre se révèle incapable de réagir à une augmentation de la demande. Voici un argument très fort pour des politiques visant à garantir, pour des périodes plus ou moins longues, les débouchés des industries et activités les plus concernées par ces rigidités. L'existence de ces deux différences, d'abord entre le rythme d'ajustement de l'offre et celui de la demande, puis entre les sens des ajustements de l'offre, justifie alors de reconsidérer de manière positive les politiques de la demande qui ont été abandonnées à la fin des années 70.

On peut trouver d'autres exemples concrets des problèmes que l'on vient d'évoquer dans l'analyse de la transition dans les anciennes économies de type soviétique, et en particulier dans le cas de la Russie. La chute rapide de la production, entre 1992 et 1997, s'est traduite par une baisse de la productivité et une montée relative des coûts. Une usine qui ne fonctionne qu'à 20 % de ses capacités ne consomme pas 20 % de l'énergie et des intrants nécessaires si elle était à pleine capacité, mais en réalité une fraction sensiblement supérieure. Inversement, quand, après la massive dévaluation d'août 1998 consécutive au krach financier, la production interne est redevenue compétitive, la montée rapide en production que l'industrie russe a connue dans l'hiver 1998-1999 s'est traduite par des gains de productivité et une amélioration dans les conditions techniques de formation des coûts. C'est l'une des raisons qui expliquent que la Russie n'a pas basculé dans l'hyperinflation, et que la hausse des prix s'est calmée rapidement une fois digéré le choc de l'inflation importée par la dévaluation.

On mesure donc sans peine ce que produit la réintroduction du temps dans l'analyse économique. La parfaite flexibilité de l'offre et de la demande est une condition essentielle à l'existence d'un équilibre de plein emploi. Seulement, pour pouvoir supposer que l'offre puisse s'ajuster à la demande de manière symétrique (à la baisse comme à la hausse), il faut supposer que toutes les décisions soient réversibles. Or, la réversibilité d'une décision est contingente au temps et à la non-spécificité (ou redéployabilité) des actifs, matériels et humains. Assurément, plus on se situe dans un temps long et plus il est facile de considérer les décisions comme réversibles, et les actifs non spécifiques. Le problème est que les activités humaines s'inscrivent dans une articulation de temporalités très diverses, allant du temps ultracourt au temps long comme l'a montré Fernand Braudel. Faire l'hypothèse de la complète et totale réversibilité des actions, c'est nier cette articulation des temporalités, c'est prétendre en réalité que l'on peut effacer le présent. Le réalisme dont on se réclame, et que l'on a défini dans l'introduction, implique de renoncer à l'hypothèse de réversibilité.

La dissymétrie des ajustements que l'on peut alors faire apparaître montre que des positions de pouvoir peuvent s'établir entre les échangistes, en raison des contraintes techniques propres aux ressources sur lesquelles leur activité s'établit. Ceci nous conduit immédiatement à une seconde manifestation du temps dans l'action.

1.3. Le temps de l'action et le problème du « joueur en second »

La question du temps de l'action implique en effet la décomposition de toute transaction entre un « joueur en premier » et un « joueur en second ». Les transactions sont rarement instantanées. Elles sont le plus souvent séquentielles ; on paie d'abord, et la marchandise est livrée ensuite. Le risque d'imprévu en cours de transaction est important, et il fait donc apparaître une possibilité permanente de disputes entre les participants à la transaction. L'absence d'une parfaite simultanéité des actions donne naissance à un *first mover* (joueur en premier) et à un *second mover* (joueur en second)[1]. Le « joueur en second », parce qu'il prend sa décision après, dispose d'un avantage potentiel sur le « joueur en premier »,

1. Voir W. M. Dugger, « Transaction Cost Economics and the State », *in* C. Pitelis (ed.), *Transaction Costs, Markets and Hierarchies*, Oxford, Basil Blackwell, 1993, pp. 188-216 notamment p. 197.

avantage que celui-ci tentera d'annuler par des clauses contractuelles ou des structures de contrôle.

La distinction entre les deux est importante dans le cas du marché du travail. Le contrat stipulant le salaire est signé avant que l'employeur ne connaisse la qualité exacte du travail qui sera fourni. Inversement, quand les dirigeants d'entreprises en difficultés demandent à leurs employés des efforts particuliers, les efforts doivent être fournis d'abord sans garantie quant à leurs conséquences. Il en résulte que l'ensemble des dispositions disciplinaires à l'intérieur des entreprises, et qui sont justifiées dans ce cadre par le fait que les salariés sont dans la situation du « joueur en second », ont pour nécessaire contrepartie le développement des organisations collectives des travailleurs, pour contrôler la gestion des entreprises et disposer de moyens de rétorsion.

On retrouve le même problème dans le marché des biens. Au fur et à mesure que la complexité des biens s'accroît, la capacité de l'acheteur à en évaluer instantanément toutes les conséquences diminue. Cela induit un décalage dans le temps de l'action entre les parties prenantes d'un contrat de vente, le vendeur et l'acheteur. Il peut être analysé comme un problème d'asymétrie de l'information. Une telle vision, sans être inexacte, est cependant réductrice. Elle fait l'impasse sur ce qui constitue l'asymétrie, la création d'une irréversibilité par l'action du premier des joueurs. L'acheteur paie d'abord avant de vérifier par l'usage si le bien qu'il a acheté répond à ses espérances initiales. Mais, une fois qu'il a réalisé l'achat, il ne peut pleinement revenir en arrière. L'acte d'achat l'engage pour un certain temps, ne serait-ce qu'en raison de la dépense. Sauf à supposer que les moyens financiers de l'acheteur sont illimités, et dans ce cas s'il peut tout acheter la question du choix et de la décision est sans objet, le fait de payer pour un certain bien signifie qu'il ne pourra pas acheter un autre bien avant l'écoulement d'une certaine période. Il supporte donc un risque plus important que le vendeur qui, lui, connaît le bien qu'il cède et va en contrepartie recevoir de la monnaie, soit un actif parfaitement flexible dans ses emplois futurs. L'acheteur voudra donc passer de sa position de « joueur en premier » à celle de « joueur en second » en retardant le paiement. S'il obtient cette possibilité dans le contrat, c'est au vendeur, cette fois, d'être confronté à un risque important, celui d'avoir cédé un bien et de ne pas être payé. La transformation perpétuelle des contrats d'achat/vente, avec introduction de délais de règlement ou inversement de clauses de prépaiement, traduit le jeu permanent des acteurs pour glisser de la position du « joueur en premier » à celle du « joueur en second ».

Il faut alors prendre en compte la dynamique des relations entre les deux joueurs, et l'émergence des structures de contrôle qu'elle implique. Par exemple, un excellent respect de la discipline de paiement, grâce à des institutions de contrôle et de coercition, diminue le risque induit par un paiement retardé ou échelonné. Inversement, si ces institutions sont faibles, le prépaiement peut devenir la règle. De même, si l'acheteur a le droit légal de révoquer le contrat pour un défaut d'exécution quant à la qualité du bien ou du service, et si ce droit est facilement mobilisable, le risque inhérent à la position de « joueur en premier » diminue.

Une conséquence immédiate de cette distinction entre « joueur en premier » et « joueur en second » est de montrer que l'on doit impérativement réinsérer toute transaction dans le cadre institutionnel dans lequel elle prend place. La dynamique des comportements est ici directement le produit de la nature et du degré de complétude de ce cadre institutionnel. La forme du contrat n'est intelligible que dans l'insertion de ce dernier dans un contexte institutionnel donné. Il n'y a pas de contrat abstrait.

1.4. Le temps de l'action et le corporatisme rationnel

Une dernière illustration du problème du « joueur en premier/joueur en second » va être fournie par ce qui est aujourd'hui un thème récurrent du discours idéologique dominant : la condamnation de corporatismes et d'archaïsmes dont nos sociétés, et en particulier la société française, regorgeraient.

Les bons Princes qui nous gouvernent, fussent-ils politiques ou économiques, tonnent et s'étonnent que des salariés refusent une remise en cause de ce que l'on appelle des « avantages acquis » en échange d'une meilleure efficacité économique dont tous seraient bénéficiaires. Un exemple classique est celui où les salariés d'une entreprise connaissant de fortes difficultés multiplient les grèves ou accroissent leurs revendications. Ceci semble, *a priori*, irrationnel. Si la cession de certains avantages, ou des diminutions de salaires, permet à l'entreprise d'améliorer ses résultats, on peut considérer que les salariés ont sauvegardé leur futur dans un contrat tacite de la forme « moins aujourd'hui pour plus demain ».

Le chancelier allemand Helmut Schmidt avait même élevé au rang de loi cette logique en proclamant que les profits d'aujourd'hui étaient les investissements de demain et en conséquence les emplois d'après-demain. Or, la résistance à ce type de contrat tacite a toujours été très forte. Elle a suscité, de la part des promoteurs de ces logiques, dont il faut bien dire qu'ils ne prennent, eux, aucun risque quant à leur situation personnelle, un discours construit sur le corporatisme des salariés et accessoirement de leurs syndicats. Les réactions très hostiles d'une partie de la classe politique au mouvement social français de l'automne 1995 en sont un bel exemple. Pourtant, avant même de parler de conservatisme ou de corporatisme, une simple application de la logique du temps de l'action aurait permis de voir que les comportements étaient parfaitement rationnels.

L'abandon d'avantages existants place les salariés dans la position du « joueur en premier ». Si les salariés considèrent qu'il n'y a pas de garantie dans l'exécution de la seconde partie d'une transaction intertemporelle du type sacrifices aujourd'hui contre le maintien des emplois demain, alors ils n'ont aucune raison de satisfaire à la première partie de la transaction. Cette réaction se justifie soit parce que les salariés n'ont pas confiance dans la direction de l'entreprise, soit parce qu'ils considèrent qu'il n'est plus de la capacité de cette direction de garantir l'emploi même si cette direction est de bonne foi. Le premier cas connaît, en septembre 1999, une magnifique illustration avec le comportement de la firme Michelin qui annonce un nouveau plan social alors que ses bénéfices ont augmenté. Le second cas peut simplement renvoyer à l'incertitude générale de toute économie décentralisée. Si le délai entre l'exécution de la première partie du contrat et celle de la seconde est relativement important, la capacité d'une direction d'entreprise même de bonne foi à prédire les résultats des sacrifices exigés est naturellement faible. Si le « joueur en premier » n'a pas confiance dans le « joueur en second », et ce quelles que soient les causes de cette perte de confiance, alors il est rationnel de son point de vue de refuser la transaction.

Ce que la distinction entre « joueur en premier » et « joueur en second » met alors en évidence, c'est le risque permanent de défection dans une transaction, si le « joueur en premier » ne dispose pas de moyens de contrôle sur l'exécution des engagements du « joueur en second », ainsi que la manière dont ce risque de défection est déjà intériorisé par les agents. Ce risque de défection peut interdire la transaction, en réduire le champ, ou en accroître le coût. Ainsi, dans le cas de la transaction interne à l'entreprise sur le thème des sacrifices aujourd'hui contre des emplois demain, l'absence de contrôle réel par les salariés sur la seconde partie limite les sacrifices que l'on peut raisonnablement leur demander, et rend de toute manière une telle transaction très hasardeuse, avec des possibilités permanentes de rupture.

Remarquons ici que le problème est constitutif du salariat. Si les travailleurs étaient en même temps les actionnaires (dans le cas d'une coopérative), la solution serait plus facile. Elle se heurterait cependant toujours à l'incertitude radicale quant au résultat de toute action économique. Rien ne prouve en effet que les sacrifices demandés vont effectivement restaurer les comptes de l'entreprise en question, si le contexte macroéconomique est fortement perturbé et instable. Il découle de ceci que le discours convenu sur le « corporatisme » des syndicats ou la « myopie » des salariés, que les responsables politiques (y compris ceux qui se proclament de gauche) et la presse économique dite responsable tiennent depuis des années est une pénible mascarade. Le refus ou l'instabilité de transactions intertemporelles dans des entreprises capitalistes est inévitable pour les raisons que l'on vient d'énoncer.

Si la charge du risque pouvait être mieux partagée, ou si l'amplitude de ce risque était réduite par l'instauration de cadres garantissant une meilleure prévisibilité de l'avenir, alors la possibilité de telles transactions intertemporelles en serait considérablement augmentée. Si l'on veut sérieusement favoriser de telles transactions, et il est clair qu'elles peuvent être nécessaires et même souhaitables, cela n'a pas de sens d'insulter ce qui est un comportement rationnel. Il faut avoir le courage de prendre deux types de décisions :

— Soit on se donne des moyens de réguler la conjoncture économique pour la période de temps sur laquelle court la transaction, et l'on réduit ainsi le risque qui pèse sur le « joueur en premier ». Ceci signifie concrètement revenir à des politiques de régulation de la demande et se donner les moyens de réduire l'impact de la conjoncture internationale sur la conjoncture nationale.

— Soit on donne au « joueur en premier » des garanties institutionnelles lui permettant de contrôler le « joueur en second ». Concrètement, à nouveau, ceci signifie soit développer massivement la forme coopérative dans les entreprises, soit institutionnaliser le pouvoir des salariés à égalité avec celui des actionnaires, soit enfin introduire des dispositions réglementaires permettant à la puissance publique de pénaliser de manière dissuasive une direction d'entreprise faisant défection. Ceci peut vouloir dire exiger de l'entreprise qu'elle rembourse immédiatement l'intégralité des aides qu'elle a perçues de la puissance publique ou réintroduire l'autorisation administrative de licenciement. On peut supposer que si le gouvernement français avait fait un exemple en pénalisant lourdement Michelin en septembre 1999, il aurait montré que la défection a un coût. Ce faisant, il aurait davantage permis, à l'avenir, le type même de transactions intertemporelles entre les salariés et les employeurs que l'on cherche par ailleurs à promouvoir.

Si l'on n'est pas prêt à de telles décisions, que l'on ne s'étonne pas d'actions sociales *a priori* « irrationnelles ». Que l'on cesse alors de les dénigrer et d'employer à chaque instant ces mots de corporatisme ou d'égoïsme pour les qualifier, vocabulaire d'autant plus indécent que l'on connaît les conditions d'existence de ceux qui l'emploient et de ceux auxquels il est destiné.

Cet exemple permet de conclure l'analyse du temps de l'action par quelques remarques. Tout d'abord, dans cet exemple, on mesure comment des comportements microéconomiques induisent des réponses collectives (la solidité ou la fragilité d'un contrat collectif intertemporel), qui elles-mêmes ont des implications macroéconomiques potentiellement considérables. La nécessité d'articuler les niveaux micro et macro n'est donc nullement un artifice de la TEG. Ce qui est artificiel c'est la théorie de l'agrégation spontanée des comportements microéconomiques en résultats macroéconomiques que porte la TEG. L'incomplétude radicale de la relation contractuelle, tant qu'elle est envisagée du point de vue des individus, ne peut être surmontée qu'en la replaçant dans un cadre collectif, celui des relations de groupe et des règles et institutions qui structurent ce groupe.

Mais ces règles font retour sur le niveau microéconomique. Admettons que le principe d'une défection systématique de l'employeur soit intégré par les individus, soit très exactement ce que le comportement de la direction de Michelin peut engendrer. Qui peut alors croire que ces individus accepteront de faire le moindre nouveau sacrifice, voire même maintiendront la qualité présente de leur travail ? C'est donc sur la productivité du travail que les effets se feront sentir, par ce que les experts en ressources humaines appellent la démobilisation ou la démotivation. Mais si la productivité est touchée, c'est la profitabilité de l'entreprise et sa compétitivité qui seront rapidement en cause. Telle est alors l'essence de la seconde remarque qu'inspire l'exemple de Michelin. Le collectif fait retour sur l'individuel, induit des modifications de comportement, qui elles-mêmes peuvent entraîner de nouvelles tensions avec les règles existantes, tout en ayant des implications macroéconomiques.

La question du temps de l'action permet de dépasser la séparation entre les niveaux micro et macro. Elle incite à penser une microéconomie intégrée à une macroéconomie des institutions, dans un permanent mouvement d'aller et retour entre les niveaux, qui s'oppose alors radicalement aux visions mécanistes de l'économie dominante.

Survient alors une troisième remarque. Si l'incomplétude du contrat marchand, ici en l'occurrence du contrat salarial, est radicale et essentielle, alors les conditions permettant le bon fonctionnement de ce contrat ne peuvent être issues du contrat lui-même. L'intervention publique, sous la forme soit d'un contrôle macroéconomique, soit de réglementations est la condition d'existence d'une stabilité des contrats dans le temps. Quand le Premier ministre français, Lionel Jospin, réagit à la décision de Michelin en disant que l'État ne peut administrer l'économie, il a donc doublement tort. Il a factuellement tort car la puissance publique conserve une gamme impressionnante de moyens d'action, en particulier dans le domaine réglementaire. Il a fondamentalement tort, car les marchés ne peuvent fonctionner dans une économie décentralisée que si la puissance publique administre une partie de l'économie, en combinant à la fois du contrôle macroéconomique et de l'action réglementaire.

2. LA CONTRAINTE TEMPORELLE OU LE TEMPS DE LA DÉCISION

Se donner comme simple horizon le temps de l'action est cependant clairement insuffisant. Les actions sont le produit de décisions, quelles que soient les hypothèses que l'on peut faire par ailleurs sur le cadre dans lequel ces décisions sont prises. Il convient donc de décomposer une action économique, une consommation ou un investissement en ses différents stades. Ainsi, l'acte d'investir recouvre en réalité la séquence suivante : l'agent économique reçoit des signaux à partir desquels il doit prendre une décision, puis, cette dernière prise, il lui faut attendre un certain temps pour que les effets de la décision se manifestent. On peut donc considérer que pour toute action économique il y a un temps de la décision, comme il y a un temps de l'exécution. Or, la prise en compte du temps de la décision fait immédiatement apparaître une nouvelle contrainte, qui découle de l'utilité plus ou moins grande pour l'acteur de sa décision suivant le moment où il la prend.

2.1. Temps et utilité de la décision et le concept de contrainte temporelle

L'existence d'une contrainte temporelle pour toute décision économique, signifie que toute décision doit prendre place entre un certain moment où cette action devient matériellement possible (réception des signaux) et un autre moment où son utilité pour l'agent disparaît. C'est une conséquence directe des hypothèses de non-réversibilité du temps que l'on a faites au début de ce chapitre. La raison de la disparition de l'utilité potentielle de la décision peut varier, et cette disparition n'est pas nécessairement systématique. Si la consommation est ainsi un phénomène général et atemporel, une consommation particulière ne saurait être indéfiniment retardée (sous peine, par exemple, de mourir de faim). Une décision d'investissement non plus ne saurait être indéfiniment retardée, sous peine de perdre de son sens, même si l'investissement en tant que phénomène macroéconomique peut être assimilé à un flux continu. Par ailleurs, si on admet que les préférences peuvent se modifier avec le temps, l'utilité subjective d'une décision dépend directement de la rapidité à prendre cette dernière.

Pour explorer plus à fond ce que signifie cette contrainte temporelle, on va délibérément se placer dans un cadre en conformité avec le modèle néoclassique. On suppose donc que les décisions doivent être prises dans des cadres concurrentiels. Cependant, on suppose que les décisions ne sont pas simultanées et que, en conséquence, le premier à se décider peut espérer un gain résultant de l'antériorité de sa décision. Pour le reste, on admettra que les signaux sont les mêmes pour tous les agents, qu'ils sont perçus au même moment, et que le menu des décisions potentielles dont chaque agent dispose est le même. Les seules clauses de réalisme ici introduites se limitent donc à admettre qu'il soit possible de décider de manière échelonnée dans le temps et que ceci puisse être source d'utilité (refus de la contrainte de simultanéité des décisions), mais aussi l'hypothèse que les capacités décisionnelles des agents puissent ne pas être identiques (refus de l'hypothèse d'homogénéité).

La contrainte temporelle dans ce contexte signifie que, entre le moment où les agents reçoivent un signal (reçoivent et non perçoivent car le temps nécessaire pour décrypter le sens et la pertinence du signal et le transformer en une information pertinente sera incorporé dans la contrainte temporelle), et le moment où l'action correspondant à cette information conservera un sens, le délai est fini.

Cette idée peut alors être développée de la manière suivante. On suppose que pour chaque décision à prendre, il existe une collection de choix possibles parmi lesquels l'agent ne connaît pas *a priori* lequel est le meilleur. S'il prend une décision au hasard, il court le risque de tomber sur le plus mauvais des choix possibles, impliquant une certaine désutilité. Pour pouvoir établir un classement parmi les différents choix possibles, il doit acquérir ou accumuler des connaissances, processus dont le coût est croissant en fonction du temps. On se contentera pour l'instant de cette représentation purement quantitative tout en signalant qu'elle est profondément réductionniste.

La question posée devient donc alors la suivante : peut-il accumuler suffisamment d'éléments dans le temps imparti pour que la décision ait un sens, en sorte que cette dernière soit fondée sur un calcul économique (et donc une représentation probabiliste du futur) et non sur un simple pari. Le fait qu'une décision donnée perde de son utilité rapidement en fonction du retard dans la prise de décision est lié à l'accroissement de la concurrence sur le marché concerné par la décision à prendre. Plus la concurrence est forte et plus la probabilité qu'un autre agent puisse très rapidement arriver à une « bonne » décision le premier, réduisant ainsi fortement l'utilité des décideurs suivants, devient forte.

Une formulation simple de la contrainte temporelle nous conduit donc à la conclusion que tout accroissement du degré de concurrence sur un marché donné se traduit par un raccourcissement du temps imparti pour qu'une décision conserve sa signification. Ce durcissement de la contrainte temporelle signifie qu'un nombre croissant d'agents devront choisir entre sortir du jeu (ne pas décider) ou prendre une décision avant d'en avoir calculé la totalité des implications ; ils seront contraints de passer d'une situation de risque à une situation d'incertitude. Loin de favoriser les conditions de la décision, la concurrence ici apparaît comme un obstacle à cette dernière.

Supposons encore que le décideur soit sensible moins au résultat qu'il escompte qu'au meilleur comme au pire des résultats que son choix peut engendrer[1]. Ces résultats donnent lieu à des courbes d'utilité évoluant avec le temps, où l'utilité comme la désutilité diminuent avec la durée entre le déclenchement du processus et la prise de décision. Cela revient à considérer que, pour tout moment pris à partir de l'origine, la décision a une utilité maximale potentielle (si la meilleure décision est prise) et un risque potentiel (si la plus mauvaise décision est prise). Ce risque diminue dans le temps, ce qui est ici une simplification d'une formulation plus complète où l'on dirait que la probabilité de la prise d'une mauvaise décision diminue avec le temps et l'accumulation des connaissances.

Si on introduit ici l'idée d'une recherche des connaissances nécessaires à l'exploitation du signal, et si cette recherche a un coût, que l'on pose croissant avec le temps, il existe une durée au-delà de laquelle même le meilleur des choix possibles n'est plus intéressant. Pour ce niveau, où le coût est égal à l'utilité de la décision, il se peut qu'il ne soit pas encore possible pour l'agent de prendre « la » bonne décision sur la base d'une évaluation de l'ensemble des possibilités, mais, même si c'était possible, la décision n'aurait plus aucun intérêt pour l'agent.

Par rapport à un concurrent qui serait en mesure de prendre une décision plus rapidement, le décideur considéré subirait une perte d'utilité. Cette perte d'utilité relative ne remet pas en cause la validité de la décision instantanée pour le décideur, s'il dégage malgré tout un solde positif. En dynamique toutefois, si cette perte se répète régulièrement, elle traduit alors un avantage comparatif du concurrent qui peut se traduire en des capacités d'accumulation

1. En prenant ici en compte une focalisation sur le couple meilleur/pire dans la décision, on rejoint la démarche initiée par G.L.S. Shackle sur la focalisation binaire. Voir G.L.S. Shackle, *Expectations in Economics*, Cambridge, Cambridge University Press, 1949.

supérieures et ainsi un processus cumulatif d'écart dans les capacités à prendre les décisions. La signification de la perte relative d'utilité change ainsi suivant qu'on considère une décision unique ou une série de décisions répétées. Dans un cadre séquentiel, il y a un fort risque qu'un désavantage initial devienne rapidement cumulatif, avec des implications dépassant largement celles de la perte d'utilité initiale.

Comme pour l'instant nous sommes restés dans le cadre néoclassique, l'objectif supposé de chaque agent doit être la maximisation de l'utilité nette. Cependant, ici, elle passe soit par une minimisation du temps nécessaire à la prise de décision, soit par une baisse du coût des connaissances imputable sur l'utilité dégagée par cette décision. L'introduction de la notion de contrainte temporelle permet donc de montrer, dans un cadre néoclassique, que les agents ont en réalité plus d'une stratégie possible, résultat déjà contradictoire avec la TEG. L'identification de ces deux stratégies a, de plus, des conséquences importantes pour notre représentation des marchés et des comportements des agents.

La minimisation du temps de la décision à laquelle l'agent est contraint sous peine de voir ses concurrents tirer plus d'utilité que lui de la décision est liée à une accentuation du degré de concurrence. Mais moins l'agent peut disposer de temps pour décider et plus grand est le risque qu'il prenne une décision irréfléchie. Limiter la concurrence peut donc être nécessaire pour permettre des décisions d'une meilleure qualité.

On peut aussi imaginer de rendre plus rapidement disponibles aux agents les connaissances dont ils ont besoin pour interpréter le signal initial. Ce faisant, on modifie les conditions d'accès à l'information et à la connaissance et on s'approche de la seconde stratégie. Cette dernière peut donc être mise en œuvre soit par une mise à disposition de capacités étrangères aux agents (une intervention publique), soit en permettant aux agents de réutiliser, lors d'une décision présente, les connaissances acquises pour des décisions passées. Garantir la pérennité de l'environnement décisionnel, en assurant la stabilité de certaines variables comme le niveau de demande, permet d'assurer une redéployabilité des connaissances antérieurement acquises dans une série de décisions successives. À cet égard, la redéployabilité des connaissances, leur capacité à être utilisées à nouveau en tout ou partie, à s'appliquer dans un nouveau contexte, peut aussi se transformer en élément de l'avantage compétitif.

Cette conséquence de la contrainte temporelle prise dans sa forme la plus simple a pour résultat de modifier notre représentation des routines face à des processus conscients de maximisation. En effet, la réutilisation de connaissances antérieures pour de nouvelles décisions, ou le redéploiement de structures d'analyse pour de nouvelles décisions ne sont que des manières savantes pour désigner des routines. Ces dernières peuvent être plus efficaces que le calcul permanent auquel l'agent économique de la TEG est supposé se livrer. La notion de contrainte temporelle permet de rejoindre les travaux de Herbert Simon sur la décision.

Dans la vie réelle, la capacité d'innovation des agents ajoute en permanence des situations supplémentaires au catalogue issu des expériences précédentes. Il en résulte que « si les alternatives dans une situation de choix ne sont pas données mais doivent être découvertes ou inventées, et si le nombre des alternatives possibles est très élevé, alors un choix doit être fait avant que toutes les alternatives possibles aient été examinées [1] ».

Dans ces conditions, l'optimisation doit être remplacée par la satisfaction : le décideur choisit la première interprétation satisfaisante du point de vue des règles de recherches et d'évaluation qu'il s'est données et qui résultent de son caractère, de son expérience et de son éducation. L'importance de la notion de *satisficing* proposée par H. Simon résulte de cette prise en compte d'une incapacité à tout calculer.

2.2. Contrainte temporelle, routine et décisions liées

Reprenons alors ici le cours du raisonnement de base de l'Équilibre Général pour montrer qu'il aboutit à un résultat paradoxal. Les agents économiques sont réputés soumettre toute décision à un calcul économique, au sens d'un arbitrage coût/efficacité. Soit. Mais il faut alors admettre que la décision de soumettre un choix au calcul est elle-même susceptible d'être soumise au même calcul. En effet, comme le fait de tenter d'évaluer les conséquences d'une décision est coûteux, et que le coût peut, on vient de le voir, annuler l'utilité nette de la décision, chaque agent est alors placé

1. H.A. Simon, « Theories of Bounded Rationality », *in* C.B. Radner et R. Radner (ed.), *Decision and Organization*, Amsterdam, North Holland, 1972, pp. 161-176, p. 168.

devant l'alternative de calculer ou d'agir sans calculer. Si une décision a déjà été prise dans le passé et si son résultat est réputé satisfaisant, le coût du calcul nécessaire pour tenter d'améliorer la décision peut s'avérer supérieur au gain que l'on obtient en répétant *immédiatement* la décision. Il faut pour cela supposer que l'environnement ne s'est pas modifié ou, plus subtilement, que l'agent n'a pas perçu ce qui pourrait lui faire penser que l'environnement s'est modifié. La contrainte temporelle est donc un bon argument pour justifier l'existence de comportements routiniers conçus non comme un refus des individus de se plier aux règles du calcul mais au contraire comme le résultat d'un calcul rationnel. La routine est ici une forme de réutilisation des connaissances constituées pour une décision antérieure, qui se traduit par un gain en utilité nette.

Routine et calcul ne s'opposent pas nécessairement de manière inconciliable. En fait, la notion de contrainte temporelle permet de montrer que routines et calculs sont complémentaires dans la vie réelle.

Supposons non plus une décision unique et répétée, mais que l'agent concerné doive prendre simultanément une série de décisions différentes. Parmi elles on trouve une catégorie de plusieurs décisions aux résultats potentiellement importants mais impliquant une dépense tout aussi importante en matière d'acquisition et de constitution des connaissances. Il devient alors rationnel pour l'agent de confier à des routines le plus de décisions possible hors celles que l'on vient d'évoquer afin de pouvoir se concentrer sur les plus importantes. Ainsi, la prise en compte du caractère fini des capacités de calcul et d'évaluation des individus a pour conséquence d'induire une dialectique entre la décision soumise à calcul et celle laissée à la routine, au lieu de les présenter comme des oppositions antinomiques. Si un individu doit réaliser dans un temps déterminé un certain nombre de décisions, il est logique qu'il réserve à celles qui lui semblent les plus importantes toute son attention, et donc, pour ce faire, qu'il s'en remette à des routines pour les autres.

Ajoutons ici un autre cas de figure, celui des chaînes de décisions liées. Supposons que l'agent soit confronté, parmi l'ensemble des décisions qu'il doit prendre, à une catégorie de décisions liées, chacune définie comme une sous-collection où les décisions ultérieures ne peuvent être prises qu'une fois réalisée la décision initiale. Les décisions de niveau 1 dans chaque collection deviennent des décisions prioritaires qui justifient directement une concentration des capacités cognitives, au détriment de l'autre catégorie de décisions non liées. On peut alors réaliser que l'existence de décisions liées, particulièrement forte dans le monde industriel, est une justification supplémentaire aux routines. La flexibilité décisionnelle, au sens du refus des routines, loin de pouvoir être considérée comme un paradigme central de la décision économique, ne doit en réalité être considérée qu'à travers ses interactions et sa complémentarité avec les comportements routiniers.

Les phénomènes de routine sont d'autant plus importants que le nombre de décisions simultanées que les agents ont à prendre est élevé tout comme le coût d'accumulation et de constitution des connaissances pour chaque décision est élevé. Ils mettent l'accent non pas sur l'évolution générale de certaines variables économiques, mais sur le moment où ces variables dépassent ou ne dépassent pas certaines valeurs critiques qui n'ont d'autres fondements que la place qu'elles occupent dans les représentations des agents.

2.3. De l'action à son résultat

Dans le premier chapitre, on a vu que la TEG supposait un agent qui soit un automate et impliquait une confusion entre décision et action. Le rejet de la TEG conduit alors à s'interroger sur la signification du délai qui va s'écouler entre la décision et l'action. Toute décision repose donc sur une certaine vision de l'avenir, qui peut, suivant les situations et les agents, relever de l'univers probabiliste ou au contraire de l'incertitude. La distinction entre le délai *ex ante* (le temps de la décision) et le délai mesuré *ex post* (le temps de l'action) est ici essentielle. Elle introduit plusieurs problèmes distincts.

Le premier est celui du temps durant lequel les agents sont prêts à attendre les effets de leur décision. C'est, en particulier dans le cas des stratégies d'investissement, la question du choix entre des projets ayant des délais de maturation plus ou moins longs. Or ce choix et plus particulièrement les conditions de ce choix ont des conséquences importantes quant aux instruments de politique économique dont on peut se doter. Il faut tout de suite ajouter que la notion de délai de maturation d'un investissement a deux sens. Il y a, et c'est ce qui nous occupe ici, le délai entre un investissement et le dégagement du profit attendu qu'un investisseur est prêt à supporter. Mais il y a aussi des délais techniquement définis, en fonction de la nature des activités, et qui peuvent fortement varier d'une branche à l'autre.

Le délai que l'agent doit être prêt à accepter doit être au moins égal au délai technique. Mais le premier délai, que l'on peut qualifier de *délai spéculatif*, dépend fortement de la vision du futur qui est propre à l'agent ainsi que de son goût, ou de son aversion, pour le risque. Si l'agent économique considère que l'avenir est prévisible, il peut utiliser les taux d'intérêt à long terme pour planifier sa décision. Il se livre donc à un calcul, et ce dernier peut être affecté par le niveau des taux d'intérêt tout comme par le poids des décisions antérieures. Le risque est ici envisagé d'un point de vue quantitatif.

C'est la base de la théorie de l'investissement chez Kalecki par exemple. Pour ce dernier, dans la réalité, la décision d'investir est rarement une décision unique ou la première d'une chaîne de décisions. Elle dépend des investissements antérieurs dont on ne peut supposer qu'ils soient remplacés à chaque période. En conséquence, le fardeau du risque est porté non sur le seul investissement de la période, mais sur l'ensemble des engagements de la firme. Il en résulte que « le plan d'investissement d'aujourd'hui doit être tel qu'il pousse l'ensemble des engagements jusqu'au point où le risque marginal est égal à la différence entre le taux de profit marginal et le taux d'intérêt[1] ».

Si, par contre, survient un événement qui lui fait penser que l'avenir n'est plus prévisible, ou plus précisément qu'il ne sait plus le prévoir, cet agent cesse d'être sensible à une variable quantitative, comme le niveau des taux d'intérêt. Il cherchera des avantages qualitatifs, par exemple la liquidité de son investissement. Dans ces conditions, faire baisser le taux d'intérêt a peu d'influence sur le comportement de l'agent. L'important n'est plus un prix ou un coût, mais la réduction la plus rapide du *délai spéculatif* au point où ce dernier peut devenir incompatible avec les délais techniques des activités productrices. Admettre donc que la décision, l'action et le résultat de cette dernière ne peuvent être

---

1. M. Kalecki, *Essays in the Theory of Economic Fluctuations* (1939), rééd. *in* J. Osiatynski (ed.), *Collected Works of Michal Kalecki*, Oxford, Clarendon Press, 1990, vol. I, pp. 233-318, p. 292.

confondus revient à admettre la place essentielle des basculements des anticipations.

La contrainte temporelle s'exprime alors avec une force renouvelée quand, pour des raisons justes ou mauvaises, les agents considèrent qu'ils ne peuvent plus prédire le futur. La contrainte temporelle se manifeste alors sous la forme de la dictature du *délai spéculatif* sur toute autre temporalité économique ou technique.

Le keynésianisme universitaire et gouvernemental ignore ce que l'incertitude implique quant à la modification de la perception du temps pour les agents. Il revient à George Shackle d'avoir relevé l'incohérence formelle que cette notion limitée de l'incertitude introduit dans un univers keynésien : « Quand la connaissance devient particulièrement illusoire, on recherche l'argent plus que des actifs spécialisés et donc vulnérables. On vend donc ces actifs, provoquant ainsi la baisse de leur prix, et il n'est désormais plus rentable de les produire, il n'est donc plus rentable d'investir et d'employer des travailleurs. Si Keynes avait été fidèle à Cantillon, il se serait libéré de la croyance qu'un employeur offrira toujours un salaire égal au produit marginal de la valeur produite par l'emploi existant car il doit embaucher d'abord pour ne vendre qu'après et ne peut donc être sûr de ce que sera ce produit marginal[1]. »

Il me semble cependant que la critique de Shackle vise plus les keynésiens que Keynes lui-même. Plus précisément, on peut se demander si Keynes n'a pas volontairement limé certaines de ses intuitions dans la *Théorie générale*, tout simplement pour éviter un mouvement de rejet.

Dans un article ultérieur, Keynes explique que la comparaison entre le taux d'intérêt et l'efficacité marginale du capital ne constitue pas un calcul rationnel sur lequel la décision d'investissement devrait être basée, mais une procédure « qui nous sauve la face en tant qu'hommes économiques rationnels[2] ». Autrement dit, c'est la disposition à accepter le risque qui détermine l'investissement et non pas un calcul économique, si les agents considèrent que domine l'incertitude. Le concept de contrainte temporelle permet de donner une explicitation de cette formule et de la rupture, de

1. G.L.S. Shackle, *Business, Time and Thought. Selected Papers of G.L.S. Shackle*, New York, New York University Press, 1988, p. 43.

2. J.M. Keynes, *Collected Writings. The General Theory and After, IIe partie : Defence and Development*, vol. XIV, Londres, Macmillan, 1973, p. 114.

fait, qu'elle implique avec une lecture trop littérale de la thèse de Wicksell.

Ceci montre pourquoi le taux d'intérêt ne peut être la variable unique contrôlant et harmonisant les temps d'action (et non plus de décision) des agents. Par ailleurs, le cadre théorique que l'on vient de présenter a aussi un pouvoir explicatif important quant à des évolutions économiques contemporaines. Il fournit un cadre explicatif au blocage de l'investissement au Japon en 1997-1998, alors que les taux d'intérêt sont tombés à 0,5 %. Le keynésianisme des économistes standards, cet ersatz qui ignore l'incertitude et l'économie séquentielle, est incapable d'expliquer un tel blocage.

La notion de *délai spéculatif* combinée avec la contrainte temporelle permet de fournir une explication cohérente à la trappe à liquidité de la théorie keynésienne. Il devient alors possible de comprendre la présence d'un effet de cliquet fondamental dans les politiques utilisant comme moyen d'action le taux d'intérêt. Une hausse de ce dernier va certainement compromettre l'investissement, mais une baisse des taux n'est pas suffisante pour le relancer. On retrouve ici le cœur du débat qui opposa au début des années 30 Keynes à Hayek. La position du second quant au rôle directeur du taux d'intérêt, qui fonde sa volonté, à l'époque, de *neutraliser* la monnaie, implique des hypothèses très fortes à la fois sur la perception du futur par les agents et sur l'homogénéité de leurs comportements, en particulier dans la distinction quant au risque. Si on considère ces hypothèses comme excessives, ce qui était l'opinion de Keynes et devint la position de Hayek à partir de la fin des années 30, alors le rôle du taux d'intérêt doit être relativisé par rapport à d'autres instruments, comme par exemple la stabilisation des anticipations. Ceci nécessite de penser des institutions et des mécanismes extérieurs au marché qui vont jouer quand le taux d'intérêt cessera d'être une variable pertinente.

2.4. Temps de la décision et articulation entre micro et macroéconomie

Comme pour le temps de l'action, la question du temps de la décision souligne une articulation nécessaire et spécifique entre micro et macroéconomie. Elle prend ici la forme de la contrainte temporelle. Toute théorie économique réaliste doit faire sienne l'affirmation que le temps exerce une contrainte sur les agents et que cette contrainte modèle les comportements. Ceci pose le problème des effets réels de la concurrence et de l'articulation entre un délai technique et un *délai spéculatif* dans les comportements d'investissement. Les exemples sur l'investissement sont ici très clairs. L'impact des représentations du temps sur les agents individuels a des effets macroéconomiques très importants. Mais, ces représentations individuelles du temps et des délais ne se forment pas au niveau de l'individu. Elles sont déterminées, ici encore, par des ensembles d'institutions, de règles et d'interventions publiques.

Les agents individuels prennent des décisions d'autant meilleures qu'ils peuvent opérer dans un environnement stabilisé. Cette stabilisation leur permet de déployer des routines qui économisent une capacité de calcul limitée. Ainsi, soumettre un agent à une flexibilité totale, détruire ses routines, c'est avoir la garantie qu'il prendra de mauvaises décisions. Cette stabilisation de l'environnement permet aussi d'éviter la dictature du *délai spéculatif*, et en particulier sa forme moderne, la fuite vers la liquidité diversifiée qui caractérise les économies dominées par les marchés financiers. Les investissements les plus productifs sont en général les moins liquides. La division du travail elle-même implique une spécialisation des actifs qui se paie d'inévitables rigidités. Or, le paradigme central de l'opérateur sur un marché financier c'est justement la liquidité la plus complète, c'est-à-dire, dans ce contexte précis, le refus de tout engagement dans un actif spécifique, soit le refus de la division du travail.

Encore une fois, les autorités publiques sont ici au pied du mur. Si elles se refusent à limiter l'accès à la liquidité, elles doivent exercer un contrôle suffisant sur la conjoncture économique pour que le futur paraisse prévisible aux agents. Elles doivent piloter le degré de concurrence sur différents marchés afin que la décision décentralisée puisse être efficace et elles doivent intervenir de manière à protéger les routines nécessaires au déploiement du calcul pour certains types de choix. Et, si elles ne peuvent exercer un tel contrôle, alors elles doivent freiner par tous les moyens possibles la faculté pour les agents d'avoir accès à des actifs liquides, limitant par des réglementations appropriées la manifestation de la contrainte temporelle par la défection spéculative. On ne peut, sans mentir effrontément, prétendre avoir simultanément dans le moyen et le long terme des marchés financiers ouverts et une déréglementation générale, un abandon des politiques de contrôle sur la demande, et un niveau élevé d'investissements productifs, et par conséquent le plein emploi.

3. LE TEMPS, LE MARCHÉ ET L'ÉCONOMIE DÉCENTRALISÉE

Prendre le temps au sérieux implique alors de revenir sur ce que le marché peut signifier dans une économie décentralisée. Une fois que l'on a renvoyé aux fameuses poubelles de l'histoire et le mythe du planificateur central omniscient, et celui du marché réduit à un gigantesque mécanisme d'horlogerie (qui implique en réalité de croire en un Horloger suprême), la question de la coordination de décisions décentralisées et de la mise en cohérence de leurs effets est bien la question centrale de l'économie. Or, ce que nous dit une réflexion sur le temps, celui de l'action comme celui de la décision, c'est que les comportements décentralisés ont besoin d'une action centralisée.

Le marché ne peut par lui seul engendrer les appréhensions stabilisées et convergentes du futur nécessaires à l'économie de marché. On revient ici sur le problème de la connaissance, qui est la base de toute théorie de l'économie. Contrairement même à ce que prétend l'économie de l'information — tentative pour sortir la TEG de son irréalisme —, le problème posé aux agents n'est pas d'acquérir de l'information, il est de pouvoir traiter cette dernière en temps limité. Herbert Simon l'exprime dans la phrase suivante : « Dans un monde où l'attention est une ressource rare, l'information peut être un luxe coûteux, car elle détourne notre attention de ce qui est important vers ce qui est secondaire[1]. »

3.1. La surprise

Considérer que les signaux, les informations ne sont pas directement intelligibles et contiennent d'emblée une vision du monde implicite à l'opérateur, ce qui justifie de partir de la connaissance

1. H.A. Simon, « Rationality as a Process and as a Product of Thought », *American Economic Review*, vol. 68, 1978, n° 2, pp. 1-16, citation p. 13.

et non de l'information, représente une rupture nette avec la pensée dominante en économie, et pas seulement la Théorie de l'Équilibre Général. En fait, ce courant dominant, qui comprend aussi bien les néoclassiques traditionnels et modernes (l'école des anticipations rationnelles) que les néokeynésiens, reste engoncé dans une démarche profondément marquée par le positivisme. Qu'on le veuille ou non, une vision de l'économie fondée sur la notion d'information, parce qu'elle suppose une intelligibilité directe du monde, conduit toujours à des hypothèses très fortes, soit sur la simplicité de ce monde et son homogénéité, soit sur les capacités cognitives des agents, soit enfin sur une dimension immanente de leurs comportements, la fameuse hypothèse de rationalité.

Partir au contraire de la connaissance signifie prendre au sérieux la position méthodologique du choix du réalisme critique.

La question essentielle devient celle du classement et de la hiérarchisation des informations, à l'intérieur de procédures contraintes à la fois par les capacités de calcul des agents et par le temps qui leur est imparti. La constitution de routines devient alors essentielle. La supériorité du bon décideur sur un concurrent tient moins à la richesse du catalogue d'évaluation du premier qu'au fait qu'il est capable de détecter à travers des mouvements simples des structures familières. Dans ces conditions, un acteur sera particulièrement sensible à un signal discordant. Il pourra soit l'occulter complètement, soit au contraire lui donner une priorité de traitement. Pour comprendre ce possible basculement, il faut alors faire appel à la notion de dissonance cognitive. Cette dissonance, qui se manifeste par exemple sous la forme de la surprise, joue un rôle décisif dans le comportement de l'agent. Il peut refuser la dissonance en refusant de percevoir le signal ou en refusant les interprétations du signal qui conduisent à l'interprétation impliquant la dissonance, tout comme il peut chercher à réduire cette dernière en faisant évoluer sa perception du monde et en remettant en cause ses certitudes et ses règles de conduite. La réaction à la dissonance cognitive, à la surprise, dépend aussi largement du contexte collectif dans lequel l'agent est plongé[1].

Prendre le temps au sérieux, c'est donc aussi admettre une théorie de la connaissance qui fasse sa place aux dimensions subjecti-

1. G.L.S. Shackle, « The Romantic Mountain and the Classic Lake : Alan Coddington's Keynesian Economics », *Journal of Post-Keynesian Economics*, vol. 6, n° 1, 1983, pp. 241-257.

ves de cette dernière. Le balancement entre certitude et surprise est essentiel pour comprendre les retournements de comportement des agents, avec les conséquences macroéconomiques qui peuvent en découler.

3.2. La conception séquentielle de l'économie et ses conséquences

Le cœur des mécanismes ici étudiés est fondamentalement leur nature séquentielle et donc l'existence de liens de cause à effet entre le passé et le futur. Or c'est justement cette nature séquentielle que la TEG refuse et ne peut intégrer, quels que soient les efforts de ses défenseurs. Affirmer la nature séquentielle de l'économie revient à affirmer l'importance des décisions intertemporelles ou des contrats intertemporels, comme on les a analysés dans la première section de ce chapitre.

Seulement, il faut avoir le courage et la cohérence d'en tirer les conséquences. Si l'économie est bien décentralisée, autrement dit s'il n'existe nul mécanisme humain ou divin pour assurer *ex ante* la cohérence des décisions et de leurs effets, alors les transactions intertemporelles ne peuvent fonctionner sur la seule base du marché.

La leçon que l'on peut en tirer est que l'existence d'un lien entre le rendement marginal du capital et le taux d'intérêt que postule la pensée économique dominante, que ce lien soit de nature régulatrice ou indicatrice, suppose des agents en mesure d'avoir une perception probabiliste du futur. Cela correspond certainement à ce que les anciens économistes appelaient « l'état normal des affaires », soit une situation marquée par une grande stabilité des comportements, des préférences et des choix offerts aux agents. Cet « état normal » est à l'évidence une description du court terme, dans une situation de stabilité économique. Dans le long terme, on peut raisonnablement supposer que les préférences comme les choix vont changer, à moins de supposer un univers stationnaire. Si la situation est instable, en période de crise, les comportements seront affectés et deviendront instables. On est alors confronté à une situation paradoxale. Le concept du taux d'intérêt comme instrument indicateur ou régulateur des décisions n'est applicable qu'à des situations où, de fait, la simple reproduction des décisions précédentes suffirait, c'est-à-dire que l'on n'y aurait pas réellement besoin d'instruments de décision.

Ici commence une deuxième synthèse entre le temps de la décision et le temps de l'action. La capacité à retarder une décision est essentielle pour l'allongement de la durée de l'action dans la mesure où elle permet de repousser, partiellement du moins, les effets de l'incertitude. Or, si on suppose que l'efficacité du produit final dépend largement de la durée et de la complexité du processus qui lui donne naissance, une économie qui serait soumise à la loi de l'instantanéité pourrait bien être d'un point de vue dynamique une économie inefficace, même si elle est à chaque décision efficiente. La prise en compte réaliste du temps conduit alors à une reformulation du théorème du *second best* évoqué dans le premier chapitre. L'efficience globale d'une économie conçue comme un système ne provient pas nécessairement de la somme des efficiences locales. Accroître l'efficience en un point peut aboutir à détériorer le résultat de l'ensemble.

La capacité à prendre une « bonne » décision dépend dans ce contexte de plusieurs variables, comme l'acuité de la concurrence ou la nature plus ou moins redéployable des connaissances nécessaires, qui pèsent l'une et l'autre sur les pertes d'utilité relatives, dont on a vu qu'elles étaient des éléments constitutifs de l'avantage ou du désavantage d'un agent par rapport à un autre. On constate alors qu'un degré très élevé de la concurrence peut, comme dans le raisonnement du *cobweb*, contribuer à l'inefficacité globale de l'économie. En obligeant les agents à se décider très vite, ce degré élevé de la concurrence impose de ne pas attendre la constitution des connaissances nécessaires et donc d'opérer sous incertitude. À moins de postuler que les agents sont systématiquement favorables au risque, cela induit une contraction du temps de l'action (sous la forme du délai de maturité de l'investissement), contraction qui devient très sensible à toute hausse du taux d'intérêt. Cette contraction conduit alors à éliminer les projets les plus complexes, ce qui est à terme dommageable pour la totalité des agents. Une analyse de la spécificité des temps de l'économie fait émerger une contradiction entre le principe de la concurrence et celui de la division du travail.

Partir de l'imperfection, de la limitation des capacités cognitives des agents est fondamental pour penser les processus d'action et de décision. Ceci a des conséquences importantes ; en particulier, cela signifie que les décisions sont presque toujours à prendre sans que l'on puisse maîtriser la totalité des tenants et aboutissants du problème, non pas parce que cela serait matériellement impossible, mais tout simplement parce que l'on ne peut indéfiniment retarder une décision. Les décisions à prendre doivent découler de procédures respectant la contrainte temporelle. La supériorité d'une décision instantanément applicable sur une décision théoriquement optimale en découle. On peut retrouver ici un résultat mis au jour par Herbert Simon quant aux situations d'incertitude. Il est souvent préférable de choisir la meilleure procédure de choix (rationalité procédurale) que le meilleur résultat (rationalité substantielle). La notion de contrainte temporelle a aussi pour résultat d'éliminer des procédures possibles celles qui impliquent des délais non maîtrisables ; elle entraîne un pivotement du critère d'évaluation, de la notion d'efficience (le meilleur choix en fonction des ressources utilisées) à la notion d'efficacité (le choix qui garantit l'obtention du résultat voulu dans un délai considéré). Compte tenu de la combinaison des contraintes de rareté et de temps, la bonne décision économique est celle qui vérifie le critère d'efficience au sein du critère d'efficacité.

Une troisième synthèse entre les conséquences du temps de la décision et du temps de l'action met au jour le problème de l'instabilité fondamentale de la relation contractuelle comme lien entre agents libres et décentralisés. C'est bien la prise en compte du temps qui montre l'importance de l'asymétrie entre le « joueur en premier » et le « joueur en second ». C'est aussi l'irréductible incertitude provenant du délai entre décision d'agir et matérialisation du résultat de la décision, dans un univers qui n'est pas stationnaire, qui interdit toute compensation ou stabilisation de cette asymétrie trouvant une source spontanée dans la relation contractuelle. Cette dernière n'est tout simplement ni temporellement efficace ni probablement temporellement efficiente. La relation contractuelle ne gagne en efficacité comme en efficience que par le biais de ce qui l'entoure, de garanties internes aux organisations ou de garanties apportées quant aux évolutions de l'environnement dans lequel ces organisations s'inscrivent. Non seulement la relation contractuelle ne saurait être fondatrice (elle n'engendre pas les conditions de sa stabilité) mais elle est même largement dépourvue de sens si on la considère hors de son contexte. Une théorie de l'action humaine en société ne peut prétendre se fonder sur le contrat qu'à condition de nier le temps ou de présupposer des déterminismes forts (la nature humaine) permettant de réduire les acteurs humains à l'état d'automates programmables.

Une telle approche permet et nécessite de refonder la légitimité et la nécessité de l'action publique. On retrouve, à partir d'un cheminement différent, le résultat des deux premiers chapitres. Ce que montre une prise en compte réaliste des temps de l'économie aboutit au même résultat que l'analyse du problème de la commensurabilité dans un univers hétérogène et que l'analyse des effets des externalités et de l'incertitude radicale sur le futur. Soutenir la nécessité de la construction d'espaces de controverses, de médiations et de traducteurs, montrer que les choix engageant l'avenir sont profondément politiques et non techniques, ce n'est pas autre chose que soutenir l'indispensable présence d'une action publique multiforme.

Cette dernière peut être précisée dans ses fonctions à travers l'analyse du temps. On montre qu'elle est une nécessité pour le bon fonctionnement de l'économie de marché, que ce soit sous la forme d'interventions visant à maîtriser la conjoncture (l'environnement de la décision) ou sous la forme d'une action réglementaire encadrant l'action des agents décentralisés. Mais l'action publique peut aussi être précisée dans sa forme. Ce qui vient d'être dit quant aux limites de la relation contractuelle s'applique tout autant à la sphère de l'action publique et politique qu'à celle de l'économie. L'action publique ne saurait être stable et efficace si elle repose uniquement sur l'équivalent d'un contrat, l'élection à intervalles réguliers de représentants. Elle impose, pour sa propre stabilité, de pouvoir se fonder sur autre chose, en particulier des mécanismes de participation collective et de contrôle politique (et non simplement technique ou juridique) régulier. La vision de la démocratie réduite à la liberté de vote et à la règle de droit, qui est le pendant en politique de la fétichisation de la relation contractuelle en économie, est insuffisante et largement inopérante. Elle ne peut conduire aux formes d'action publique que nécessite une économie décentralisée opérant dans un monde marqué du double sceau de l'hétérogénéité et de l'incertitude.

CHAPITRE IV

Les économistes aiment-ils l'argent ?

Qui fut le premier économiste ?
Christophe Colomb, car quand il partit il ne savait pas où il allait, quand il est arrivé il ne savait pas où il était, et il a fait tout ses voyages grâce à de l'argent qui n'était pas à lui.

La question de la monnaie est fondamentale quand on veut en même temps tirer les conséquences du rejet du postulat d'homogénéité et intégrer le temps. Or, et ce n'est pas le moindre de ses paradoxes, le discours économique dominant a du mal à penser les relations d'argent. En fait il balance entre deux extrêmes. Soit il est fidèle à la tradition néoclassique et considère ces relations comme négligeables, soit il en fait la pierre de touche de toute l'économie. À cet égard, il y a des années, Richard Portes avait montré combien les thèses monétaristes et celles de la planification centralisée sont voisines[1].

La manière dont chaque théorie économique tente de rendre compte de la monnaie est révélatrice de sa conception du monde économique. En simplifiant, on peut considérer que deux courants dominent. On a d'une part ceux qui se rattachent à une vision formaliste de la monnaie. Cette dernière est un instrument formel dont on peut se passer au niveau analytique. Ce formalisme renvoie à un non-lieu de la monnaie en économie. La force de ce

1. R. Portes, « Central Planning and Monetarism : Fellow Travelers ? », *in* P. Desai (ed.), *Central Planning and the Soviet Economy*, Cambridge (Mass.), MIT Press, 1983.

préjugé incite à se demander si les économistes, du moins ceux du courant dominant, n'ont pas une secrète détestation de l'argent similaire à celle de certains théologiens. En réaction, de très nombreuses analyses ont été développées depuis près d'un siècle. Certaines d'entre elles aboutissent alors à un essentialisme monétaire. La monnaie devient le pivot sur lequel tout repose, le lien dont tout dépend. Y toucher ne peut qu'engendrer des catastrophes. Formalisme et essentialisme se rejoignent dans leurs prescriptions. La politique monétaire active, celle qui use des manipulations monétaires pour peser sur les grandeurs réelles, est alors rejetée, dans un cas car inefficace et dans l'autre car potentiellement bien trop efficace et partant dangereuse. La critique conjointe du formalisme et de l'essentialisme monétaire est alors une tâche nécessaire pour progresser dans la direction d'une économie réaliste.

1. LA NÉGATION DE LA MONNAIE

La négation d'un rôle de la monnaie sur les variables réelles de l'économie, la limitation de ses seuls effets aux prix nominaux, est l'une des affirmations les plus centrales et les plus controversées de la pensée économique. Elle trouve son origine dans les travaux de l'économie politique classique du XVIIIe siècle. Sa forme canonique a été fournie par David Hume à travers la formulation suivante : si on suppose que le stock de monnaie (à l'époque d'or et d'argent) dans un pays puisse être doublé en une nuit, la richesse apparente de chaque agent est multipliée par deux. Comme le volume des biens et services disponibles ne saurait se modifier en si peu de temps, les prix vont doubler. Dès lors, la richesse réelle reviendra au niveau qui était le sien avant cette nuit fatidique. À travers Ricardo et Say, la position de Hume est devenue largement dominante, aboutissant à l'équation de Fisher censée montrer le lien entre stock de moyens de paiement et prix, pour une production et une vitesse de circulation données.

Cette affirmation est centrale à l'économie néoclassique et au monétarisme. La persistance de cette affirmation, en dépit des objections logiques que soulève immédiatement le raisonnement, indique que l'on est plus en présence d'un credo que d'une conjecture scientifique.

1.1. Le credo dominant

Ce dernier caractérise la TEG, qui retrouve ici les errements d'une partie de l'économie politique classique, la monnaie n'a aucune influence sur l'économie réelle. C'est la vieille dichotomie déjà exprimée par J.-B. Say entre le monde des biens et celui de l'argent. Elle se traduit aujourd'hui par trois affirmations qui structurent ce credo :

1. La monnaie ne crée pas de richesse.
2. La hausse des prix ne modifie pas les prix relatifs.
3. L'inflation est toujours et partout un phénomène macroéconomique.

Pourtant, la démonstration qui a fondé depuis maintenant près de trois siècles ce que l'on appelle la théorie quantitative de la monnaie repose néanmoins sur certaines hypothèses héroïques.

On doit supposer qu'un doublement de notre revenu se traduira par un doublement de notre demande de consommation sans changer la composition de cette dernière, ni la répartition entre consommation et épargne, pour que l'affirmation (2) soit vérifiée. Si au contraire de telles modifications survenaient, alors les niveaux relatifs de la demande pour les différents biens changeraient. Ceci entraînerait une modification des prix relatifs. Et si une modification des prix relatifs survenait, alors la répartition globale de la richesse dans le pays en serait aussi modifiée, invalidant alors l'affirmation (1).

La première supposition est très fragile dès qu'on l'envisage d'un point de vue réaliste. La hausse du revenu induit en effet partout une modification des comportements. Pour un partisan de la TEG, la solution réside dans une hypothèse connexe, celle des anticipations rationnelles. En effet, si les agents anticipent que le doublement de leur revenu nominal ne se traduira pas par un doublement de leur revenu réel, puisque les prix doivent doubler, ils ne modifieront pas la structure de leur demande. Or, comment peut-on supposer que l'on dispose au début d'une action de la connaissance résultant de son accomplissement ? On bute ici sur un amusant problème de circularité du raisonnement, problème qui est en fait consubstantiel à nombre des conjectures héritées de l'approche néoclassique.

Dans le premier chapitre, on a indiqué que J.-M. Grandmont avait montré, au sein de la TEG, qu'il fallait introduire l'hypothèse supplémentaire que les agents *croient* en la théorie quantitative de la monnaie. Si les agents croient à cette théorie, la monnaie ne peut cependant être escamotée que *s'ils apprennent tous simultanément* la nouvelle de la multiplication de la masse monétaire. En effet, si une partie seulement des agents apprend cette nouvelle et réagit en conséquence, les agents encore ignorants, qui maintiennent leur ligne de comportement antérieure, vont être désavantagés. Quand ils apprendront à leur tour la nouvelle, ils voudront compenser ce désavantage en sur-réagissant. Ceci peut alors donner naissance à un cycle auto-entretenu de hausse des prix, chaque groupe tentant soit de maintenir, soit d'annuler, le déséquilibre résultant de la dissémination imparfaite de l'information initiale. Dès lors ni (1) ni (2) ne sont vérifiées. Il faut multiplier à l'infini les conditions pour retrouver le résultat de la théorie quantitative d'une neutralité de l'inflation quant aux prix relatifs et à la distribution de la richesse.

Si l'accroissement de revenu n'est pas immédiatement dépensé, les producteurs peuvent donc s'attendre pour une période relativement longue à une demande supérieure à la demande initiale. Dans ce cas, et même si on était au départ en plein emploi des capacités, il peut être avantageux d'accroître le volume et pas seulement le prix de la production. Alors, la monnaie aura bien créé de la richesse, non pas immédiatement certes, la génération spontanée n'existe pas, mais en modifiant la perception du futur de certains agents.

Dans ces exemples, la monnaie est toujours exogène au reste de l'économie. Le problème est que, si tel était bien le cas, on ne saurait comprendre pourquoi elle existe, car on raisonne en réalité en économie de troc. On retrouve là le problème soulevé par les analyses de Hayek à la fin des années 20 et qui avaient motivé les critiques de P. Sraffa, que l'on a évoquées dans le deuxième chapitre. Bien entendu, ce ne serait pas grave dans un monde où le temps n'existerait pas (principe d'instantanéité), ou bien dans un monde où tous les agents posséderaient une connaissance parfaite non seulement de leur environnement mais du résultat futur de leurs interactions sur cet environnement. Malheureusement pour la TEG, le temps existe et la connaissance parfaite implique un univers purement homogène et stationnaire.

Les monétaristes, Patinkin et surtout Friedman, ont tenté de moderniser ce credo. Friedman, en particulier, a proposé une théorie où la neutralité à long terme de la monnaie se combinerait avec son impact sur les variables réelles à court terme.

Les thèses de Friedman peuvent se résumer de la manière suivante. La monnaie est demandée, et détenue, pour les services productifs et de sécurité qu'elle rend. De toutes les fonctions de comportement des agents, la fonction de demande de monnaie est de loin la plus stable. Enfin, si, sur courte période, la vitesse de circulation de la monnaie et les revenus réels varient de manière opposée, sur longue période on assiste à une stabilité de cette vitesse et à un impact des fluctuations de la masse monétaires uniquement sur les prix. Il s'en déduit que la politique monétaire ne saurait affecter l'équilibre de longue période, caractérisé par les valeurs dites « naturelles » de variables comme le revenu et l'emploi.

1.2. Les incohérences du credo monétariste

Le monétarisme soulève de nombreux problèmes de logique et de cohérence. Si on accepte l'affirmation de Friedman que l'on détient de la monnaie pour le service de sécurité qu'elle rend, alors le flux de ce service doit être proportionnel au degré d'incertitude régnant dans l'économie, et pas uniquement au stock de monnaie détenu.

Supposer une proportionnalité directe entre le service et le stock de monnaie signifie soit que le degré d'incertitude est constant, soit qu'il est prévisible *ex ante* ; mais alors, ce n'est plus de l'incertitude, et le service de sécurité que la monnaie est supposée rendre devient superfétatoire. Il y a là une première contradiction logique dans le raisonnement du père du monétarisme. Par ailleurs, supposer qu'un agent soit sensible au service de précaution que peut lui rendre un actif ne peut signifier que tous les actifs rendent le même degré de service dans l'ensemble des situations possibles. Si on n'est pas en univers stationnaire et si l'incertitude a un sens, la fluctuation de son degré devrait entraîner des modifications dans la répartition du portefeuille de l'agent entre les divers actifs susceptibles de lui assurer ce service de précaution. Par ailleurs, si on raisonne en termes de gestion de portefeuille, on doit intégrer la myopie des agents, comme l'a montré Arrow et développé Stiglitz[1] ; c'est une cause supplémentaire d'incertitude dans l'économie. Or, pour démontrer la neutralité à long terme de la politique monétaire dans le cadre proposé par Friedman, il faut que la proportion des différents actifs au sein du portefeuille de l'agent soit stable, ce qui devient ici incompatible avec les hypothèses de départ. On est alors en présence d'une seconde contradiction logique.

Un autre problème découle du fait que Friedman assimile dette privée et dette publique. Cela n'est logiquement possible que sous deux conditions : soit la dette publique est négligeable en montant, soit les agents ont, dès la première période, capitalisé l'ensemble actualisé des impôts nécessaires au financement de cette dette publique. Cette seconde condition implique néanmoins une hypothèse supplémentaire de stricte homogénéité des agents et, bien entendu, qu'ils aient une parfaite connaissance du futur ! Si tel n'est pas le cas, on démontre qu'une modification des prix modifie la répartition entre créanciers et débiteurs, résultat typiquement keynésien ! Mais, si une fluctuation des prix peut modifier cette répartition, alors le modèle utilisé par Friedman est susceptible de connaître une solution à équilibres multiples. Dès lors, on ne peut plus postuler des anticipations rationnelles car, comme on l'a indiqué dans le premier chapitre, les anticipations rationnelles n'ont de sens que si l'équilibre est unique. On ne peut donc plus supposer que les agents anticipent rationnellement l'évolution de la masse monétaire. Or, si on ne peut considérer la dette publique comme négligeable, même sous l'hypothèse des anticipations rationnelles, on ne peut plus montrer que la connaissance du niveau des prix se déduise de celle du stock de monnaie[2].

Admettons que les anticipations ne sont pas rationnelles et qu'il y a une incertitude (sans laquelle on ne peut comprendre la notion de service de précaution rendu par la monnaie). Il faut alors admettre que les conjectures sur le futur émises par les agents peuvent être affectées par le surgissement d'un événement imprévu, au

---

1. K.J. Arrow, « Optimal Capital Policy, the Cost of Capital and Myopic Decision Rules », *Annals of the Institue of Statistical Mathematics*, vol. 16, 1964. J. Stiglitz, « The Inefficiency of the Stock Market Equilibrium », *Review of Economic Studies*, vol. 64, n° 2, 1982, pp. 241-262.

2. J. Tobin et K. Buiter, « Long-run Effects of Fiscal and Monetary Policy on Aggregate Demand », *in* J. Stein (ed.), *Monetarism*, Amsterdam, North Holland, 1976, pp. 273-319.

sens utilisé par G. Shackle. Démontrer que, dans une logique séquentielle, on puisse spontanément converger vers un équilibre devient dans ces conditions extrêmement difficile.

En effet, on suppose que les conjectures sont le produit d'un apprentissage. Les agents émettent donc à chaque période des conjectures sur un espace N, dont, de période en période, la taille se réduit autour d'une solution (e), tant que n'est pas survenu un événement imprévu remettant en cause non seulement la conjecture mais sa logique de formation. Si la probabilité que survienne un événement imprévu est indépendante de N, alors les processus de convergence seront régulièrement interrompus. Si cette même probabilité est, en partie, liée à la taille de N, alors, sous certaines conditions du degré d'incertitude, on peut montrer que l'on a au contraire un processus divergent.

Au-delà des problèmes méthodologiques qu'il pose par sa référence à l'instrumentalisme, le monétarisme friedmanien souffre d'incohérences formelles et d'erreurs de logique. Elles sont suffisantes pour l'invalider d'un simple point de vue scientifique et le réduire à l'état d'imposture. Cela démontre l'extraordinaire faiblesse de la position dominante, tant chez de nombreux économistes universitaires que dans des institutions chargées de l'économie réelle comme la Banque de France, la Bundesbank ou le FMI, en ce qui concerne la monnaie. Rappelons que, dans ces institutions, on a pris comme indicateur de la politique monétaire la masse monétaire, ce qui ne peut se justifier qu'à partir du monétarisme.

Le système soviétique a été, en un sens, le lieu d'une répétition des erreurs monétaristes. Du temps de l'URSS, la doctrine officielle fut que la monnaie n'était qu'un instrument comptable, un outil de la planification. Pourtant, dès les années 30, il était clair que l'économie soviétique souffrait de désordres monétaires spécifiques. Les entreprises ne respectaient nullement les règles édictées par la Gosbank, et une forte inflation s'est même développée entre 1929 et 1932. Ces désordres n'étaient nullement le produit d'une phase d'apprentissage ; ils se sont reproduits de manière régulière, en particulier dans les années qui suivirent la Seconde Guerre mondiale. Le gouvernement soviétique a dû alors se doter d'une politique monétaire adaptée à cette situation, comme au début des années 50, quand il lui fallut consolider une forte dette interentreprises[1]. En un mot, la monnaie soviétique fut active,

1. J. Sapir, *Les Fluctuations économiques en URSS, 1941-1985*, Paris, Éd. de l'École des hautes études en sciences sociales, 1989.

même si ses formes d'activité ont été différentes de celles des monnaies occidentales.

Certains économistes soviétiques, confrontés à la réalité de leur propre système, ont abandonné le rêve d'une planification sans monnaie. Ils reconnaissaient que l'économie planifiée soviétique n'était pas un monde homogène. En 1935, le futur président du Gosplan, Nikolaï Voznesensky, pouvait écrire dans la revue officielle du Parti communiste, *Bol'chevik*, que l'hétérogénéité des capitaux impliquait l'usage de la monnaie [1]. Des états de la technologie et du savoir différents cohabitent pour chaque époque à travers le stock de capital. Dans ces conditions, il ne saurait y avoir de norme uniforme pour mettre en valeur ces capitaux.

Cette vision de la monnaie, d'une très grande modernité, n'a pas eu de conséquences importantes après 1945, en raison du sort tragique qui fut celui de Voznesensky. Cependant, il faut noter que, durant la guerre, le gouvernement soviétique, dont la politique économique fut dirigée par Voznesensky, fit usage de la monnaie pour gérer de manière efficace les déséquilibres issus de la mobilisation militaire [2]. Il est à cet égard instructif de constater que la planification soviétique fonctionna d'autant mieux qu'elle s'écarta de ses principes fondateurs entre 1941 et 1945 au nom de l'urgence de la guerre. On peut alors s'interroger sur ce que l'URSS serait devenue si, après la victoire, les expérimentations économiques et sociales du temps de guerre avaient été poursuivies et non abolies.

La transition nous offre ensuite un nouveau terrain d'interrogation quant à la pertinence des théories néoclassiques et soviétiques sur la monnaie. La Russie a connu une très forte inflation, qui a été progressivement jugulée en 1995 et 1996. Dans la logique d'une lecture fondée sur la théorie économique dominante, cela devrait s'interpréter comme un durcissement de la valeur du rouble, ce dernier devenant d'autant plus attractif que son prix relatif aux biens matériels augmente, avec le ralentissement de l'inflation.

L'examen des données disponibles montre deux tendances persistantes qui sont contradictoires avec l'idée d'une pleine réussite

---

1. N. Voznesensky, « O sovetskikh den'gakh », *Bol'chevik*, n° 2, 1935.

2. J. Sapir, « The Economics of War in Soviet Union in World War II », *in* I. Kershaw et M. Lewin (ed.), *Stalinism and Nazism. Dictatorships in Comparison*, Cambridge, Cambridge University Press, 1997, pp. 208-236.

de la stabilisation financière. En premier lieu, on assiste à un développement de la part du troc dans les échanges interentreprises. En 1992, la part du troc avait brutalement chuté à la suite de la libération des prix. Or, force est de constater que la part du troc dans les échanges s'est remise à augmenter régulièrement à partir du moment où le gouvernement russe a appliqué une politique monétaire plus restrictive, c'est-à-dire à partir de la fin de 1993. Le mouvement s'est même accéléré à partir de 1995 quand les taux d'inflation ont très significativement baissé pour atteindre, au premier semestre de 1998, près de 50 % des échanges interindustriels. Cela remet en cause l'interprétation traditionnelle du troc comme fuite devant la monnaie en raison d'une méfiance envers cette dernière liée à sa perte de valeur.

Un deuxième indicateur significatif est constitué par les résultats des études sur l'usage courant de la monnaie. Elles indiquent que dans une grande partie du territoire la population vit, ou survit, sans dépenser d'argent. En d'autres termes, que les relations économiques les plus simples ont été, elles aussi, démonétarisées. En novembre 1996, 29 % seulement de la population de Russie résidaient dans des régions dont la monétarisation était indiscutable, contre 43 % dans des régions démonétarisées.

Ainsi, la Russie nous offre un exemple d'une politique monétaire en apparence réussie, car faisant fortement baisser le taux d'inflation de 1993 à 1998, mais qui, d'un autre côté, provoque un abandon de la monnaie par un nombre considérable d'acteurs[1]. La politique de stabilisation, inspirée des recommandations du FMI, a abouti à une crise étonnante, qui fait de la Russie actuelle un pays dont l'économie est moins monétarisée et moins homogène du point de vue de la norme monétaire que ne l'était l'URSS. Il y a ici un paradoxe majeur, qui révèle les insuffisances des cadres théoriques dominants. Il incite à regarder du côté des théories hétérodoxes.

1. J. Sapir, « À l'épreuve des faits... Bilan des politiques macroéconomiques mises en œuvre en Russie », *Revue d'études comparatives est-ouest*, vol. 30, n°s 2-3, 1999, pp. 153-213.

2. LA MONNAIE COMME INSTITUTION

Une des principales ruptures des différents courants hétérodoxes avec la pensée économique dominante a justement consisté en une substantielle différence dans l'analyse de la monnaie. Là où l'analyse néoclassique ne voit qu'un bien parmi les autres, élevé au statut de numéraire, les hétérodoxes voient en général une institution. Cette divergence est fondamentale, même si, suivant les différents courants, les conséquences que l'on en tire peuvent fortement varier.

2.1. Von Mises et Hayek : un monétarisme autrichien ?

Il est intéressant ici de revenir sur les conceptions monétaires des auteurs du courant autrichien et en particulier sur celles de von Mises et du Hayek des années 1928-1935. Ils sont en effet souvent invoqués par les monétaristes contre les positions keynésiennes. Or, on l'a vu, le courant autrichien n'est pas assimilable à l'orthodoxie néoclassique. En ce qui concerne Hayek, il lui est même parfaitement contradictoire.

Si on considère von Mises en premier, car ses écrits ont incontestablement influencé Hayek, il faut rappeler que le rôle de la monnaie découle de la nécessité de pouvoir réaliser des évaluations homogènes et convergentes de biens hétérogènes, l'hétérogénéité étant, quant à elle, le résultat du processus de division du travail. Il écrit ainsi : « ... les rapports d'échange qui sont établis entre les différents biens dans des transactions commerciales (...) sont déterminés par l'influence collective des évaluations subjectives de toutes les personnes intervenant sur un marché[1]. »

La monnaie a le rôle d'un instrument d'objectivation de jugements subjectifs. Si, pour von Mises, la capacité à calculer fonde l'action humaine et se situe donc en amont de l'émergence du marché, la monnaie est indispensable au calcul dans la mesure où les biens, et en particulier les biens primaires (les biens de capital),

1. L. von Mises, *Human Action. A Treatise on Economics*, Londres, W. Hodge, 1940, p. 121.

sont relativement spécifiques (leur valeur dépend du contexte au sein duquel ils sont insérés) et relativement substituables. L'inflation devient alors un danger majeur, dans la mesure où elle rompt les calculs des agents et empêche les prix de refléter uniquement les décisions des acheteurs et des vendeurs. L'inflation détruit ainsi la chaîne qui va des représentations individuelles et de leur incarnation dans des décisions décentralisées, au marché et aux effets globaux, à la socialisation que ce dernier permet.

Cette argumentation implique de considérer que les prix sont *uniquement le reflet des actions des participants* à une transaction et le *seul instrument d'objectivation des préférences individuelles.* C'est une thèse qui n'est, en réalité, soutenable que dans le cadre des hypothèses néoclassiques sur l'existence d'une information parfaite et l'état stationnaire de l'économie. Von Mises est ici en contradiction avec sa propre exigence de réalisme. La valorisation marchande de toute propriété passe par la prise en compte des droits résiduels de la collectivité, qui peuvent s'exprimer sous la forme de la réglementation de l'usage. Le prix monétaire reflète donc autre chose que la confrontation des préférences des échangistes. Par ailleurs, pour que le prix monétaire soit le seul ou simplement le principal instrument d'objectivation, il faudrait que les marchés sur lesquels ce prix se forme aient la connaissance de la totalité des informations présentes et à venir. Cela, même les économistes d'inspiration néoclassique, mais qui utilisent le concept d'information imparfaite, savent que c'est impossible.

Von Mises oublie de plus le fonctionnement de la grande entreprise industrielle, qui est bien un cadre privilégié pour la mise en œuvre de la division du travail, mais dont le fonctionnement interne ne fait pas intervenir de prix monétaires. Ici, von Mises est vulnérable à une argumentation du type « coûts de transaction » à la Coase.

La persistance d'inflations relativement élevées en France et en Italie n'a pas eu d'effets pervers sur les trajectoires de croissance dans la période 1945-1975. De même, aujourd'hui, la Chine a une inflation considérablement plus élevée que celle de la Russie, ou de la République tchèque, mais son taux de croissance est aussi nettement plus élevé. L'idée que l'inflation soit, à elle seule, un facteur suffisant pour compromettre les décisions économiques n'est pas validée par les exemples historiques à notre disposition.

Le cas de Hayek est plus intéressant. En effet, même s'il aboutit à des conclusions semblables à celles du credo dominant, en particulier la nécessité d'éviter tout création monétaire indue, c'est à la suite d'une démarche différente. Rappelons que, dans les années 1925-1937, le monde économique de référence de Hayek est une économie où les prix ne se forment pas dans la confrontation générale imaginée par Walras (qui pose le problème du commissaire-priseur), mais par des interactions non intentionnelles entre les agents en concurrence. Les prix relatifs se déforment donc en permanence pour tendre vers les niveaux qui correspondent à l'allocation optimale des ressources pour un environnement donné. On peut même considérer que ces mouvements de prix se produisent au sein d'une branche, dans la mesure où les agents expérimentent des solutions diverses dans le cadre de la production d'un bien donné. Le risque monétaire est ici de fausser l'image de ces mouvements et donc de ralentir le processus d'ajustement séquentiel qui, spontanément, doit faire converger les solutions adoptées par les agents vers la matrice optimale. Celle-ci correspond alors à un équilibre dans la répartition des connaissances parmi les participants au marché ainsi qu'à une forme d'équilibre entre la connaissance collective exprimée par le marché et la nature des problèmes à résoudre. Cet équilibre est en fait une forme de convergence entre les représentations des agents et la réalité du monde dans lequel ils opèrent, si on interprète les textes du début des années 30 à la lumière de l'ouvrage écrit en 1952 par Hayek sur la connaissance. Une telle convergence, dans ses écrits de la fin des années 20 et le début des années 30, caractériserait une économie de troc.

En même temps, si l'économie de troc est une référence pour Hayek, elle n'est pas un modèle applicable à l'économie monétaire, comme c'est le cas dans la théorie néoclassique. Il est très explicite dans son affirmation que la monnaie modifie durablement les relations et les comportements économiques[1]. En effet, même si les fluctuations sont initiées par un excès de crédit, la cause de ces dernières est non pas l'existence d'une illusion nominale se dissipant peu à peu, mais au contraire les modifications réelles provoquées par cet excès, modifications qui peuvent en certains cas s'avérer irréversibles du moins à l'échelle d'un cycle de production.

1. F.A. Hayek, « Intertemporal Price Equilibrium and Movements of the Value of Money » (1928), rééd. *in* F.A. Hayek, *Money, Capital and Fluctuations, op. cit.*, p. 103.

Contrairement au credo néoclassique, Hayek croit bien en la possibilité pour la monnaie de modifier les prix relatifs et les décisions des agents, et c'est pour cela qu'il défend la nécessité d'une monnaie neutre.

Une monnaie neutre au sens de Hayek, c'est-à-dire une monnaie qui n'affecte pas les mécanismes de mouvement des prix relatifs, n'est pas une monnaie passive. Hayek n'est pas un quantitativiste, théorie qu'il considère comme une naïveté, justement parce que, pour lui, la monnaie engendre une différence radicale avec le troc. Il est donc en réalité assez éloigné dans sa méthode de l'école moderne dite des anticipations rationnelles.

Le second point est que si une monnaie neutre est souhaitable, elle n'est pas possible. En effet, pour qu'une monnaie neutre soit réalisable, il faudrait qu'en tout temps le taux d'intérêt effectif des banques, qui est déterminé par leur liquidité, puisse correspondre au taux d'équilibre tel qu'il est défini par la structure du capital de l'économie. Or, cela impliquerait de la part des autorités monétaires une prescience quant aux transformations de la structure du capital qui serait de l'ordre de la prescience nécessaire à un planificateur.

La seule chose que l'on puisse espérer est que les autorités monétaires éviteront des à-coups brutaux. L'écart entre le taux effectif et le taux d'équilibre existera toujours, mais on peut penser que, sous la condition d'une politique monétaire raisonnable, le premier gravitera autour du second. C'est pour cette raison que Hayek était opposé aux politiques monétaires keynésiennes. Par la suite, il pensa avoir résolu le problème de la détermination de la meilleure norme de crédit possible en rapport avec les perpétuelles transformations de la structure du capital par la mise en œuvre d'une concurrence entre les monnaies. Ceci renvoie alors à sa vision du marché comme processus d'ordre spontané, vision qu'il développera surtout à partir de la seconde moitié des années 40.

2.2. Un spontanéisme utopique ?

Néanmoins, dans le domaine monétaire, le spontanéisme hayékien soulève plus de problèmes qu'il n'en résout alors que sa vision de l'inflation initiée par des mouvements microéconomiques pourrait s'avérer éclairante.

Plus les perturbations des déterminants réels de l'économie

seront importantes, en raison d'un flux d'innovations, ou d'une dévalorisation brutale d'une partie du stock de capital, ou encore d'un changement important des règles dans l'économie, plus les mouvements microéconomiques des prix relatifs seront importants. Ces mouvements correspondent à autant d'expériences auxquelles les acteurs se livrent afin de reconfigurer leur système de connaissance par rapport à l'état donné des structures techniques et sociales du marché considéré. Normalement, il existe pour Hayek une solution d'équilibre correspondant, en dynamique, à la structure de connaissance des agents qui soit adaptée à un état de l'environnement. Même si, à une période donnée, les choix des agents ne sont pas judicieux, l'important est alors qu'ils apprennent à les améliorer pour tendre vers la solution d'équilibre. L'équilibre chez Hayek n'est jamais statique mais dynamique ; c'est en réalité un mouvement de convergence. Il passe donc nécessairement par des oscillations plus ou moins importantes, qui correspondent à autant de processus d'apprentissage et de révélation spontanée, et non intentionnelle, des connaissances nécessaires. Il faut se souvenir que, dans ce raisonnement, ces processus ne se font pas instantanément, ce que souligne Hayek. Mais il faut aussi considérer qu'ils ne se font pas sans frictions, contrairement à ce que ses premiers textes laissent croire. Or, s'il y a friction, il y a coût.

L'idée d'une inflation ayant son origine dans les mouvements d'agents microéconomiques qui, contrairement à ce que dit la théorie néoclassique, ne sont ni omniscients, ni dotés d'une information complète et parfaite mérite mieux que l'analogie avec une économie de troc. Celle-ci est incontestablement un point faible dans l'argumentation de Hayek. La critique formulée par P. Sraffa au sujet de la nature des ajustements dans une économie de troc est parfaitement pertinente. L'économie de troc n'est pas intrinsèquement stable, si on respecte des hypothèses réalistes quant à la connaissance des agents. En conséquence, la neutralisation de la monnaie n'est pas une solution. Au contraire, le degré de liquidité de l'économie va jouer un rôle dans le mouvement d'ajustement. Les agents, y compris ceux qui ont les moyens de découvrir les « bons » prix et de s'y adapter, ont besoin de financer cette période transitoire, non seulement dans le sens de pouvoir couvrir les pertes qui peuvent en résulter mais aussi dans celui de réaliser les investissements matériels et immatériels nécessaires dans le cadre du nouvel environnement. Ce besoin est proportionnel à l'ampleur de l'ajustement et à sa durée. On se trouve alors devant le dilemme suivant ; si la politique du crédit est très restrictive, pour éviter de fausser le mouvement, elle peut le tuer dans l'œuf. Si elle est trop accommodante aux besoins de financement, elle risque de prolonger indûment la période d'adaptation. Or, la notion de politique restrictive ou accommodante pour qualifier la politique du crédit ne saurait être définie en dehors de la compréhension de l'ampleur et de la nature des ajustements à réaliser. Il ne saurait donc y avoir de norme intangible pour définir ce que doit être une « bonne » politique du crédit.

Devant ce problème d'une indétermination *a priori* de ce que doit être la politique monétaire, il est tentant de se rabattre sur le spontanéisme, ce que fit Hayek lui-même. Si on ne peut savoir *ex ante* ce qu'il faudra faire et si on suspecte par ailleurs les gouvernements d'avoir par principe une action nocive sur l'économie, le mieux est de se caler sur la politique la plus stable, par exemple celle garantissant une inflation nulle au niveau macroéconomique et de laisser faire la nature. La force du marché est qu'il produira toujours, à règles égales, et ici la politique du crédit est une règle, la convergence nécessaire. Seulement, rien ne démontre dans le raisonnement tenu par Hayek que même si l'on tend réellement vers un point d'équilibre par la seule force du jeu spontané des acteurs, on puisse atteindre ce point d'équilibre avant que les structures du marché aient radicalement changé, invalidant alors ledit point d'équilibre. Le raisonnement de Hayek, en dépit de son apparence séquentielle, adopte un traitement simpliste du temps ; il néglige la contrainte temporelle. En effet, prétendre que l'on puisse spontanément tendre progressivement vers une solution adéquate, et ce quelle que soit la manière dont on définit le degré d'adéquation de cette solution, n'est pas la même chose que prétendre que l'on tendra vers cette solution dans un délai qui soit compatible avec l'adéquation de la solution au problème posé. Une évolution spontanée peut nécessiter un temps tellement long que la nature du problème a changé quand émerge enfin la solution.

Autrement dit, quand bien même on démontrerait que l'action spontanée des acteurs dans un marché aboutit toujours aux « bonnes » solutions, on ne prouverait pas que le processus se déroule dans le délai requis pour que la solution soit toujours pertinente. Ainsi, une solution dérivant de l'intervention consciente d'autorités publiques pourrait être plus efficace, car disponible dans le délai requis, même si elle est théoriquement moins efficiente que la solution spontanée. Le problème posé par la théorie monétaire de Hayek peut être envisagé à travers la métaphore du jeu d'échecs ; comme De Groot et Simon l'ont montré, les joueurs ne choisissent pas la meilleure des solutions possibles, mais la solution répondant au problème posé par le mouvement de l'adversaire et disponible dans le délai requis.

Curieusement, la thèse spontanéiste hayékienne nous renvoie à l'univers de la maximisation alors que l'importance accordée par Hayek lui-même au rôle de l'incertitude et aux limites cognitives des agents devrait, logiquement, nous conduire à un univers de la satisfaction, au sens donné à ce terme par Herbert Simon. On peut donc légitimement s'interroger sur le statut du spontanéisme au sein même du cadre théorique mobilisé par Hayek. Il s'agit moins d'un résultat déductif cohérent avec les hypothèses initiales que d'un postulat, déconnecté des hypothèses réalistes qui caractérisent sa démarche. Ce postulat renvoie, quant à lui, non au Hayek théoricien critique de l'économique, mais au Hayek penseur utopique de l'ordre spontané, pour lequel les logiques non intentionnelles sont toujours supérieures aux logiques intentionnelles. On peut respecter la valeur morale de l'utopie spontanéiste, sans pour autant la confondre avec un résultat scientifique.

C'est pourquoi on propose ici de dissocier l'identification des causes de l'inflation à laquelle Hayek a procédé, de sa thèse spontanéiste quant aux résultats de la convergence des acteurs. L'identification de l'inflation avec un mécanisme microéconomique est incontestablement un résultat scientifiquement robuste, alors que la thèse spontanéiste est clairement une aporie utopique. Si on développe la logique d'une inflation microéconomique traduisant le processus d'adaptation des structures cognitives des agents à un changement imprévu de leur environnement, on aboutit alors, mais dans une démarche qui est de notre seule responsabilité, à une situation parallèle à celle que décrit Hayek à propos de la neutralité. Si une inflation nulle est souhaitable, elle n'est pas nécessairement du domaine des possibles. La seule position réaliste consiste à *tolérer le niveau d'inflation compatible à la fois avec l'ajustement des prix relatifs et avec l'apprentissage des agents.* Ce type d'inflation, qui doit apparaître quand une économie évolue qualitativement de manière assez brutale, par exemple dans les phases de modernisation accélérée ou dans les processus de transition dans les économies ex-soviétiques, pourrait alors logiquement être qualifié d'inflation hayékienne. On peut alors avancer que plus une économie connaît des changements structurels importants et plus l'inflation hayékienne doit y être forte.

Si on accepte la position de Hayek quant à l'origine microéconomique des mouvements de prix, l'objectif d'une inflation nulle perd sa signification. Plus fondamentalement, la signification du concept d'inflation hayékienne consiste à attirer notre attention sur le fait que le taux souhaitable d'inflation peut varier en fonction de la situation de chaque économie. Fixer aux autorités monétaires un niveau d'inflation (en général le plus faible possible) comme objectif de leur politique ne serait cohérent que si l'on pouvait supposer que l'économie n'aurait à connaître aucune phase de restructuration dans le futur. Une définition rigoureuse de ce que devraient être les objectifs des autorités monétaires pourrait alors s'exprimer comme le devoir d'assurer le niveau de liquidité de l'économie qui permette les ajustements structurels performants le plus rapidement possible pour le taux d'inflation le plus faible possible compatible avec ces ajustements. Toute mention explicite d'un taux d'inflation dans la définition des objectifs de long terme d'une politique monétaire relève en effet de l'aberration la plus complète, sauf à prétendre que ces mêmes autorités sont omniscientes.

La volonté de « neutraliser » la monnaie a abouti, chez Hayek, à sa thèse des années 70 sur la privatisation de la monnaie et le concurrence des banques d'émission. Mais ces éléments sont les moins cohérents de l'argumentation de cet auteur. Une lecture plus attentive de leurs hypothèses de départ permet de mettre en évidence des éléments de théorie monétaire qui sont radicalement en contradiction tant avec les prescriptions qu'ils ont proposées qu'avec la vulgate monétariste ou son interprétation donnée par les responsables des Banques centrales. Cette théorie monétaire tentait de répondre aux problèmes de l'économie séquentielle, c'est-à-dire à la prise en compte du temps. Par là, elle se situait dans la droite ligne d'un auteur classique opposé à Hume, Richard Cantillon[1]. Cependant, la théorie monétaire de Hayek est restée

1. R. Cantillon, *Essai sur la nature du commerce en général*, rééd. à partir de l'éd. de 1755, avec commentaires, sous la direction de A. Sauvy, Paris, INED, 1952. Il faut ici rappeler que l'œuvre de Cantillon a exercé une profonde impression sur Hayek, qui a écrit la préface de l'édition moderne en langue allemande, en 1933.

inachevée et par là incohérente et irréaliste sous bien des aspects. S'il y a, de nouveau, une convergence implicite qui semblera scandaleuse, c'est entre cette théorie autrichienne en devenir des années 30 et 40 et la théorie de Keynes (mais point des keynésiens ordinaires).

2.3. Prendre la monnaie au sérieux : Weber et Keynes

La question de la monnaie est donc un point central si l'on part de l'hypothèse d'une société fortement hétérogène et d'une centralisation devant se réaliser *ex post*, à travers des institutions ayant leur histoire et leur dynamique, alors penser la monnaie devient un exercice capital. Il est ainsi significatif que et Weber et Keynes aient symétriquement mis en valeur le problème du conflit social voire des classes sociales dans leurs réflexions sur l'inflation. Le rapprochement entre ces deux auteurs n'est ni fortuit ni anodin. Il éclaire la divergence fondamentale entre les approches orthodoxes, engoncées dans le positivisme, et les approches hétérodoxes.

À cet égard, la relative proximité entre un sociologue et un économiste met à mal la séparation formelle entre disciplines sur ce point. En apparence mineure, la question de la frontière entre économie et sociologie est en réalité révélatrice de débats internes essentiels, qui révèlent des oppositions considérables. La sociologie académique considère que l'économie est concernée par les actions rationnelles en production et en consommation, alors que la sociologie devait s'intéresser aux cadres institutionnels au sein desquels ces actions prennent place[1]. Une telle distinction implique que l'on puisse poser comme préalable que la rationalité de l'acteur est indépendante du cadre institutionnel dans lequel il se meut, de même qu'il faut aussi tenir pour négligeable l'impact sur les cadres institutionnels des actions dites rationnelles. On retrouve ici un argument central de la pensée néoclassique, dont on voit qu'il a été repris sans discussion par un courant de la sociologie.

Ces différents points ont suscité des critiques nombreuses. La possibilité même de mettre en pratique une telle séparation a été

1. T. Parsons et N. Smelser, *Economy and Society : A Study in the Integration of Economic and Social Theory*, New York, Routledge & Kegan Paul, 1956. T. Parsons, *The Social System*, Londres, Tavistock, 1952, p. 124.

critiquée par R. Swedberg[1], tandis que M. Granovetter mettait l'accent sur l'enchâssement de l'économie dans le social[2]. Quant à l'indifférence des rationalités par rapport au contexte dans lequel elles se déploient, ce postulat a été critiqué par A. Etzioni qui a insisté sur l'irréductible dimension morale de toute action sociale[3]. On rappellera enfin ce que l'on avait dit sur les préférences dans le chapitre 1. Les hypothèses implicites ou explicites de la théorie néoclassique à ce propos sont testables et ont été invalidées.

On ne peut prendre la monnaie au sérieux en s'en tenant au postulat walrasien d'une économie politique pure, ou au refus d'une tradition sociologique d'aborder la question. La redécouverte de l'œuvre de Georg Simmel au début des années 80 a certainement contribué à une approche à la fois plus réaliste et plus cohérente du problème. Les frontières disciplinaires doivent alors être comprises comme des points de passage et non comme des séparations. C'est particulièrement évident pour un auteur comme Weber, dont la contribution économique est non négligeable et qui a observé le débat von Mises / O. Neurath avec le plus grand intérêt. Pour Max Weber, la monnaie est un vecteur important des conflits qui traversent nos sociétés : « Les prix monétaires résultent de compromis et de conflits d'intérêt ; en ceci ils découlent de la distribution du pouvoir. La monnaie n'est pas un simple "droit sur des biens non spécifiés" qui pourrait être utilisé à loisir sans conséquence fondamentale sur les caractéristiques du système des prix perçu comme une lutte entre les hommes. La monnaie est avant tout une arme dans cette lutte ; elle n'est un instrument de calcul que dans la mesure où l'on prend en compte les opportunités de succès dans cette lutte[4]. »

Bien avant qu'il n'ait écrit la *Théorie générale*, Keynes ne pensait pas autrement. Dans un texte tirant le bilan des désordres monétaires qui suivirent la fin de la Première Guerre mondiale, il

---

1. R. Swedberg, « The Battle of Methods : Towards a Paradigm Shift ? », *in* A. Etzioni et P.R. Lawrence (ed.), *Socio-Economics : Towards a New Synthesis*, New York, Sharpe, 1991, pp. 13-34.
2. M. Granovetter, « Economic Action and Social Structure : A Theory of Embeddedness », *American Journal of Sociology*, vol. 91, n° 3, 1985, pp. 481-510.
3. A. Etzioni, *The Moral Dimension. Towards a New Economics*, New York, Free Press, 1988.
4. M. Weber, *Economy and Society : An Outline of Interpretative Sociology*, Berkeley, University of California Press, 1948, p. 108.

écrivait ces lignes qui résonnent encore aujourd'hui avec une profonde actualité : « Depuis 1920, ceux des pays qui ont repris en main la situation de leurs finances, non contents de mettre fin à l'inflation, ont contracté leur masse monétaire et ont connu les fruits de la déflation. D'autres ont suivi des trajectoires inflationnistes de manière encore plus anarchique qu'auparavant. Chacun a pour effet de modifier la distribution de la richesse entre les différentes classes sociales, l'inflation étant le pire des deux sous ce rapport. Chacun a également pour effet d'emballer ou de freiner la production de richesses, bien que, ici, la déflation soit le plus nocif[1]. »

Keynes va même plus loin que ce constat et lie explicitement l'inflation, c'est-à-dire la dépréciation de la monnaie, au mouvement historique qui voit de nouveaux groupes sociaux s'affranchir de la tutelle des anciens dominants : « De tels mouvements séculaires qui ont toujours déprécié la monnaie dans le passé ont donc aidé les "hommes nouveaux" à s'affranchir de la mainmorte ; ils profitèrent aux fortunes de fraîche date aux dépens des anciennes et donnèrent à l'esprit d'entreprise des armes contre l'accumulation des privilèges acquis[2]. »

La monnaie apparaît donc sous deux faces, analytiquement distinctes et systémiquement liées. Elle est, bien sûr, l'indispensable moyen de calcul intertemporel qui permet de sublimer les obstacles posés sur la route des échanges par l'hétérogénéité. Cette dernière fonde la nécessité d'un instrument particulier fonctionnant comme norme d'homogénéisation d'une réalité non homogène. Mais cet instrument n'est pas neutre. Il est aussi un vecteur des rapports de force sociaux. La monnaie, pour reprendre les termes de Max Weber, est à la fois un « droit sur des biens non spécifiés » et un instrument dans la lutte entre les individus et les groupes sociaux autour de l'appropriation de ce type de droit.

1. J.M. Keynes, Citation reprise de la traduction française, *Essais sur la monnaie et l'économie*, Paris, Payot, coll. « Petite Bibliothèque Payot », 1971, pp. 16-17.

2. *Ibid.*, p. 21

2.4. La double nature de la monnaie et le problème de la connaissance

La monnaie a donc une double nature, contradictoire. C'est l'une des bases de l'analyse de M. Weber[1], mais aussi de Keynes. La compréhension de cette contradiction, et du rôle qu'elle joue, renvoie chez ces auteurs à leur théorie de la connaissance.

Weber distingue ainsi entre une rationalité « formelle » et « substantielle ». La rationalité « formelle » est celle qui dérive du calcul économique quand celui-ci peut être entièrement fait à partir des valeurs monétaires. On est alors très proche des conceptions de von Mises, datant de son ouvrage publié en 1912. Cette rationalité ne s'exprime que quand trois conditions sont remplies : (a) une concurrence de marché entre des unités économiques relativement autonomes, (b) une absence d'entraves aux mouvements du capital permettant de calculer toute décision économique en termes de capital, (c) la complète domination de la demande solvable sur toute autre forme de demande.

Ces conditions sont particulièrement exigeantes du point de vue de l'organisation sociale. En particulier, les points (b) et (c) impliquent des conditions de stabilité des institutions et de similitude des comportements. Sans même entrer dans la discussion sur la possibilité de tout calculer, dont on a montré qu'elle constituait le point faible de la position de von Mises, il est clair que pour Weber cette rationalité « formelle » est un modèle et non une description « réaliste » de l'économie et de la société. Sa notion de rationalité formelle n'est donc ni un instrument d'analyse du monde réel, ni même une norme vers laquelle ce dernier devrait tendre. La rationalité « substantielle » définit, pour sa part, une situation où les besoins d'une population donnée sont satisfaits en accord avec le système de valeurs de cette population et les normes qui en découlent.

Weber remarque que si une liberté complète du marché était possible, la rationalité « formelle » serait indifférente aux considérations « substantielles » impliquées pour atteindre ce degré de

1. On reprend ici la section 13 du chap. II de la Ire partie de *Wirtschaft und Gesellschaft*, traduit en anglais sous le titre de M. Weber, *The Theory of Social and Economic Organization*, New York, The Free Press, 1964 (1re édition en 1947).

rationalité. Cependant, ces facteurs substantiels limitent fondamentalement la possibilité d'une liberté complète du marché et donc le champ d'application de la rationalité issue du calcul monétaire ; c'est pourquoi elle est qualifiée de « formelle ». Le conflit entre la nature « formelle » et la nature « substantielle » est indépassable dans les sociétés réelles. La coïncidence entre les deux formes est tendancielle et partielle ; elle dépend fondamentalement de la structure des incitations. *En d'autres termes, la notion de calcul monétaire n'a de sens qu'à partir d'une connaissance de la distribution des revenus. Elle est donc contingente à l'organisation sociale et non « essentielle ».*

Weber refuse, au moins implicitement, l'aporie positiviste selon laquelle tout serait réductible au calcul monétaire. Les bases de ce dernier sont des normes et des valeurs qui ne sont pas exprimables monétairement. La transaction monétaire est donc incomplète par nature et non par imperfection temporaire du cadre dans lequel elle se déroule. Elle ne prend sens, localement et pour un temps donné, que parce qu'existent des normes et des valeurs non quantifiables. Qui plus est, et l'argument ici reprend explicitement celui d'Otto Neurath, il n'est jamais possible de tout calculer ; on ne peut donner un prix à toutes choses. Certains prix sont donc, pour Weber lui-même, nécessairement arbitraires. En même temps, il montre, dans sa critique de la planification et du calcul en nature, que le calcul monétaire établit une base d'évaluation des demandes individuelles qui en permet une gestion décentralisée.

La nature contradictoire de la monnaie, si on suit ici Max Weber, implique de considérer cette dernière à partir des autres institutions et des systèmes de normes qui permettent à la rationalité « formelle » de s'exprimer. Celle-ci constitue, à son tour, une norme de niveau distinct, qui peut être assimilée à un langage commun entre les agents entretenant des flux continus d'échange. Mais, et ce point doit toujours être souligné, non seulement il s'agit d'une structure « formelle », même si elle tend à se représenter comme la rationalité « substantielle », mais en plus elle participe d'un ensemble social dont on ne saurait l'extraire sans la faire disparaître. Si la rationalité « formelle » est bien un langage commun, il n'est pas le seul possible ou effectivement employé ; de plus il induit une torsion du sens, en particulier dans l'expression des demandes. La monnaie fait donc partie de notre horizon, mais ce dernier ne s'y réduit pas. Cette vision de la monnaie, qui intègre donc à la fois la dimension du conflit et celle des institutions, introduit une épaisseur sociale qu'il importe de conserver dans le cours de l'analyse. Cette épaisseur sociale interdit de penser qu'une société moderne puisse être directement intelligible, en particulier pour les agents qui y sont plongés. Cela rejoint, en réalité, la thèse marxienne de l'aliénation.

L'incertitude qui en découle implique des constructions institutionnelles. La monnaie y a sa part, mais elle ne résume pas l'ensemble du processus. Le langage commun que constitue la rationalité « formelle » est un langage imparfait, trop pauvre en bien des cas, même s'il est nécessaire. Il ne saurait être le seul utilisable que si l'on pouvait prétendre à une intelligibilité directe, mais dans ce cas, il ne serait plus nécessaire.

L'analyse de la contradiction dynamique entre les rationalités « formelle » et « substantielle » montre que Weber renvoie dos à dos et ceux qui pensent pouvoir se passer de la monnaie, les planificateurs et les économistes néoclassiques, et ceux qui prétendent que la monnaie permet une évaluation parfaite et complète de notre environnement.

Keynes, dans la *Théorie générale*, adopte une position très proche de celle de Weber. Il le fait cependant de manière implicite, ce qui explique en partie les difficultés d'interprétation de cet ouvrage. Le lecteur est en effet confronté à deux raisonnements parallèles. D'une part, Keynes développe dans un certain nombre de chapitres des relations entre des valeurs monétaires comme explication des comportements de consommation, d'épargne et d'investissement. D'autre part, et parfois en même temps, il fait référence à des facteurs non quantifiables pour expliquer ces mêmes comportements. La *Théorie générale* contient ainsi une analyse des comportements d'imitation où chaque acteur agit non pas en fonction de ce qu'il croit juste mais de ce qu'il croit que les autres croient. C'est la fameuse métaphore du « concours de beauté ». De même, l'investissement renvoie aussi à des dispositions psychologiques à prendre des risques, voire au « caractère sanguin » des acteurs.

La combinaison de ces deux raisonnements a désorienté plus d'un lecteur. Certains, comme John Hicks, ont décidé d'en oublier un et de ne conserver que ce qui était compatible avec le mode de pensée néoclassique. Mais cette combinaison renvoie fondamentalement à la vision du monde comme univers non probabiliste, qui est celle de Keynes depuis son premier ouvrage scientifique, le *Treatise on Probability*.

C'est parce que le monde est opaque à toute tentative de connaissance à partir de la simple expérience directe que les agents doivent construire des structures de légitimation de leurs décisions, car ces dernières seront toujours contestables. Ils « justifient » leurs décisions dans un espace qui est fondamentalement politique. C'est pourquoi, dans un texte de 1937, il va assimiler ce type de calcul à une convention sociale. L'important est de bien comprendre que ce qui est au cœur du raisonnement c'est, encore et toujours, l'incertitude. Sans elle, nous n'aurions pas besoin d'argumenter et de légitimer, car nous pourrions produire des choix incontestables.

Nous sommes donc loin ici de la vision de la TEG pour laquelle le mouvement des prix monétaires laisse inchangé celui des prix relatifs. On voit ainsi la nécessité de faire entrer la monnaie dans les processus de l'économie. Cette endogénéisation est une réponse naturelle à la prise de conscience de la primauté de la diversité et de l'hétérogénéité. L'une et l'autre découlent de la formidable accélération de la division du travail que permet l'économie décentralisée. Mais cette accélération de la division du travail induit aussi une incertitude croissante et une commensurabilité sans cesse plus problématique et aléatoire, y compris par le biais d'instruments monétaires.

Ce constat n'épuise cependant pas la totalité du problème de la monnaie. Cette dernière a aussi une fonction sociale et une nature symbolique ; elle ne saurait être réduite à son seul rôle dans l'économie. La prise en compte de cette nature symbolique peut alors conduire, de manière symétrique à la réduction rationaliste de la TEG, à une autre réduction, par l'oubli de la polarité dialectique et du perpétuel mouvement entre les polarités qui caractérise la monnaie. De superfétatoire, de simple « voile » pour reprendre la malheureuse et catastrophique formule de J.-B. Say, elle va devenir le centre de l'univers économique. Pour certains auteurs, elle sera un peu l'ancre suprême dans les flots tumultueux des intérêts individuels activés par le vent de l'incertitude radicale sur le futur.

3. LE RETOUR DU BALANCIER : LE DANGER DE L'ESSENTIALISME MONÉTAIRE

La rupture avec la vision néoclassique d'une monnaie neutre est un point fondamental pour qui veut penser l'économie à travers la combinaison de la décentralisation et de l'hétérogénéité. On l'a dit, les courants hétérodoxes en économie sont en général ceux qui ont cherché à prendre la monnaie au sérieux. Mais, prendre la monnaie au sérieux peut avoir d'autres conséquences. Parce que la thèse de la neutralité de la monnaie est, à l'évidence, une thèse extrême, elle a, en réaction, engendré une autre thèse extrême, qui fait de la monnaie le pivot unique des économies et des sociétés modernes. Cet essentialisme monétaire est un retour du balancier qui, pour logique qu'il soit, n'en est pas moins pernicieux. Il démontre que la rupture avec une orthodoxie incohérente n'est pas pour autant une garantie de cohérence.

3.1. La dimension symbolique de la monnaie

Le pivotement vers une vision essentialiste de la monnaie a été particulièrement marqué dans l'évolution d'un courant hétérodoxe, celui de l'école de la régulation en France. Le texte fondateur est constitué par *La Violence de la monnaie* de Michel Aglietta et André Orléan [1]. Cet ouvrage, à bien des égards fondamental, s'inscrit dans une démarche plus générale. Ces analyses sont largement reprises dans un autre ouvrage écrit par Aglietta en collaboration cette fois avec Anton Brender, *Les Métamorphoses de la société salariale*, et qui traite directement de la conjonction des formes économiques et sociales. Ce deuxième livre fut publié deux ans après le précédent [2]. Deux éléments dans ce dernier ouvrage sont ici à prendre en considération. D'une part, il y a le rappel appuyé au début de l'ouvrage des fondements des analyses de *La Violence de la monnaie*. D'autre part, on trouve rapidement une référence

1. M. Aglietta et A. Orléan, *La Violence de la monnaie*, Paris, PUF, 1982.
2. M. Aglietta et A. Brender, *Les Métamorphoses de la société salariale*, Paris, Calmann-Lévy, 1984.

à Hayek dans une discussion importante sur la décentralisation des décisions[1]. La combinaison du double référentiel est alors construite de la manière suivante. Aglietta et Brender critiquent Hayek pour une vision unilatérale de la monnaie, qui n'est pas seulement un média de communication mais est liée aux rapports de force. Mais, ce faisant, au lieu de revenir aux analyses de Weber, ils introduisent la philosophie de René Girard et présentent la monnaie comme un moyen symbolique d'éviction du conflit assurant le fonctionnement des sociétés hétérogènes.

À cet égard, l'apport d'Aglietta, de Brender et d'Orléan ne doit pas être sous-estimé. Les deux livres qui réunissent ces trois auteurs — Michel Aglietta faisant le lien entre les deux projets — constituent effectivement une tentative pour « prendre la monnaie au sérieux », projet explicitement présenté dans *La Violence de la monnaie*.

Il faut cependant d'emblée remarquer certaines torsions dans la démarche. La référence à Hayek porte sur l'article de 1945, qui est celui où l'affirmation du rôle des prix dans la circulation de l'information est la plus tranchée et la plus unilatérale. La lecture des écrits ultérieurs de Hayek montre que ce texte est un écrit de circonstance, qui s'inscrit dans un débat particulier. Il ne reflète nullement l'analyse complète de son auteur et il est loin d'intégrer la théorie de la connaissance que Hayek présentera dans *The Sensory Order*, publié en 1952. Or, la citation faite par Aglietta et Brender est décontextualisée. Ceci n'est pas nécessairement illégitime, mais n'est pas sans conséquences. La notion que les prix sont les seuls, ou du moins les principaux, vecteurs de l'information est cruciale pour toute position essentialiste sur la question monétaire. Admettre l'importance d'informations implicites circulant par d'autres canaux aboutit immanquablement à relativiser le rôle de la monnaie. À cet égard, le voile pudique jeté sur le reste de la réflexion de Hayek n'est pas neutre. Il y a là un usage instrumental d'un auteur au lieu d'une analyse de ses conceptions monétaires.

La stratégie narrative adoptée dans ces deux ouvrages mérite ici quelques commentaires. Elle articule en permanence une dimension réaliste avec une analyse de situations concrètes (l'hyperinflation allemande dans le premier et une description de l'économie française dans le second) et une dimension conceptuelle. En apparence,

1. Voir M. Aglietta et A. Brender, *Les Métamorphoses de la société salariale*, *op. cit.*, p. 40.

on a un bon exemple d'une approche à la fois réaliste et cohérente. Cependant — c'est surtout sensible dans *La Violence de la monnaie* — cette méthode organise en fait une présentation parallèle qui est le contraire d'un dialogue entre une anthropologie particulière et une grille de lecture des économies concrètes, dont on peut alors s'étonner qu'elle n'ait pas intégré, si ce n'est au niveau de la formelle référence académique, les apports des théories de l'information imparfaite. Ce non-dialogue, cependant, permet de surmonter en apparence les objections dans chaque compartiment. Une critique du rôle des prix monétaires comme seuls vecteurs de l'information, critique possible pour les parties réalistes des deux ouvrages, est sans effet sur les fondements anthropologiques mobilisés. Inversement, une critique de l'anthropologie de la violence, qui sous-tend l'approche dans *La Violence de la monnaie*, reste sans effets sur la grille de lecture des économies réelles. La démarche essentialiste d'Aglietta et d'Orléan est ainsi indiscutablement réaliste et cohérente, mais pas en même temps !

On peut, à la suite de ces auteurs, considérer la monnaie essentiellement comme une institution et de plus l'analyser comme l'institution fondamentale des sociétés, un lien social privilégié. Cette vision est incontestablement juste. Elle pose cependant un certain nombre de problèmes. Le premier consiste à savoir quelle est la place de ce lien social-là. Il n'est pas sans conséquences que ces deux auteurs aient explicitement fait référence à la philosophie de René Girard dans leur ouvrage, même s'ils tentent de la relier au travail de Marx sur la valeur. Il y a en réalité une forte cohérence discursive, qui n'a pas toujours été bien perçue, entre les deux parties de *La Violence de la monnaie*. L'analyse extrêmement convaincante des crises hyperinflationnistes comme des moments de rupture du lien social et d'expression directe de toutes les conflictualités va de pair avec l'idée que le lien social est ce qui catalyse mais en même temps permet d'exclure le conflit.

Si on prend le soin de lire attentivement la présentation des crises monétaires, on découvre qu'elle est le lieu où les auteurs tentent de démontrer l'opérationalité des notions théoriques de la première partie. Ainsi, et contrairement à une lecture fréquente qui oppose les deux parties de *La Violence de la monnaie*, la première étant réputée non économique et pour tout dire d'une lecture aride si ce n'est difficile, alors que la seconde correspondrait plus à l'image que l'on peut se faire de la méthode régulationniste appliquée, les deux parties ne sont pas dissociables. Le fil conducteur est bien une anthropologie de la violence, dont on peut suivre les diverses formes d'application. La partie dite empirique ou descriptive de l'ouvrage ne l'est qu'en apparence. Elle ne prend sens que du point de vue de la théorie de la violence mobilisée auparavant. Seulement, à ce niveau, apparaissent deux problèmes.

Le premier tient à la vision de la violence propre à la philosophie de René Girard. Ce dernier insiste avant tout sur un rapport d'individu à individu. Que ce dernier existe et soit important, on n'en disconviendra certes pas. Mais une telle vision est réductionniste en ce qu'elle réduit nécessairement les expressions collectives à de simples formes agrégées de la violence individuelle. Or, l'envie, la compétition comme la haine n'ont pas nécessairement besoin de se représenter dans un individu mais peuvent s'adresser à un groupe dans un mécanisme où justement on refusera d'individualiser l'objet de son sentiment pour ne pas en affadir la violence. Il est ainsi plus facile de condamner et d'exécuter dans l'anonymat de la masse que dans la relation de face à face, ainsi que l'ont montré les grandes tragédies collectives du XXe siècle. La violence de René Girard décrit bien un des aspects de la violence, mais elle en occulte un autre.

Ceci est cohérent avec l'interprétation symbolique du monde de cet auteur, et nous conduit à un second problème. La monnaie dans la logique ici décrite devient l'équivalent symbolique du bouc émissaire [1]. Seulement, le bouc émissaire est un mythe qui ne peut prendre son sens que dans une logique de la transcendance. Le bouc ne fait pas qu'évacuer en la concentrant en sa personne la violence, il établit le contact entre le sacrificateur et Dieu. Vouloir faire de la monnaie non pas un lien mais *le* lien symbolique pour les sociétés dominées par une économie de marché, revient à supposer que les économies entretiennent un dialogue avec un au-delà, quelle que soit la nature de ce dernier. N'est-il pas étonnant que l'on retrouve ici le même type d'aporie métaphysique que celle que Jean-Claude Perrot avait identifiée chez Adam Smith ?

Et, si la monnaie n'est pas *le* lien, mais un lien parmi d'autres, le mythe en question ne nous est d'aucune utilité pour comprendre comment s'articulent ces divers liens, comment émergent ou disparaissent les différentes configurations possibles de cette articulation, c'est-à-dire en particulier comment et pourquoi évoluent les degrés de monétarisation des économies et les formes d'activation

1. M. Aglietta et A. Orléan, *La Violence de la monnaie, op. cit.*, pp. 42-43.

de la monnaie. Il est important ici de bien souligner que notre contestation ne porte pas sur l'existence d'un caractère symbolique de la monnaie, mais sur la nature du symbole qui lui est attribué par Aglietta et Orléan ainsi que sur leur réduction de l'épaisseur des liens sociaux à la seule monnaie.

On doit ajouter que, dans l'argumentation socio-anthropologique de *La Violence de la monnaie*, et plus encore dans *Les Métamorphoses de la société salariale*, il y a un grand absent, c'est Georg Simmel. La redécouverte de cet auteur grâce à une traduction, hélas tardive, a eu un impact considérable sur les conceptions des rapports entre économie et société, et bien entendu sur la compréhension de la monnaie.

3.2. Monnaie et société : l'apport de Simmel et ses limites

L'ouvrage de Simmel, *Philosophie de l'argent*, est construit en deux parties. Dans la première, il cherche à montrer comment la monnaie est à la fois une objectivation *et* une construction sociale ; la seconde, elle, est consacrée à l'impact de la monnaie sur les relations humaines. Il y a ici un dialogue, *post mortem*, avec Marx, dont Simmel reprend certaines des formulations.

L'apport le plus intéressant de Simmel est constitué par deux thèses. La première est que l'on ne saurait séparer une sphère de l'action instrumentale et une sphère de l'action socialement déterminée. Les comportements directement opératoires des agents ne peuvent être compris hors du cadre social de référence dans lequel ils se déroulent. Les agents n'ont pas de préférences qui soient indépendantes du cadre des normes et valeurs au sein desquelles ils opèrent. Ainsi, la monnaie permet aux agents des comportements d'accumulation ; mais, pour que ces comportements se matérialisent, il faut que les agents modifient radicalement leurs comportements et produisent les représentations sociales et symboliques qui rendent légitime ce changement et permettent à ces comportements de trouver leur place dans l'ensemble social. L'accumulation ne résulte donc pas juste de l'émergence d'un surplus économique ou d'une capacité de calcul permettant de projeter vers le futur un espoir de gain à partir d'une limitation de la consommation aujourd'hui. L'accumulation implique une mentalité, qui est le produit d'une société. Elle implique aussi des institutions qui stabilisent ces mentalités, qui rendent les calculs sur le futur relativement stables et qui enfin constituent l'acteur accumulant comme tolérable par l'ordre social. La première thèse de Simmel est donc une préfiguration lumineuse de ce que nous apprendront, soixante années plus tard, les travaux de psychologie expérimentale et les recherches sur la rationalité limitée des agents.

La seconde thèse est que l'introduction de la monnaie engendre un pivotement fondamental dans les relations humaines. On passe de la logique ami/ennemi à une logique où l'indifférenciation domine dans un contexte opportuniste : « Le partenaire désirable pour des transactions financières — dans lesquelles, comme il est dit justement, les affaires sont les affaires — est la personne qui nous est complètement indifférente, qui n'est engagée ni pour ni contre nous [1]. »

Cette évolution est vue très favorablement par Simmel. Elle constitue, pour lui, la meilleure critique contre le militarisme et le nationalisme. La monnaie est une garantie du principe d'individualité au sein de la société. Comme l'écrit alors un des commentateurs récents de Simmel : « En contraste avec le pionnier isolé dans les forêts d'Amérique, la monnaie permet aux individus modernes urbanisés de se singulariser au sein même de la société [2]. »

Cet apport de Simmel est considérable pour une compréhension anthropologique de la monnaie. Il y fonde un statut de lien social déterminant, qui aboutit à un résultat fort comparable à celui visé par Aglietta et Orléan, mais sans les apories métaphysiques de Girard. La traduction tardive de la *Philosophie de l'argent* explique sans doute que cet auteur n'apparaisse pas dans *La Violence de la monnaie*. Son absence dans l'ouvrage ultérieur est plus intéressante et indique qu'il y a parallélisme ici entre des essentialismes monétaires et non influence.

L'absence de métaphysique explicite, du moins au niveau des fondements, dans la seconde partie de l'ouvrage de Simmel rend son essentialisme d'autant plus intéressant. Il n'est pourtant pas à l'abri de critiques relativement simples.

La première critique porte sur le scénario implicite de l'échange tel qu'il fonctionne pour justifier le principe d'indifférenciation. Les sentiments de mon partenaire à mon égard m'indiffèrent si et

1. G. Simmel, *Philosophy of Money*, Londres, Routledge, 1978, p. 227.

2. C. Deutschman, « Money as a Social Construction : On the Actuality of Marx and Simmel », *Thesis Eleven*, nº 47, novembre 1996, pp. 1-19, p. 12.

seulement si mes contacts avec lui s'éteignent avec le paiement de ma dette. Voici qui revient à nier l'existence de l'important problème du « joueur en second » dont on a analysé les implications au chapitre 3. Si la transaction n'est pas absolument instantanée, si elle doit être régulièrement répétée dans le temps ou si ses effets en sont décalés, alors, la haine ou l'amitié, le défaut de confiance ou au contraire la bonne réputation deviennent essentiels. On cesse alors de faire une transaction avec un étranger, et on préfère un partenaire que l'on connaît. C'est très exactement ainsi que nous agissons tous en allant acheter notre pain ou faire les courses les plus courantes. Ici, Simmel succombe à l'illusion d'une complétude de la relation contractuelle, et en particulier de la relation contractuelle monétaire. La confiance ne saurait découler du contrat, car ce dernier est au mieux une base d'autorité, et toute autorité implique en amont une légitimité[1]. Les normes établissant la légitimité de l'autorité de la relation contractuelle, le fait que cette dernière doive être exécutée sous peine de sanctions, ne trouvent pas leur origine dans des contrats ou des transactions. Il en résulte que la relation monétaire, en raison même du principe d'indifférenciation qu'elle permet et développe, porte en elle potentiellement sa propre destruction :

« Le système dépend des incitations monétaires et de l'appât du gain individuel. Pourtant, si une culture sociale de la cupidité et de l'intérêt égoïste devenait dominante, elle menacerait les liens d'obligation et de loyauté qui sont aussi nécessaires pour que le système du marché fonctionne. Si la cohésion sociale et la confiance sont minées trop avant, alors le système devient incapable de maintenir les liens sociaux résistants qui sont nécessaires pour la cohésion organisationnelle et la durée dans la sphère de la production et ailleurs[2]. »

La seconde porte alors sur la cohérence sociologique du raisonnement. Si, en effet, la monnaie est un principe d'indifférenciation généralisé permettant à chacun de s'abstraire des contraintes de la société comme l'indique C. Deutschman dans sa citation, comment une société fondée sur la division du travail peut-elle survivre sans sombrer dans l'anomie ? L'objection est tellement

1. H. Arendt, « What was Authority », *in* F. Carl Jr. (ed.), *Authority*, Cambridge (Mass.), Harvard University Press, 1958, pp. 81-112.

2. G. Hodgson, *Economics and Utopia*, Londres-New York, Routledge, 1999, p. 69.

évidente que Simmel se la fait lui-même. Constatant la dissolution d'anciennes solidarités par le jeu de l'argent, il s'interroge alors sur la possibilité d'une atomisation totale des individus[1]. Le problème est qu'il abandonne aussi vite cette piste qu'il l'a évoquée.

En fait, on peut considérer que la possibilité qu'offre la monnaie de se singulariser sans pour cela devoir s'enterrer au fond des bois n'est autre que la possibilité de s'affranchir de ses responsabilités tout en gardant un droit de contrôle par la détention d'une encaisse monétaire. Cela s'appelle faire défection dans un ensemble de relations interdépendantes.

Il y a quelques années, un auteur qui se livrait à une comparaison entre l'analyse des fondements des crises chez Keynes et Marx avait montré que c'était justement cette possibilité donnée à tout détenteur de monnaie de faire défection, de sortir momentanément du procès de reproduction, qui constituait la crise en potentialité permanente[2]. Si la monnaie est ainsi un tel principe destructeur pour les sociétés, peut-elle être en même temps le lien social primordial ? Sous une autre forme, on doit distinguer l'affirmation que la monnaie peut être dans le même temps un lien social et un principe de désintégration, affirmation qui revient à reconnaître une nature contradictoire à la monnaie, de l'affirmation selon laquelle la monnaie constitue le lien social dominant, présent ou futur, des sociétés reposant sur des économies marchandes. Ces deux affirmations ne peuvent être soutenues en même temps ; l'essentialisme monétaire n'est pas compatible avec une vision de la nature contradictoire de la monnaie, et inversement la prise en compte de cette nature contradictoire impose un relativisme monétaire.

Une vision de la monnaie ne mettant en avant que son rôle de lien serait par ailleurs aussi incomplète, car faisant bon marché du rôle d'instrument dans les luttes collectives pour la reconfiguration de la société que joue la monnaie. On peut considérer que l'instrumentalisation fragilise le lien ; si ce dernier disparaît la société est laissée face à son irréductible hétérogénéité. Néanmoins, à évacuer le rôle d'instrument on pérennise de fait les situations acquises et on évacue, très provisoirement en réalité à l'échelle historique, les dynamiques de transformation sociale. La double nature de la monnaie ne saurait être effacée par un coup de force théorique,

1. G. Simmel, *Philosophy of Money, op. cit.*, p. 342.
2. G. Duménil, *Marx et Keynes face à la crise*, Paris, Economica, 1977.

sauf à promouvoir d'autres coups de force, bien moins plaisants, dans la société. C'est cette contradiction, et non ambivalence car du conflit permanent naît une dynamique sociale, entre instrumentalisation et institutionnalisation, qui fait de la monnaie un objet à la fois central et étrange, échappant aux classifications réductrices pour réapparaître là où on l'attend le moins. Cette double nature signifie aussi que la monnaie n'est pas seulement une réponse indispensable à l'hétérogénéité. Elle participe de cette dernière qu'elle peut contribuer à entretenir et à développer, tout en permettant d'en maîtriser certains des effets.

3.3. La monnaie comme lien social dominant : une aporie marxienne

La discussion des thèses contenues dans *La Violence de la monnaie* et celles de la *Philosophie de l'argent* permet de préciser ce qui est au cœur de l'essentialisme monétaire. Dire que la monnaie est un lien social et qui plus est un lien de nature contradictoire, n'est nullement sacrifier à cet essentialisme. Cette position est au contraire une conséquence logique des points de vue réalistes que l'on défend et des critiques des positions formalistes héritées de la TEG. Soutenir que la monnaie est *le* lien social dominant constitue néanmoins un glissement fondamental, qui fait passer de la prise au sérieux de la monnaie — programme de recherches dont on réaffirme l'importance et la légitimité — à l'essentialisme monétaire, démarche métaphysique.

L'argumentation de M. Aglietta et A. Orléan renvoie à un autre problème, celui de la nature des liens sociaux dans une économie capitaliste et de leur hiérarchisation. La tradition qui voit en la monnaie un lien décisif est ancienne. En fait, on peut faire remonter à K. Marx l'idée d'une suprématie du lien monétaire sur tout autre lien social dans le cadre du passage de la société féodale à la société capitaliste tel qu'il fut instrumenté par la bourgeoisie : « ... elle [la bourgeoisie] a déchiré les liens multicolores de la féodalité qui attachaient l'homme à son supérieur naturel, pour ne laisser subsister d'autres liens entre l'homme et l'homme que l'intérêt tout nu, le froid “paiement au comptant” [1]. »

1. K. Marx, *Le Manifeste communiste*, cité ici d'après K. Marx, *Œuvres*, t. I, édition établie et annotée par M. Rubel, Paris, Gallimard, « Bibliothèque de la Pléiade », 1965, p. 163.

On comprend bien où Marx veut en venir. Pour que le communisme prenne la figure d'une révolution inéluctable, il faut que l'expropriation, matérielle et morale, ait été portée à son comble. Ainsi la figure de l'expropriation ultime des expropriateurs peut-elle être présentée comme une prévision historique et non comme une prédiction religieuse. Il faut donc supposer que toutes les relations sociales traditionnelles sont appelées à être dissoutes par la monnaie, et que cette dernière conduit, dans un premier temps à une dépersonnalisation totale des relations humaines. Ce faisant, Marx institue une grille de lecture d'une force extraordinaire, dont la prégnance ira bien au-delà des marxistes. Le développement de l'échange monétaire prend la forme d'une première révolution, établissant un « avant » et un « après ». Les différentes solidarités humaines issues des sociétés traditionnelles sont dès lors du domaine du passé, et peuvent être qualifiées d'archaïques. Elles ne sont désormais lues qu'à partir du postulat que la modernité s'identifie avec la monnaie. Ce qui sauve, au sens chrétien du terme, une telle grille de lecture, en lui évitant de devenir une apologie pure et simple du capitalisme, c'est que cette première révolution doit nécessairement en engendrer une seconde, qui prend la forme de la négation de la négation. Le discours de Marx est ainsi à la fois une apologie radicale et une critique radicale du capitalisme, et il ne peut dans sa logique être critique radicale que parce qu'il est, d'abord, apologie. On touche ici à un effet pervers de la cohabitation entre une dimension prophétique et une dimension analytique dans l'œuvre de Marx [1].

De là naîtra toute une tradition marxiste qualifiant de réactionnaires ou passéistes les réactions permanentes dans les sociétés concrètes contre les effets de l'extension de la sphère des échanges monétaires. La persistance, voire le redéploiement, de solidarités interpersonnelles ne peut dès lors être perçue que sous la forme de l'archaïsme. On retrouve en réalité ce discours dans les propos de ceux qui taxent les différentes formes de résistance à la mondialisation d'archaïsmes réactionnaires. Le couple moderne/archaïque s'institue alors grille générale de lecture, dans une conception sous-tendue par une marche inéluctable vers le Progrès. Cela permet de comprendre, d'ailleurs, avec quelle facilité des anciens marxistes, une fois qu'ils abandonnent la perspective de la révolu-

1. Sur cette dimension utopique-prophétique, voir H. Maler, *Convoiter l'impossible*, Paris, Albin Michel, 1995.

tion, peuvent se transformer en panégyristes de l'économie de marché. Ce n'est pas un hasard si, en France, l'apologie de la mondialisation est le fait de personnes se situant ou s'étant situées dans une gauche qui n'avait assimilé du marxisme que sa dimension prophétique. Ajoutons ici que cette grille de lecture a très largement débordé au-delà des milieux proches du marxisme, pour devenir une sorte d'évidence, un de ces lieux communs sur lesquels se fondent les discours justificateurs.

Pourtant, on peut montrer l'étonnante vacuité heuristique du couple moderne/archaïque[1]. Ceci a été le fait d'historiens qui ont concentré leur attention sur le problème du changement social, et l'historiographie qui lui est liée. Rappelons ici que R. Kosselek a fortement et justement critiqué une vision de l'histoire en termes de « temps nouveaux ». La présence permanente de formes issues du passé au sein du présent peut alors s'interpréter d'une manière rompant avec tout téléologisme, dans le cadre de la notion de réemplois.

En un sens, et tout en argumentant de manière différente, avec le recours d'une anthropologie chrétienne, Aglietta et Orléan restent fondamentalement fidèles à cette vision prophétique et métaphysique que l'on trouve chez Marx. On a souvent considéré que *La Violence de la monnaie* était le manifeste d'une forme de rupture, au sein des régulationnistes français, avec Marx. En réalité, c'est un manifeste de continuité avec la part la plus discutable et la plus contestable de Marx.

Pourtant, même chez Marx, la vision des relations sociales induites par le capitalisme est plus complexe que ne pourrait le laisser croire la citation que l'on a présentée. Ainsi, le monde de la fabrique n'est pas soumis directement aux lois du marché. Par ailleurs, l'essentiel de l'analyse monétaire de Marx repose sur la métaphore de la trame, du passage à la fois simultané et désordonné entre monnaie, marchandises et monnaie[2]. La monnaie joue alors un autre rôle que celui sur lequel on vient de s'interroger ; elle doit être comprise comme médiation entre le monde des prix,

1. Pour une argumentation plus développée, voir J. Sapir, « Penser l'expérience soviétique », *in* J. Sapir (ed.), *Retour sur l'URSS*, Paris, L'Harmattan, 1997, pp. 9-44.

2. Rappelons ici que la monnaie est largement analysée dans le Livre I du *Capital*.

dans lequel opèrent les agents, et celui des valeurs[1]. Les désordres monétaires, qu'une lecture limitée au monde des prix associe à la cause des désordres de l'économie réelle, doivent alors être réinterprétés comme les symptômes d'autres désordres, plus profonds. Ce que cette lecture de Marx propose, c'est de considérer pleinement la nature contradictoire de la monnaie, à la fois médiation et instrument des conflits sociaux, à la fois espace de référence des décisions immédiates et réalité illusoire[2]. Dire ainsi, à la suite de Marx, que le monde plongé dans les relations monétaires est un *monde enchanté* ne signifie nullement qu'il n'est pas important, dans la mesure justement où les individus sont soumis à cet enchantement.

Si la dimension analytique chez Marx a pu être contaminée par la dimension prophétique, ce que montrent des fragments au sein même du raisonnement[3], elle n'a pas été complètement étouffée par cette dernière. Un usage analytique de Marx est possible, même si les conditions historiques de sa réception, en particulier en France, ont mis l'accent sur les éléments prophétiques.

Vouloir présenter la monnaie comme le lien social dominant, si ce n'est dans la société présente où l'on pourra toujours à loisir trouver des « archaïsmes », du moins dans celle du proche avenir, implique en réalité de prendre le prophétique pour l'analytique. Cela implique une simplification redoutable des relations économiques, tout en étant fidèle, en un sens, à une tradition métaphysique qui court tout le long de l'émergence de l'économie comme discipline. Or, le projet d'économie réaliste que l'on défend ici est aussi un projet de rupture avec cette tradition métaphysique.

---

1. Voir ici l'ouvrage de A. Lipietz, publié à quelques mois d'intervalle de celui d'Aglietta et Orléan ; A. Lipietz, *Le Monde enchanté. De la valeur à l'envol inflationniste*, Paris, La Découverte-Maspero, 1983.

2. On se référera aussi à B. Chavance, *Marx et le capitalisme*. La dialectique d'un système, Paris, Nathan, 1996.

3. Voir par exemple le passage sur les pouvoirs de la monnaie au sein du Livre I qui utilise un vocabulaire ouvertement religieux et apocalyptique, semblable à celui du *Manifeste*. K. Marx, *Le Capital*, Paris, Livre I, PUF, coll. « Quadrige », 1993, pp. 149-150.

4. ÉLÉMENTS D'UNE THÉORIE RÉALISTE DE LA MONNAIE

Il faut donc renouer les fils de l'ouvrage entamé par les grands auteurs critiques du XXe siècle qui ont tenté de prendre la monnaie au sérieux. Il convient de le faire en renonçant aux facilités du saut dans la métaphysique, en s'interdisant de recourir à des déterminismes historiques pour boucler son raisonnement.

Pour ce faire, il faut revenir à l'économie standard et à ses limites. Dans les interstices du carcan de l'orthodoxie néoclassique se sont glissées des critiques qui éclairent des éléments essentiels des fonctions mais aussi des limites de la monnaie. Une réinterprétation intégrant les leçons d'une critique de l'essentialisme monétaire permet alors de dégager quelques solides pistes de recherche.

4.1. La monnaie et l'échange

La relation monétaire est présentée par les économistes qui restent fidèles au cadre standard comme une solution au problème de la commensurabilité dans un échange. Une relation de troc fait peser une menace d'asymétrie de l'information, car les biens sont incommensurables. Comment comparer trois bœufs et une certaine quantité de tissu ? Cette asymétrie, on le suppose, justifie des primes de risque ou des comportements de prudence exagérée[1]. Pour s'en défaire, les agents auraient inventé la monnaie. Néanmoins, croire comme les économistes standards qu'une monétarisation complète des échanges se traduirait par la disparition des asymétries est une profonde illusion. La complémentarité des activités et des techniques, la spécialisation issue de la division du travail, dans un univers où le temps est pris au sérieux et où l'on admet l'existence d'irréversibilités et de processus séquentiels, soulève alors plusieurs problèmes.

Le premier est celui de la signification de la concurrence comme processus justifiant, par le biais du calcul économique, la nécessité de la monnaie. La spécificité des actifs est un problème que von

1. A. Alchian, « Why Money ? », *Journal of Money, Credit and Banking*, vol. IX, 1977, n° 1, pp. 133-140.

Mises avait bien perçu, même s'il y avait donné une réponse insatisfaisante. Cette question a été redécouverte à la fin des années 70 par des économistes du courant néo-institutionnaliste. On entend ici par spécificité de l'actif le fait qu'il est adapté, dans le cadre de la division technique du travail, à un certain emploi. Le sortir de celui-ci lui retire une part considérable de sa valeur.

Si une activité nécessite des actifs matériels et humains fortement spécifiques, c'est avant tout parce que ces derniers sont plus efficaces. La spécificité des actifs découle de leur spécialisation dans le cadre du développement de la division du travail. Si tel est bien le cas, le processus de concurrence, que la monétarisation est à la fois censée faciliter et qui fonde la nécessité de la monnaie pour le calcul, soulève une objection et cesse de permettre une allocation optimale. En effet, la société privée qui aura été la première à investir en spécialisation dans la première période aura fait évoluer le capital et ses compétences de telle manière qu'elle disposera d'un avantage compétitif important sur ses concurrents futurs. Elle évincera alors ses concurrents du marché considéré. La concurrence est donc par nature inégale sauf si la période est courte. Mais si tel est le cas, l'entreprise ne peut avoir de stratégie de développement à long terme, en particulier de stratégie impliquant une spécialisation. Dès lors, la mise en concurrence devient un pur jeu aléatoire et non plus un processus sélectionnant les stratégies les plus efficaces. La concurrence est loin, ici, d'être une situation dégageant des solutions optimales tout comme on avait pu le montrer à travers la notion de contrainte temporelle.

La question des actifs spécifiques peut d'ailleurs avoir une autre dimension, qui illustre le second problème. Tout investissement entraînant un renforcement de la spécificité des actifs constitue une prise de risque pour l'opérateur. Il doit supposer qu'il pourra maintenir l'activité ayant nécessité la spécialisation des actifs pour un temps suffisant afin d'amortir le coût des investissements liés à cette spécialisation. Si la relation avec le client est instable et si les actifs sont difficilement redéployables, c'est-à-dire réutilisables pour d'autres productions, le risque pris en se spécialisant peut paraître trop élevé. L'acteur économique va dans ces conditions renoncer à approfondir la division du travail et l'ajustement de la demande à l'offre en est freiné. Son client potentiel est alors en droit de considérer que, dans une relation de marché normale, l'offreur ne s'est pas spécialisé autant qu'il serait souhaitable pour le servir. Dans ce cas, la solution pour un client potentiel passe par la sortie de la relation monétaire pure par l'absorption du fournisseur par le client dans une logique d'acquisition ou de fusion des entreprises. Ce qui aurait dû relever de la relation marchande sera dès lors réglé à l'intérieur du cadre hiérarchique de la firme issue de cette acquisition ou de cette fusion. On voit qu'il est nécessaire dans certaines conditions d'amoindrir la force de la relation monétaire pour que la relation industrielle évolue de manière optimale.

Un troisième problème réside dans l'incertitude quant aux coûts des investissements et aux délais de réalisation dans la construction de certaines infrastructures. En effet, pour qu'un opérateur privé puisse financer des investissements importants, il doit soit procéder à des augmentations de capital, soit emprunter sur le marché des capitaux. Il aura alors tendance à évaluer les coûts au plus juste. Si on se place dans le cadre de grands investissements, on est en réalité en présence d'opérations qui sont uniques et sur lesquelles l'incertitude quant aux délais d'achèvement et à leurs coûts, tout comme à l'évolution des coûts relatifs des autres systèmes potentiellement concurrents, est considérable. On peut alors aboutir à des situations perverses, dont le cas de la société du tunnel sous la Manche est un bon exemple. L'opérateur privé qui a réussi techniquement son opération est alors acculé à la faillite de fait compte tenu de sa charge d'emprunt. Celle-ci était elle-même liée à la forte prime de risque exigée par les prêteurs compte tenu des incertitudes. Étant donné l'importance des enjeux économiques et politiques, ce type d'opération, une fois qu'elle a dépassé un certain stade, ne peut être annulée ou abandonnée ; on doit alors procéder à une difficile restructuration financière. Il faut soit léser les emprunteurs soit léser les actionnaires, comme ce fut le cas pour Eurotunnel. Mais, dans un cas comme dans l'autre, on aboutit à créer un climat qui freine le financement de tels investissements. Notons que le canal de Panama et le scandale financier dont il fut l'origine ont très exactement les mêmes causes. On peut donc considérer que la combinaison d'incertitudes pesant sur les coûts réels des investissements, sur les évolutions des prix relatifs en raison de l'irruption ou de la maturation de technologies nouvelles, d'investissements fortement spécifiques et à longue durée de vie, rend impossible l'établissement d'un contrat fondé sur l'hypothèse d'une commensurabilité en termes monétaires entre des investissements alternatifs.

Un quatrième problème réside dans l'impossibilité de mesurer l'accroissement de richesse induit par la mise en œuvre de certains services alors qu'il est possible d'en mesurer le coût. C'est le cas évident de l'éducation mais aussi de la santé. Il est matériellement impossible de calculer ce que l'élévation du niveau d'éducation fait gagner à une collectivité, même si ce gain ne fait aucun doute. De même, il est très difficile de prévoir ce que des dépenses de santé, dans le domaine de la prévention, peuvent faire gagner à une collectivité. On retrouve ici la question de la commensurabilité à laquelle s'ajoute un problème évident d'externalité. Les gains en richesse induits par la mise à disposition de certains services ne sont pas individualisables. Par contre, les dépenses, elles, sont parfaitement mesurables. Cette asymétrie de mesurabilité conduit à rationner l'offre de ces services alors que l'on est peut-être dans une situation de rendements croissants. Une logique purement monétaire peut donc réduire les gains en richesse en limitant l'offre de services collectifs.

Ajoutons que certains services sont collectifs au sein des organisations. Ces dernières peuvent toujours être divisées en une part qui produit directement ce pour quoi l'organisation a été créée, qu'il s'agisse d'un produit si c'est une entreprise, ou un service s'il s'agit d'une administration comme l'Éducation nationale ou l'Armée, et une part qui fournit un soutien logistique. Le rôle de la seconde part, la logistique, est d'autant plus important que la division du travail et la spécialisation sont importantes dans la première part. Mais, la contribution de la part logistique, ou de soutien, n'est pas dissociable dans le résultat général de l'organisation. En revanche, le coût de fonctionnement de cette logistique est, lui, mesurable. Logiquement, au nom d'une meilleure gestion, on cherche à réduire la part dite logistique ou de soutien, partant du principe que seule la partie « opérationnelle » de l'organisation en question est réellement productive. Ce faisant, on oublie que très souvent dans les activités dites de logistique et de soutien, il y a aussi des rendements croissants ; or, c'est la présence de rendements croissants qui donne à l'existence de l'entreprise industrielle sa meilleure justification.

Le résultat d'une logique purement monétaire appliquée cette fois à une organisation sera d'aboutir à une production de biens ou de services moins efficaces que ce que l'on aurait pu avoir. Le calcul monétaire, en apparence rationnel, aboutit à une situation d'inefficience. Ceci constitue un bon exemple de la mise en œuvre de la contradiction entre rationalité « formelle » et « substantielle » que l'on a trouvée chez Weber.

Contrairement aux affirmations des économistes standards, l'échange et l'interdépendance entre des agents dans un univers de forte division du travail ne justifient pas de manière univoque la monétarisation des transactions. Si dans certains cas la monétarisation est un avantage, il en est d'autres où elle est un obstacle.

4.2. Monnaie et incomplétude des libertés de transaction

La combinaison d'incertitudes pesant sur les coûts réels des investissements, sur les évolutions des prix relatifs en raison de l'irruption ou de la maturation de technologies nouvelles, d'investissements fortement spécifiques et à longue durée de vie, rend impossible l'établissement de contrats complets et « justes » au sens où leurs résultats sont mesurés à égalité des chances pour tous les contractants possibles. Que la monnaie puisse, à elle seule, assurer l'homogénéisation d'un univers hétérogène suppose à son tour de faire des hypothèses très lourdes quant aux temporalités économiques et à leur harmonisation.

Dans ces conditions, on constate que la monétarisation des activités engendre elle-même ses propres limites. Cette évidence constitue le fondement de ce que l'on appelle le nouvel institutionnalisme. L'existence d'entreprises, c'est-à-dire d'organisations à l'intérieur desquelles le calcul en monnaie est exclu, constitue un paradoxe pour qui veut penser une économie de marché complètement monétarisée. Cependant, ce courant ne conçoit que deux formes stables, le marché — où la monnaie domine logiquement — et la hiérarchie. Deux autres formes sont alors concevables : la constitution de liens de dépendance à durée déterminée ou la constitution de réseaux. Tant la dichotomie marché/hiérarchie que la vision d'une tendance générale à la prédominance des relations de marché apparaissent alors comme des simplifications unilatérales.

On peut en fait classer les fonctionnements économiques par rapport aux deux libertés fondamentales des agents dans des sociétés qui ne sont pas des sociétés d'ordre au sens féodal du terme : (I) celle de contracter quand ils veulent et (II) celle de contracter avec qui ils veulent.

Le réseau, qui nie la seconde liberté, pour permettre l'expression de la première en condition de forte incertitude, constitue donc une situation différente et du marché au sens traditionnel et de l'organisation. En cela, il constitue une forme stable et non transitoire entre le marché et l'organisation. De même, le marché asymétrique, qui nie la première mais respecte la seconde liberté, et qui ne doit pas être limité au seul marché du travail, constitue une autre forme possible de l'alternative. Ce que les néo-institutionnalistes ne voient pas, c'est que l'expression par des agents individuels et décentralisés de leurs libertés passe nécessairement par des abandons de liberté. Ces derniers peuvent être plus ou moins importants et plus ou moins permanents ; ils n'en sont pas moins nécessaires.

<table>
<tr><td rowspan="3"></td><td colspan="2">Contracter avec qui on veut</td></tr>
<tr><td colspan="2">2e liberté</td></tr>
<tr><td>Oui</td><td>Non</td></tr>
<tr><td>1re liberté
Oui

Contracter quand on veut</td><td>Marché au sens traditionnel du terme, avec domination de la forme monétaire</td><td>Réseau, avec prédominance de la notion de confiance et domination de la relation interpersonnelle</td></tr>
<tr><td>Non</td><td>Marché asymétrique (marché du travail) avec combinaison de relations monétaires et de coercition réglementaire</td><td>Organisation hiérarchique avec domination de la coercition réglementaire</td></tr>
</table>

Supposer que chaque agent puisse jouir spontanément et naturellement en un temps et en un lieu de la totalité des deux libertés supposerait que soient vérifiées *simultanément* deux hypothèses : l'inexistence de tout effet non intentionnel sur autrui, *et* une capacité cognitive permettant de saisir instantanément la totalité des paramètres issus de l'environnement. Si l'agent opère dans une société où chacune de ses actions peut avoir des effets non intentionnels sur autrui, il est soumis à un risque de réaction imprévue de la part des agents qui auront été affectés. Ce risque peut être associé à un risque de coût. Comme on est ici confronté à une incertitude, une incapacité d'attribuer à un événement futur une probabilité, l'agent peut considérer que le coût potentiel qu'il risque de subir peut entièrement compenser le bénéfice de l'action qu'il veut entreprendre. Dans l'incapacité de mesurer le coût potentiel et sa probabilité d'occurrence, il devient alors rationnel pour cet agent de s'abstenir d'agir. L'incertitude paralyse l'action. La codification, par des règles, lois, règlements, de ce qui est possible et de ce qui ne l'est pas, libère l'agent de cette incertitude. S'il a respecté le cadre juridique et normatif existant, il ne peut être tenu pour responsable des effets non intentionnels. Une évaluation du montant, de la nature et de la probabilité d'occurrence du coût redevient possible, et un calcul économique, même incomplet et imparfait, aussi. La réglementation, au sens le plus large du terme, devient alors une condition d'exercice de la liberté. Il en va de même dès que l'environnement cesse d'être parfaitement maîtrisable. Le risque de catastrophe (grêle, tornade, inondations, tremblement de terre...) ne peut être évité. Il ne peut non plus être entièrement couvert par des assurances du fait de la difficulté de probabiliser certains événements. Des restrictions ou réglementations d'emploi (interdiction de construire sur des terrains inondables, adoption de normes antisismiques...) sont complémentaires aux assurances. Pour pouvoir agir dans un univers qu'il ne maîtrise pas, l'agent doit ici accepter de suivre des règles qui sont une limitation de sa liberté. *L'exercice de la liberté est ainsi contingent à des limitations de cette dernière.*

Cette constatation conduit à s'interroger sur les conditions institutionnelles et matérielles qui rendent possible l'exercice des deux libertés. Contracter quand on veut implique tout d'abord que l'on puisse retarder (ou avancer) pour soi-même les effets attendus du contrat. Dans le cas du contrat de travail, on mesure immédiatement l'impossibilité d'une telle situation. Sauf à disposer déjà de ses propres moyens d'existence, un salarié ne peut retarder indéfiniment le contrat. Cette impossibilité est cependant niée par la théorie néoclassique qui postule que chaque agent a le choix de son mode d'insertion dans l'activité économique, comme salarié, producteur individuel ou rentier. L'asymétrie existant entre l'entreprise et le salarié peut donc conduire à la négation de cette liberté. Inversement, l'existence d'allocations publiques, comme l'allocation chômage, qui sont décriées par les économistes libéraux comme autant d'atteintes à la vérité du prix de la force de travail, restaure en partie une certaine symétrie. Elles sont donc ici une condition pour que la relation d'embauche puisse s'apparenter à une relation marchande et pour que la monnaie puisse y jouer pleinement son rôle. Si on se place maintenant du point de vue de l'entreprise, la liberté de choisir le moment du contrat implique l'existence de réserves, qu'elles soient financières ou matérielles. Ces réserves ont bien entendu un coût ; il en découle que l'exercice de la première liberté est coûteux, directement ou indirectement. Le rôle du crédit est souvent, dans ce cadre, déterminant. Une entreprise qui peut emprunter à des taux raisonnables peut attendre la meilleure période pour mettre en vente sa production. C'est un phénomène connu pour des productions saisonnières (dans l'agriculture) mais aussi pour certains services. L'absence d'un système de crédit organisé ou l'existence d'une politique monétaire conduisant à des taux prohibitifs vont compromettre l'exercice de cette liberté de contracter quand on veut. Cet exercice est donc ici dépendant de l'existence d'institutions mais aussi des effets des politiques macroéconomiques dont on mesure directement comment elles peuvent faire retour sur les comportements microéconomiques dans un sens contraire à l'établissement d'une relation marchande complète. Si on se place enfin du côté de la demande, contracter quand on veut suppose que l'offre soit parfaitement flexible. Dès que l'on entre dans des chaînes techniques de division du travail qui sont un tant soit peu complexes, ou même simplement quand on se place du point de vue des marchés des produits agricoles, on sait que cette flexibilité totale est une impossibilité. On peut réduire les rigidités de l'offre par un accroissement du nombre potentiel d'offreurs, mais cela implique des systèmes de transport et de communication parfaitement développés. Ici encore, il y a un coût, direct et indirect, dans le financement de ces systèmes et des institutions qui les garantissent. Pensons simplement à ce que peut apporter en positif le commerce électronique sur Internet, mais aussi ce que coûte la sécurisation des paiements pour que ce commerce puisse se développer. Par ailleurs, il est clair que cette réduction de la rigidité de l'offre ne peut être que partielle. Il est des contraintes naturelles ou techniques qui sont, dans l'instant, incontournables.

La seconde liberté, celle de contracter avec qui on veut, soulève tout autant de problèmes. Elle implique que les paiements soient garantis et qu'existent les institutions financières et juridiques de cette garantie, que l'information et que les produits circulent et soient autant que faire se peut standardisés. Un industriel français souhaitant contracter avec un industriel britannique devait pendant longtemps se poser le problème de la compatibilité du système de mesure. Si des institutions peuvent aider à la standardisation, leur réussite ne peut être que partielle, car l'innovation change en permanence les règles techniques. On le voit sur les standards dans l'audiovisuel et les télécommunications. Il y a de plus de très forts effets d'irréversibilité dans l'adoption de certaines normes techniques. Contracter avec qui on veut n'est donc jamais parfaitement possible ; il y aura toujours des segments de l'activité économique où cette liberté ne pourra s'exercer. Le degré de possibilité dépend largement de ce que les autorités publiques sont prêtes à dépenser, en argent et en énergie administrative, pour créer ou garantir les institutions nécessaires. Elles doivent donc aussi toujours penser l'impact des politiques économiques qu'elles entendent mener du point de vue des effets sur les institutions qui rendent possible l'élargissement du nombre des participants à une transaction. Ainsi, une politique monétaire trop restrictive qui fragiliserait le système bancaire irait à l'encontre de son objectif. De même, ouvrir de nouveaux espaces de marché sans, en même temps, fournir les encadrements réglementaires qui sont la base des transactions est clairement contre-productif.

Les deux libertés de transaction, nécessaires pour fonder la suprématie de l'échange monétaire, sont ainsi irréductiblement limitées. C'est pourquoi, dans le schéma présenté ci-dessus, la case de l'organisation hiérarchique n'est jamais vide. Elle est occupée par l'entreprise et en général toutes les organisations nécessaires à l'activité économique. L'incomplétude de ces deux libertés couvre cependant tout un spectre de situations intermédiaires. C'est ce qui explique la permanence des formes comme le réseau et les marchés asymétriques. Contrairement à ce que prétend le néo-institutionnalisme, ces formes ne sont nullement transitoires. Il faut cesser de penser la place de la monnaie dans un système de transactions comme s'inscrivant dans une simple polarité entre le marché et la hiérarchie. En effet, ces deux libertés, on vient de le montrer, ne sont nullement naturelles. *Elles sont, de par les conditions nécessaires à leur existence, des constructions sociales, et ainsi elles sont contingentes aux cadres institutionnels.* L'articulation de ces cadres institutionnels avec les contraintes techniques, qui découlent quant à elles du niveau de développement et de spécialisation de l'économie, reproduit en permanence des situations où chaque liberté ne s'exprime que partiellement et incomplètement. La monnaie doit donc être pensée du point de vue de ces articulations, mais aussi du point de vue de l'ensemble des situations intermédiaires qu'elles engendrent. Le réseau, tout comme les situations de marché asymétrique, peut favoriser l'émergence de monnaies locales ou de monnaie de substitution, voire se révéler propice au développement de relations en troc. La monnaie ne peut donc se penser sans la spécification préalable des conditions de transaction.

4.3. Repenser le troc

On peut alors fournir une explication théorique aux phénomènes de démonétarisation que l'on a rencontrés à propos de la transition dans la Russie contemporaine [1], et dont on a dit qu'ils étaient inintégrables à la théorie monétaire traditionnelle.

Comme par hasard, la résurgence du troc et des systèmes de consommation démonétarisés est interprétée par les analystes orthodoxes comme des survivances du passé, des archaïsmes issus de la période soviétique. Ce disant, ils oublient (ou simplement ignorent) que c'est à la fois factuellement faux, car le système soviétique était plus monétarisé que la Russie actuelle et le taux du troc s'est accru très significativement depuis 1993, et idéologiquement révélateur. La modernité ne peut être que monétaire, et partant toute tendance à la réduction du rôle de la monnaie est un retour en arrière. À ces ignorances drapées dans le scientisme, on oppose une prise en compte de l'irréductible double incomplétude des libertés de transaction et des marchés. Les libertés des transactions sont nécessairement limitées et incomplètes, mais elles le deviennent encore plus quand manquent un certain nombre d'institutions. Quant aux marchés, ils sont à la fois incomplets dans ce qu'ils intègrent comme information et dans ce qu'ils intègrent comme possibilités. Cette double incomplétude nécessite la présence permanente, à côté des marchés, de formes distinctes, qui toutes reposent sur des limitations de la liberté des agents afin de diminuer le poids de l'incertitude qui pèse sur eux.

Le retour au troc n'est jamais effectué dans un pur cadre bilatéral. Il équivaut à l'inscription de l'agent dans un réseau, avec ses règles et ses contraintes. Il peut se comprendre uniquement si l'on raisonne à partir d'une théorie réaliste des acteurs microéconomiques.

Tout vendeur préfère, à montant égal, être payé en monnaie plutôt qu'en nature. La monnaie est un droit indifférencié sur les

1. Voir J. Sapir, *Le Chaos russe*, Paris, La Découverte, 1996.

autres biens, ce que ne sont ni le paiement en troc ni l'usage de billets à ordre (les *Veksels* en Russie) compensables uniquement en un type de bien. Mais, s'il est dans la situation d'un « joueur en premier », il peut craindre la défection du « joueur en second », l'acheteur, qui pourrait prendre la marchandise et ne pas payer. L'utilité théorique du résultat de la transaction est donc affectée d'un fort coefficient d'incertitude, en particulier dans un pays comme la Russie où les règles encadrant les contrats sont faibles. On retrouve ici le problème de l'incomplétude de la relation contractuelle.

Supposer que le « joueur en second » puisse faire défection soulève la question du pourquoi de ce comportement. Une réponse possible est qu'il s'agit simplement d'un escroc. Dans ce cas, mieux vaut ne pas travailler avec lui. Mais une autre raison possible est qu'il considère la liquidité qu'il détient comme trop précieuse pour s'en séparer. Le risque de défection peut alors être identifié et localisé au paiement en monnaie. Le vendeur doit alors comparer les utilités des deux modes de paiement, en monnaie et en nature, indexées de leur coefficient de risque spécifique. S'il analyse le coefficient de risque propre à la relation monétaire comme proportionnel à la valeur spécifique de la monnaie, la pénurie de liquidité est un bon indicateur d'un risque élevé. Rappelons qu'à la veille du krach d'août 1998, quand la proportion des échanges en troc avait atteint des sommets, le rapport entre la masse monétaire et le PIB (M2/PIB) était de 11 %. Dans les pays de l'Union européenne, ce même rapport varie entre 60 % et 110 %. Pour un économiste néoclassique, et même tout simplement pour un économiste standard, la rareté de la monnaie devrait uniquement se traduire par une baisse des prix. Mais ce raisonnement suppose, sans jamais l'expliciter, que les agents sont soumis à des règles qui les empêchent de faire défection, et qu'ils peuvent à chaque instant calculer le rapport coût/avantage de toutes leurs décisions, y compris celle de faire défection. Le raisonnement que l'on tient ici répudie cette dernière hypothèse. Il considère que les agents agissent, comme le montre Herbert Simon, à partir de règles heuristiques et sont donc sensibles non à des variations dans l'évolution de l'environnement, mais au passage de seuils qu'ils ont identifiés au préalable. Dans le cas de la transaction mentionnée, le niveau de fonctionnement des institutions chargées d'émettre les règles encadrant les contrats, mais aussi la politique monétaire peuvent franchir un seuil tel que, pour l'ensemble des agents, se crée une nouvelle convention : tout paiement en monnaie est porteur d'un risque élevé de défaut. Les agents modifient alors leurs propres règles de décision et s'adaptent à la perception qu'ils ont de l'environnement.

Accepter un paiement en nature peut alors devenir un choix rationnel. Il l'est encore plus si les agents s'inscrivent dans un réseau de troc multilatéralisé. En effet, dans ce cas, le réseau agit comme une institution, capable d'expulser tout acteur qui ferait preuve d'indiscipline. Dès lors, les transactions en nature cessent d'être affectées d'un coefficient de risque. Le réseau de troc fonctionne comme une institution locale, productrice de règles et de normes, et donc de prévisibilité pour les agents qui y participent, et qui se substitue aux institutions générales qui devraient fonctionner, mais qui sont déficientes. Dans la mesure où le fonctionnement de ces institutions générales renvoie à l'action de l'État, il n'est pas faux de dire que c'est l'affaiblissement de ce dernier, fruit amer des politiques libérales menées en Russie depuis 1992, qui est à la base de la démonétarisation de l'économie. Il y a ici une belle illustration de la nécessité de l'acteur public au fonctionnement du marché dans une économie décentralisée !

Ajoutons que le basculement des agents vers le troc peut être relativement irréversible, ou du moins s'accompagner d'un effet de cliquet qui rend la remonétarisation de l'économie difficile. Le réseau de troc multilatéralisé est, on l'a dit, une institution. Elle structure les systèmes de connaissance des agents qui y participent, que l'on peut qualifier de capital cognitif. Sortir du réseau dévalorise brutalement ces structures de connaissance qui sont hautement spécifiques. On retrouve alors le problème de la spécificité des actifs que l'on a évoqué plus haut. Pour que les agents acceptent de perdre des actifs hautement spécifiques, il faut leur garantir qu'ils n'en auront plus besoin par la suite. Une simple amélioration à la marge du fonctionnement des règles générales, ou une simple détente de la politique monétaire sont donc des signaux insuffisants pour faire rebasculer les agents vers l'économie monétaire. Il faut provoquer, en sens inverse cette fois, un effet de seuil important, en jouant simultanément sur la reconstruction de l'État et l'accroissement de la liquidité de l'économie.

Le troc apparaît alors comme le symptôme d'une mise en réseau, avec des règles spécifiques aux différents participants. Il peut avoir des logiques spécifiques, qui viennent s'ajouter au raisonnement que l'on a tenu plus haut. C'est en particulier le cas dans des activités industrielles où la division du travail est importante avec ce qu'elle implique en termes de spécialisation et de spécificité des actifs. On est en présence non pas simplement de producteurs et de consommateurs, mais de véritables chaînes technologiques liant des entreprises entre elles par des contraintes de qualité et de spécificité des produits, mais aussi de délai de livraison. Le risque de défection est, au sein de telles chaînes technologiques, réellement synonyme de mort économique pour les acteurs concernés. Dans ce cadre, le développement du troc constitue aussi le signe de la mise en place d'une nouvelle logique économique privilégiant des liens sociaux fondés sur les rapports personnels (la « confiance ») ou des complémentarités assumées.

La démonétarisation des échanges, comme la prolifération de monnaies parallèles, traduit aussi en Russie une pénurie d'institutions. On peut, là encore, invoquer l'héritage de l'URSS. Mais alors il faut bien admettre que la Chine, dont l'héritage en ce point est peu différent, a su mieux le faire fructifier. Ce discours sur les héritages est en réalité un moyen commode de fuir certaines responsabilités, et en premier lieu celles des conseillers occidentaux et des organisations internationales qui ont appuyé la politique économique de la Russie de 1992 à 1998. La faiblesse du cadre institutionnel dans ce pays est très largement le résultat d'une politique qui a refusé à l'État le moyen de financer les institutions. Ouvertement mis en cause durant tout l'été 1999, le directeur du FMI, Michel Camdessus, l'a reconnu à demi-mot. L'action de l'organisation qu'il dirige aurait ainsi, selon lui, contribué à « ... créer un désert institutionnel dans un océan de mensonges [1] ». L'aveu est terrible et vaut confession. Mais il n'y a pas d'absolution en économie, du moins pas de celles qui achètent à bon compte le repos d'une conscience pour l'aveu d'un péché, trois *Pater* et trois *Ave*. Qu'un homme à l'expérience et aux responsabilités de Camdessus puisse dire cela donne la mesure des errements économiques et politiques qui découlent directement du cadre conceptuel de l'économie standard. Peut-être est-il prêt à reconnaître que l'acharnement fanatique mis à conseiller aux gouvernements russes successifs de couper dans leurs dépenses a-t-il eu des conséquences néfastes quant aux institutions. Mais c'est parce que, pour lui, les institutions sont clairement secondaires. Ce « désert institutionnel » qu'il a contribué à créer constitue alors le prix

1. Voir *Libération*, 31 août 1999, p. 3.

d'une politique qu'il persiste à croire judicieuse ; c'est ce que les militaires appelleraient, après un bombardement réussi, un « dommage collatéral ». Il reste incapable de voir que c'est le manque d'institutions qui condamnait toute politique macroéconomique à l'inefficacité, et plus largement qu'il n'est pas de marchés sans institutions. Les discours présents de Camdessus et du FMI sur la nécessité de la lutte contre la corruption en Russie seraient alors risibles s'ils n'étaient tragiquement hypocrites. Le développement de la corruption traduit une production privée et locales de micro-institutions qui sont autant de stratégies de survie dans une économie décentralisée privée de ses institutions normales et légitimes. On s'en prend au thermomètre et au malade au lieu de s'en prendre à la maladie.

4.4. La monnaie comme élément d'un système hiérarchisé d'institutions

La monnaie ne saurait donc se penser seule. La critique de l'essentialisme monétaire montre qu'il faut des institutions non monétaires pour que la monnaie puisse fonctionner. Au-delà, il faut ajouter que ces institutions sont aussi nécessaires pour que la monnaie puisse fonctionner sans détruire les conditions de réalisation des transactions. Il faut cesser d'opposer monnaie et commandement, comme symbole de l'opposition rationalité/irrationalité. La monnaie ne peut prendre sens que parce qu'il existe du commandement, ou de l'autorité, et, en amont, de la légitimité et donc du politique. Le commandement, qu'il soit public ou privé, a besoin des capacités d'évaluation que donne la monnaie, même si ces capacités sont toujours limitées et parfois mensongères et ne peuvent jamais être les seules sur lesquelles il va baser ses choix.

On doit donc penser non pas *une* forme dominante du lien social, qui serait représentée par la monnaie, comme nous y incitent les tenants de l'essentialisme monétaire. Il faut au contraire penser la présence de formes multiples de liens, couvrant tout le spectre — du commandement le plus absolu à la transaction la plus monétarisée. Ces liens sont historiquement et localement hiérarchisés. Dans certains cas, l'institution monétaire domine mais pas dans d'autres. Les formes de hiérarchisation dépendent des univers industriels avec leur niveau technique, leur degré de déploiement de la spécialisation et de la division du travail, les niveaux de développement économique, les contraintes des changements technologiques, les cultures politiques et organisationnelles enfin, car elles déterminent les procédures de légitimation.

Cela ne retire nullement l'importance que l'on doit accorder à la monnaie. Il faut simplement, et ce simplement est lourd de tout un programme de recherches à venir, penser la monnaie simultanément à des relations non monétaires. Cette simultanéité n'est pas dans une logique du conflit (monnaie *ou* commandement). Elle ne doit pas non plus être lue dans la logique de la succession historique, en reproduisant ce qu'il y avait de plus mécaniste dans le marxisme, la théorie de la succession des modes de production.

La seule lecture réaliste possible de cette simultanéité est celle de la contemporanéité et de la complémentarité de ces relations. Vouloir alors faire de la monnaie le pivot de l'analyse économique, et de la stabilité monétaire le pivot des politiques économiques signifie opérer une dramatique réduction.

Voilà qui, bien sûr, a des conséquences importantes dans les politiques économiques, et en particulier dans leurs dimensions monétaires. À cet égard, l'ensemble du discours économique contemporain est défectueux.

L'idée d'une neutralité de la monnaie, vieille lune néoclassique, autorisant les politiques les plus restrictives car sans effet sur les grandeurs économiques dites « naturelles », est un cadavre qu'il faut laisser dormir en paix.

La thèse de la primauté de la monnaie n'est pas moins dangereuse. Elle peut prendre la forme de la neutralisation de la monnaie, dont la gestion serait alors retirée aux gouvernements car trop dangereuse pour être instrumentalisée par des dirigeants politiques. C'est en un sens ce que l'école autrichienne, mais aussi l'essentialisme monétaire réclament. Voilà qui ne vaut guère mieux que les lubies monétaristes. Cette politique, qui conduit au dogme de l'indépendance des Banques centrales voire, pour les plus extrémistes, à la privatisation de ces dernières, n'aurait de sens que si (a) le troc était un équilibre stable, (b) toutes les grandeurs pouvaient être évoquées en termes monétaires, (c) l'évaluation monétaire était indépendante de normes non monétaires, (d) l'évaluation monétaire était transparente aux structures de répartition des revenus. *Ces quatre conditions doivent être simultanément réunies pour que la neutralisation de la monnaie ait une justification.* À la suite de Max Weber, il faut considérer cela comme impossible.

L'accent mis sur la monnaie comme unique instrument de retour à des régimes de croissance, sous réserve d'en soustraire la gestion aux non-spécialistes, ce qui est une autre justification de l'indépendance des Banques centrales, est une autre illustration des impasses de l'essentialisme monétaire. En privilégiant ainsi l'outil des taux d'intérêt et une libéralisation internationale de la finance, dont la politique européenne de la monnaie unique est un exemple presque caricatural, on commet tout autant un contresens. Des taux d'intérêt pratiquement nuls n'ont pas relancé l'économie japonaise. Ici encore, on oublie la question de la cohérence et la nécessaire articulation d'institutions différentes.

En fait, l'affirmation théorique de la primauté de la monnaie comme lien social renvoie à une confusion fondamentale, celle entre comparabilité et commensurabilité. On a déjà indiqué pourquoi et comment la commensurabilité faisait partie des dogmes fondamentaux de la TEG et de la doctrine standard. À travers la confusion entre ces deux notions on esquive l'ouverture d'un programme de recherches essentiel, celui qui porte sur la comparabilité des objets non mesurables en des termes identiques. Si la commensurabilité n'est pas atteignable et si la comparabilité est autant qualitative que quantitative, et donc forcément subjective, l'important réside dans la cohérence des effets entre les institutions. Il faut choisir comme critère d'évaluation la compatibilité. Les effets d'une institution doivent ne pas compromettre les autres institutions du système dans lequel elle s'intègre. Autant que faire se peut, ces effets doivent même renforcer les institutions du système. On a eu quelques exemples de ces problèmes en envisageant les implications de contrats intertemporels dans le chapitre 3. La monnaie devient naturellement un objet d'application de cette exigence de compatibilité. L'important est que les effets d'une politique monétaire au sens large, incluant le degré de monétarisation et les systèmes financiers, soient compatibles avec les autres institutions dont la société a besoin.

La gestion de la monnaie ne doit donc pas viser sa neutralisation, mais la cohérence entre la norme monétaire et les autres normes qui l'entourent et lui donnent sens, comme la structure de répartition des revenus que l'on considère souhaitable, ou le niveau et le rythme des dépenses publiques. Comme toute action économique, la politique monétaire ne saurait être entièrement prévisible. Mais, parce qu'elle s'inscrit dans un ensemble qui la dépasse et sans lequel elle n'a pas de sens, ses conséquences ne sauraient être évaluées uniquement sur des critères monétaires, voire simplement économiques. Si la commensurabilité est une notion économique, la compatibilité est, elle, une notion sociale, qui impose d'allier du qualitatif à du quantitatif, du calcul à de la norme. Mettre en avant la notion de compatibilité, c'est alors mettre en avant le politique. Seule la controverse libre et publique se réglant dans des procédures démocratiques est à même de faire émerger dans des sociétés hétérogènes les formes de compatibilité qui sont souhaitables.

L'exemple de la Russie entre 1992 et 1998 montre tragiquement que l'affaiblissement de l'État s'accompagne de celui de la monnaie. Cela indique bien dans quel sens fonctionne le lien social, n'en déplaise aux tenants de l'essentialisme monétaire, mais aussi à tous les économistes encore infectés par le virus néoclassique.

CHAPITRE V

Paradigmes en crise : concurrence, décentralisation, propriété et flexibilité

Deux économistes se rencontrent. L'un demande à l'autre :
« Tu comprends ce qui se passe ? »
Et l'autre de répondre :
« Attends, je vais t'expliquer.
— Non, non, reprend le premier, expliquer ce n'est pas difficile, moi aussi je suis économiste. Non, ce que je te demande c'est est-ce que tu comprends ? »

Plaisanterie circulant en Russie en 1995-1996.

Le discours économique contemporain s'organise autour d'un nombre réduit de paradigmes. Ces derniers, consciemment ou non, structurent le discours, qu'il soit commun ou savant. Deux grands mythes organisent depuis une vingtaine d'années la production de politiques et des argumentaires de justification de ces politiques : celui de la concurrence et celui de la décentralisation. Ils mettent alors en avant deux autres paradigmes, qui deviennent tout autant mythifiés, la flexibilité et la propriété.

On peut en trouver des preuves multiples dans l'organisation même des politiques et des administrations. Au niveau européen, la politique industrielle n'est envisagée qu'à travers le principe de la concurrence et de la flexibilisation, ce dernier mot apparaissant de manière répétitive et obsédante dans les publications de l'OCDE. En France, le fonctionnement des administrations est de plus en plus soumis à celui de la décentralisation, dont on verra qu'il peut avoir plusieurs significations. Quant au paradigme de la propriété (privée bien entendu), il est central dans la discussion sur les privatisations, mais aussi dans les argumentaires qui entourent ce nouveau fétiche des économistes, le « gouvernement d'entreprise », ou, pour faire chic et savant, la *corporate governance.*

Dire que des notions comme la concurrence et la décentralisation, mais aussi la flexibilité et la propriété, sont devenues des mythes ne signifie pas qu'il faut systématiquement leur refuser toute pertinence. Le problème ici est le processus de construction d'un paradigme ; pourquoi des situations particulières sont-elles élevées au statut de généralisation ? Les implications de cette mythification dans le domaine de la politique économique sont évidemment graves. Elles conduisent à des argumentations normatives déconnectées de la réalité des économies sur lesquelles on les applique.

1. LE PARADIGME DE LA CONCURRENCE

La construction paradigmatique de la notion de concurrence est un des points de passage obligé de toute théorie libérale. La théorie néoclassique, dans sa forme walrasienne ou dans ses avatars modernes (ce que l'on a appelé la TEG), correspond à une tentative de fonder de manière rigoureuse le paradigme de la concurrence. Cette tentative n'est pas la seule. Ainsi la concurrence se verra également dotée d'un statut paradigmatique dans des théories hétérodoxes, comme le libéralisme autrichien inspiré par Hayek, ou la théorie évolutionnaire qui se réclame de Schumpeter.

Dans tous les cas, le paradigme de la concurrence peut s'énoncer ainsi au niveau le plus général : la concurrence entre agents, même si elle peut se traduire par des effets dommageables pour certains de ces derniers, les conduit à des comportements qui induisent des effets non intentionnels dont l'agrégation se révèle plus utile pour le corps social tout entier que ce que l'on pourrait attendre d'une concertation intentionnelle entre ces agents. On retrouve ici la pensée exprimée au XVIIIe siècle par Mandeville et par Adam Smith. Le fond du raisonnement réside dans une sacralisation du principe de la main invisible qui est alors assimilée à un mécanisme (les néoclassiques), un processus (les disciples de Hayek), ou une évolution (les tenants de Schumpeter).

Si on adhère rigoureusement au paradigme de la concurrence et ce, quelle que soit la forme de cette dernière (mécanisme ou processus), on doit alors nécessairement considérer : (a) que l'action non intentionnelle est *toujours* supérieure à l'action intentionnelle, (b) que le résultat ainsi obtenu *n'est pas affecté par la contrainte temporelle*, et (c) que les effets de la concurrence sont *toujours* appropriés uniquement de manière individuelle. La première de ces trois conditions doit être démontrée pour fonder la *nécessité logique* de la main invisible ; la seconde est nécessaire à la démonstration de la *supériorité* de la main invisible, et la troisième condition quant à elle doit être démontrée pour fonder que la main invisible est une *possibilité réelle*. La rupture de l'une de ces trois conditions, que ce soit dans des effets de coordination démocratique, par l'existence d'un temps contraignant la décision et ses résultats, ou par des effets d'externalités, détruit le raisonnement qui vise à l'absolutisation de la concurrence. Soit cette dernière n'est plus nécessaire, soit elle cesse d'être une solution supérieure, soit enfin elle cesse d'être possible. Cela induit immédiatement d'intéressants paradoxes dans les discours économiques.

Un exemple en est donné avec l'un des points les plus repérables du discours libéral actuel, qui réside dans la défense de politiques visant à accroître et développer la concurrence. On en a de nombreux cas avec la Commission européennes et ses directives ou encore avec l'exposé des principes fondateurs de l'Organisation mondiale du commerce. Au niveau européen comme au niveau mondial, on prétend que tout accroissement du degré de concurrence est socialement profitable. Mais, si on est un tant soit peu logique, la notion d'une *politique de la concurrence* et en général toute politique visant intentionnellement à développer la concurrence est une contradiction dans les termes. Défendre une politique de la concurrence revient à reconnaître la supériorité en un point de l'action intentionnelle et coordonnée sur les effets non intentionnels d'acteurs décentralisés. Si la concurrence était bien le paradigme que l'on prétend qu'elle est, elle devrait s'imposer spontanément. Et, si la concurrence nécessite pour fonctionner des actions intentionnelles, que ces dernières portent sur les règles des marchés ou sur la structure des opérateurs en leur sein, alors le paradigme de la concurrence doit nécessairement être relativisé. Il cesse d'occuper la place d'un principe fondateur de l'organisation sociale pour devenir un état ponctuel et limité, subordonné à un contexte donné. On passe alors conceptuellement d'une vision paradigmatique de la concurrence à une analyse des formes concrètes de cette dernière.

L'une des raisons de ce paradoxe provient de la confusion qui entoure la signification du mot « concurrence ». S'il s'agit bien d'une notion centrale dans différentes théories économiques, le sens de cette notion peut être très différent d'une théorie à l'autre. L'incapacité du discours dominant à voir les frontières entre ces théories, le fait qu'elles reposent souvent sur des hypothèses incompatibles entre elles, produit dans de nombreux cas une argumentation qui est incohérente.

1.1. Pluralité des concepts de concurrence

Si la concurrence est donc centrale à de nombreuses théories, elle ne constitue pas une notion homogène. En fait chaque théorie a sa propre définition de la concurrence, qui renvoie à des définitions différentes de ce qu'est un marché, mais aussi à des hypothèses radicalement incompatibles quant à la nature de l'environnement et aux capacités cognitives des agents. La notion de concurrence peut ainsi signifier :

1. Une explication du mécanisme atemporel conduisant à l'équilibre (thèse néoclassique), dans une logique où se confrontent des agents automates disposant d'une information parfaite.
2. Un processus de découverte des usages les plus efficients des ressources disponibles à travers l'éviction des agents les moins compétents et les moins efficients (thèse autrichienne de Hayek) sur un marché lui-même conçu comme un processus de révélation des connaissances.
3. Un processus de destruction créatrice (Schumpeter).

On remarquera tout de suite qu'il y a une nette opposition entre la notion néoclassique, où la concurrence est un mécanisme, qui doit fonctionner si possible de manière instantanée, et les notions hayékienne et schumpéterienne où la concurrence fait partie d'un processus. Dans ces théories, on est explicitement dans la logique d'une économie séquentielle, où la position des agents se modifie d'une période à l'autre.

Le concept néoclassique soulève de nombreux problèmes. Non seulement il est irréaliste, mais il est logiquement insuffisant pour aboutir à la coordination des décisions centralisées. L'asymétrie d'information aboutit, dans un cadre néoclassique, au phénomène dit de la sélection inverse ou adverse, soit l'éviction des bonnes opportunités au profit des mauvaises [1]. Plus profondément, comme le montre le paradoxe de Grossman et Stiglitz, si les formes d'informations sont hétérogènes, la concurrence entre les agents empêche un marché d'être efficient du point de vue informationnel. En soi, un tel résultat ne condamne nullement la concurrence, mais seulement une vision statique de cette dernière, et en particulier son assimilation à un mécanisme producteur d'équilibre.

Les économistes de l'école autrichienne ont insisté sur l'importance en dynamique de la concurrence. Si la concurrence n'aboutit pas nécessairement pour tous à tout instant à la meilleure des solutions, elle reste néanmoins le processus qui dégage de la manière la plus sûre, car la moins intentionnelle, les éléments d'un progrès bénéfique à tous. Dans la conception hayékienne de la concurrence, le marché n'est pas seulement un espace de confrontation des connaissances dispersées, un processus permettant le dégagement de connaissances tacites, il est aussi un mécanisme d'incitation qui invite, à travers les signaux prix, les agents à se concentrer sur les informations pertinentes. Les signaux prix indiquent la présence d'inefficiences et invitent à les corriger. Ces signaux ne sont cependant qu'une partie seulement des informations dont les agents ont besoin pour décider. En fait, la décision des agents est le produit de la combinaison de connaissances explicites et de connaissances tacites, dont certaines sont même inconscientes. Ces connaissances sont organisées et combinées par le jeu de règles, certaines formelles, d'autres informelles. Le processus de concurrence ne fournit des résultats favorables que *si et seulement s'il se déroule dans un système de règles adéquates*.

La destruction créatrice schumpéterienne est, quant à elle, spécifique. Elle ne peut ici se réduire au processus hayékien de la sélection des meilleurs. Il s'agit d'un processus permettant la diffusion des innovations à travers la rivalité des acteurs, dans un univers qui est celui des échecs de marché. Des innovations déstabilisent les positions des différents acteurs, dont certains disparaissent, et se diffusent par un processus d'imitation.

Si on y regarde de près, il y a cependant dans cette notion schumpéterienne de la concurrence plusieurs problèmes. Le défaut

1. G.A. Akerlof, « The Market for "Lemmons" : Quality Uncertainty and the Market Mechanism », *Quarterly Journal of Economics*, vol. 84, 1970, pp. 488-500.

est ici de considérer que ce processus est en lui même dynamiquement efficient. Schumpeter suppose implicitement que l'expérience concrète fournit la réponse à des questions abstraites, dans la mesure où des décisions concrètes supposent toujours des abstractions en amont, que ces dernières soient consciemment ou inconsciemment mobilisées. Or, cette supposition-là est vulnérable aux travaux sur la rationalité et sur les structures de préférences. Rien ne prouve en effet que l'analyse des expériences passées ne soit pas directement affectée par le contexte du moment auquel survient cette analyse. Cela signifie que les mêmes expériences peuvent engendrer des conclusions différentes suivant le moment où le bilan en est tiré. Par ailleurs, la pratique montre que l'on peut tirer de mauvaises leçons d'une expérience. Il y a d'ailleurs ici un point crucial pour l'évaluation des théories transposant les mécanismes de l'évolution dans le monde économique. On glisse en effet très fréquemment du constat, juste, que les institutions et les organisations évoluent avec le temps à travers des processus d'apprentissage individuels et collectifs, aux affirmations, jamais prouvées, que (1) cette évolution sélectionne toujours les meilleures solutions et (2) que l'on ne retient de l'expérience que les idées justes.

Or ces deux affirmations soulèvent d'immenses problèmes méthodologiques. Tout d'abord, la convergence d'une sélection sur les meilleures solutions implique que l'environnement soit stable. Si tel n'est pas le cas, ce qui compte est moins l'adaptation la plus poussée que la capacité à s'adapter. Le processus de sélection peut alors aboutir à une sur-spécialisation qui se révèle inefficace dès que le contexte évolue. Le paradigme évolutionnaire doit être limité (un processus local se déroulant dans un contexte stable) ou il cesse de fonder une possibilité de généralisation. Ensuite, il faut pouvoir démontrer que le temps du processus évolutif est pertinent avec le temps du problème à résoudre. Si vous donnez à un homme qui a faim des semences de blé, il sera mort bien avant qu'il ne puisse récolter et cuire son pain. L'une des faiblesse du paradigme évolutionnaire consiste à considérer que le temps n'est pas un problème, ce qui est une position pour le moins curieuse pour une démarche qui entend justement se situer dans le temps.

Enfin, supposer que l'on tire de son expérience une connaissance précise de ce qui est juste ou de ce qui est faux n'est rien moins qu'évident. Soit on suppose, illusion positiviste classique, que de notre expérience directe peut naître une connaissance complète de notre environnement. Seulement, si tel était le cas, on pourrait déduire de cette expérience les lois de fonctionnement de l'environnement, et une optimisation directe des solutions deviendrait possible. Dans ce cas, le processus d'évolution et de sélection est un détour inutile. Soit on suppose que l'expérience directe ne saurait justement fonder une telle connaissance. Cela implique que l'on ne peut directement reconstruire dans leur totalité les chaînes de causalités présentes derrière un succès ou un échec. Notre compréhension directe des raisons du succès comme de l'échec étant partielle, il est parfaitement possible que l'on tire des leçons fausses de l'expérience.

Alors, bien sûr, on peut supposer qu'existe un espace de controverse qui permet aux différents acteurs de comparer les leçons qu'ils ont tirées de leurs expériences. Un travail collectif d'abstraction devient possible et, à partir de là, un saut qualitatif dans le degré de connaissance devient à son tour possible. Les acteurs peuvent produire une théorie des conditions de réussite et d'échec, théorie qui correspond à l'existence de stabilités dans l'environnement desdits acteurs. Seulement, dans ce cas, on est sorti d'une logique de l'action individuelle et du résultat spontané. Pour obtenir ce résultat, il faut tout à la fois du collectif et de l'intentionnel. On est alors assez loin d'une concurrence paradigmatique et d'une logique d'évolution spontanée.

Le raisonnement de Schumpeter se heurte de plus à deux obstacles. Pour que le processus d'innovation qu'il décrit se produise, il faut vérifier des hypothèses très strictes concernant les conditions d'évaluation des biens et des résultats des actions économiques, ainsi que les conditions d'appropriation des innovations. Plus fondamentalement, on peut considérer que l'évaluation et l'appropriation sont les conditions nécessaires d'existence de l'efficience de la concurrence, si on voit en elle un processus de révélation qui soit à la fois spontané et non intentionnel, ce qui est en réalité le cœur même du paradigme de la concurrence.

Pour Hayek, il faut ici immédiatement relever que, logiquement, parler en général de l'efficience du marché n'a pas de sens. La concurrence pourrait tout aussi bien être négative que positive. Telle fut sa position dans les années 50 et au début des années 60. C'est celle qui découle de son ouvrage sur la cognition *The Sensory Order* publié en 1952, et qui est mise en œuvre dans un autre texte, incontestablement plus accessible, *The Constitution of Liberty*. Si on s'en tient au concept de marché qu'il a développé entre 1940 et 1960, il est clair que l'on ne peut construire la concurrence en paradigme. Le marché ne produit un *ordre spontané* que dans la mesure où préexistent des règles et des normes ; ces dernières doivent être construites, ce qui ouvre un espace important à l'action intentionnelle. Par la suite, et pour pouvoir défendre une position ultralibérale conséquente, Hayek a voulu complètement renoncer au constructivisme social qu'il avait partagé au moins jusqu'au milieu des années 60. Il lui a fallu élaborer ce que l'on peut analyser comme une métathéorie de la concurrence, visant à prouver que le marché pouvait produire les conditions d'efficience du marché. La notion d'*ordre spontané* ne décrit plus dès lors ce qui se déroule à l'intérieur des règles du marché, mais un processus historique. La concurrence est alors perçue comme se déroulant sur très long terme et entre groupes sociaux. Elle sélectionne, à travers une forme de darwinisme social, les « bonnes » règles dont la concurrence des marchés concrets a besoin, à travers la survie ou la disparition des groupes sociaux. Outre que Hayek est incapable de montrer pourquoi le processus de sélection convergerait nécessairement sur les bonnes solutions et ce en temps utile pour les participants au processus, il faut remarquer que l'on est en présence d'un processus collectif. C'est évidemment contradictoire avec les prémisses individualistes du raisonnement hayékien

Prise dans sa forme initiale et restreinte, la théorie de la concurrence de Hayek est cohérente et réaliste. Elle interdit de construire la concurrence en paradigme et propose au contraire de focaliser l'attention sur le rôle des règles. Prise dans sa forme étendue, qui concerne cette fois l'engendrement des règles, cette théorie est à la fois incohérente du point de vue de ses hypothèses ou des logiques qu'elle postule, et irréaliste.

Il est donc parfaitement impossible de construire le type de paradigme de la concurrence que l'on trouve à l'œuvre dans les discours contemporains sur la base de la pensée de Hayek, et ceux qui s'obstinent à le faire, les tenants de l'ultralibéralisme, n'ont visiblement pas lu Hayek.

1.2. Capacité des agents à évaluer et stabilité des évaluations

Au-delà des problèmes méthodologiques que l'on vient d'évoquer, l'efficacité de la concurrence pose le problème de l'évaluation par les agents des effets des choix qu'ils ont faits. Pour que, dans une logique de concurrence-processus, on puisse obtenir les résultats envisagés tant par Schumpeter que par Hayek, il faut supposer (1) que les agents sont capables d'évaluer les options qui se présentent à eux *ex ante* ainsi que les résultats de leurs décision *ex post* et (2) il faut supposer que les évaluations sont relativement stables.

Or, la question de l'évaluation est en soi déjà porteuse d'une critique redoutable de la concurrence-processus. En effet, la théorie économique, que ce soit dans sa forme d'orthodoxie dominante ou dans celle de certains courants hétérodoxes, suppose comme évidente cette capacité des agents à évaluer des effets d'une action avant même qu'ils ne se produisent. Ceci n'est rien moins qu'évident, sauf à supposer une information complète, thèse standard de la TEG, mais qui est rejetée par les hétérodoxes. La capacité à évaluer *(appraisability)* soulève de nombreux problèmes. Elle illustre d'ailleurs de manière très intéressante le rôle du temps dans l'économie, puisqu'il s'agit typiquement d'une tension entre un jugement *ex ante* et une vérification *ex post*. Trois cas de figure sont ici possibles.

Dans le cas de biens « normaux » (non innovants), une évaluation *ex ante* est possible sur la base de nos propres expériences et celles des autres. Bien entendu, cette évaluation est imparfaite, dans la mesure où les conditions de consommation ne sont jamais parfaitement identiques et où les expériences d'autrui ne sont jamais parfaitement transposables.

Dans le cas de biens dérivés de biens « normaux », c'est-à-dire intégrant des innovations qui sont quantitatives plus que qualitatives, l'expérience passée doit être requalifiée par un système de croyance au futur. Par exemple, on considérera que tel nouveau logiciel correspondant à une évolution d'un logiciel déjà existant devrait procurer un certain gain en facilité d'opération, compte tenu de l'expérience acquise avec le logiciel existant et d'un postulat que le fabricant doit chercher à améliorer cette facilité d'utilisation. Le postulat sur la rationalité du producteur sert ici à requalifier une expérience qui n'est pas directement transposable. Mais, et de nombreux cas récents le montrent, ce postulat peut être faux. En ce cas, on peut être déçu par le nouveau logiciel.

Si le bien est cette fois anormal, soit incorporant des innovations radicales, l'expérience accumulée n'est d'aucun secours pour évaluer l'utilité qu'il peut apporter.

La question de l'évaluation est en réalité toujours un problème de comparaison entre une construction mentale *ex ante* (la consommation du bien x me procurera tel plaisir ou telle utilité) et un bilan réalisé *ex post* de ce que l'on a retiré de cette consommation. Il faut ajouter ici que l'on procède à une prévision de cette comparaison *ex ante*. On achète le bien x parce que l'on croit raisonnablement que l'on ne sera pas déçu, c'est-à-dire que l'on fait un pronostic sur le résultat de la comparaison. Si la comparaison est très différente de ce que l'on en attendait, notre pronostic est invalidé, en positif ou en négatif. Notre comportement par rapport au bien x peut alors changer brutalement, avec une implication sur les choix futurs, non seulement pour ce bien x mais pour la totalité des biens avec lesquels il entrait en concurrence dans notre comportement. Une déception ou une bonne surprise peuvent engendrer des changements majeurs dans la structure de nos préférences et donc dans l'allocation de nos moyens financiers aux consommations, voire à la répartition entre consommation et épargne. La question de l'évaluation est donc bien centrale, mais elle repose sur le problème de la stabilité plus ou moins grande de cette évaluation, stabilité elle-même liée à la croyance que nous avons dans notre capacité à faire un pronostic sur nos capacités à évaluer.

Par ailleurs, il n'est pas sûr qu'il ne faille pas distinguer ici une consommation simple, celle d'un individu, d'une utilisation dans le cadre d'un processus de production. La consommation intermédiaire, quand elle concerne des équipements, est à la fois rarement répétable et soumise à une forte détermination par l'environnement. L'évaluation exige donc clairement des compétences spécifiques et une certaine maîtrise de son propre environnement pour atteindre à une certaine stabilité. On est ici confronté à la contradiction suivante en ce qui concerne une théorie de la sélection par la concurrence. Pour pouvoir fonctionner, une telle théorie suppose que les agents tout à la fois sont en mesure de formuler des préférences stables et ne peuvent modifier à leur profit leur environnement (ils sont *price-taker*). Or, pour formuler des préférences stables, il faut pouvoir exercer ici un certain degré de contrôle sur l'environnement, et si ce degré est exclu, les préférences sont instables et donc les choix d'une période ne peuvent servir à déterminer les stratégies pour la période suivante.

Dans ce cas, le problème est sérieux pour la théorie autrichienne. Pour la théorie néoclassique, compte tenu de son postulat d'homogénéité des agents et des biens (fondements de l'information parfaite), la question de la stabilité des préférences ne se pose pas, car celle-ci est contenue dans les hypothèses. La théorie autrichienne, qui est plus réaliste, est par contre confrontée à un problème de cohérence. En d'autres termes, nous sommes dans l'obligation de choisir : on peut conserver le paradigme de la concurrence (dans le cas d'une concurrence-processus) à condition d'exclure l'innovation. Si on veut inclure l'innovation, et donc une perspective dynamique, alors il faut abandonner le paradigme de la concurrence, car les cas de figure auxquels on est alors renvoyé sont ceux-là mêmes où l'évaluation spontanée et individuelle est défectueuse.

1.3. L'hypothèse d'appropriabilité et le risque de sélection inverse dans la concurrence-processus

Pour que la concurrence joue le rôle qui lui est assigné dans toutes les théories s'inspirant, peu ou prou, de la métaphore de la main invisible, il faut vérifier que les résultats d'une action sont appropriables par l'acteur. D'où l'importance accordée par la littérature moderne aux « droits de propriété ». Cette appropriabilité doit être individuelle, ou l'on tombe dans les problèmes d'externalités envisagés dans le premier chapitre et dont on a vu qu'ils sont une des bases des théories des échecs de marché.

L'hypothèse d'appropriabilité soulève cependant de sérieux problèmes de cohérence dans les théories hétérodoxes. Ainsi, la question des droits de propriété sur les innovations introduit une intéressante contradiction dans le mécanisme imaginé par Schumpeter. Pour qu'il y ait la diffusion la plus rapide, il faut qu'il y ait imitation. Mais une bonne protection de l'innovation vise en fait à décourager l'imitation ; on doit donc supposer que l'innovation est peu protégée. Seulement, si l'innovation n'est pas protégée, alors l'appropriabilité de l'innovation par l'innovateur est faible. D'un point de vue théorique, le marché est nettement imparfait et on peut se demander pourquoi des agents vont devenir des innovateurs si leurs efforts ne sont pas protégés par des brevets.

La clause d'appropriabilité introduit une incohérence insoluble dans la théorie de la concurrence. L'imitation est équivalente à l'invasion d'un marché contrôlé par un monopole. Elle accroît donc la concurrence. Mais pour que cette concurrence fonctionne, il faut un marché imparfait qui décourage les futurs innovateurs et dans ce cas il n'y a plus d'innovation. Ceci avait d'ailleurs déjà été signalé par Arrow [1]. On est alors en présence du paradoxe suivant qui va cette fois au-delà de la théorie schumpéterienne.

Pour que la concurrence puisse être spontanément et non intentionnellement révélatrice de connaissances (Hayek) ou d'opportunités (Schumpeter), il faut que les acteurs individuels puissent, au-delà même du problème de l'évaluation, approprier entièrement le produit de leurs actions. Mais, pour que ce soit possible, il faut supposer que le marché sur lequel se déroule cette concurrence contient des mécanismes de protection qui fonctionnent en fait comme des barrières limitant la concurrence. Cela revient à dire que la concurrence est d'autant plus efficace en statique qu'elle est réduite en dynamique et inversement.

Un tel résultat souligne le fait que, dans un marché, la concurrence peut fonctionner simultanément comme une sélection vertueuse et comme une sélection adverse. Suivant la manière dont on coupe dans la trame des actions et réactions des agents, on peut donc faire apparaître le côté vertueux ou au contraire le côté pervers de la sélection. L'introduction d'une hypothèse sur la spécificité des actifs, le fait que, dans une économie réaliste, leur valeur soit spécifique au contexte de leur emploi, va alors renforcer la dimension de sélection inverse ou adverse [2]. En effet, si l'efficacité d'une action économique, qu'elle soit mesurée à partir des innovations découlant d'un acteur donné ou de sa productivité dans des opérations bien définies, est dépendante de la spécificité des actifs, alors la concurrence doit logiquement entraîner une tendance à développer des actifs de plus en plus spécifiques. Mais si cette démarche traduit l'adaptation de l'acteur à son environnement concurrentiel, elle traduit aussi sa vulnérabilité croissante à tout changement de l'environnement. Une des caractéristiques des actifs spécifiques — c'est même une de leur définition — réside dans la perte de valeur que leur propriétaire subit s'il doit les employer dans un autre contexte que celui pour lequel ils ont été

1. K.J. Arrow, « Invention in Large and Small Firm », *in* J. Ronen (ed.), *Entrepreneurship*, Lexington (Mass.), D.C. Heath, 1983.

2. Voir l'analyse de la production d'électricité dans R. Joskow et R. Schmalensee, *Markets for Power : an Analysis of Electric Utility Deregulation*, Cambridge (Mass.), MIT Press, 1983.

spécifiés. L'entrepreneur est ici en conflit avec le propriétaire[1]. Le premier souhaite une spécificité croissante pour accroître sa compétitivité. Le second s'y oppose afin de conserver sa liberté de quitter le marché considéré ou de préserver la valeur de son patrimoine en cas de changement brutal de l'environnement.

Or, d'un point de vue réaliste, on a signalé que l'hypothèse d'une parfaite connaissance des évolutions de l'environnement économique ne pouvait être soutenue. Il est donc logique de supposer que le propriétaire veuille ici se prémunir contre cette incertitude. Le défaut de compétitivité qu'il est prêt à accepter par rapport au degré de spécificité des actifs qui serait optimal du point de vue de l'entrepreneur correspond à un équivalent de la valeur d'option keynésienne (l'acteur choisit la décision qui lui laisse le plus grand nombre d'options à la période suivante) qui fonde l'existence d'une préférence pour la liquidité. De même, si on est cohérent dans une analyse de la concurrence, on doit admettre la possibilité permanente de changer de marché comme un élément d'un univers concurrentiel. Seulement, si c'est le point de vue du propriétaire qui l'emporte sur celui de l'entrepreneur, on restera dans chaque marché à un degré d'efficacité nettement inférieur non seulement à un optimum mais tout simplement à ce qui serait matériellement possible. *La relation de propriété dans un univers concurrentiel aboutit alors logiquement à une sous-utilisation des facteurs, et elle est donc source d'inefficience.*

La limitation de la concurrence, par exemple en restreignant le menu des choix offerts aux acteurs ou en limitant leur mobilité, réduit cette incohérence. Mais, elle réduit aussi en ce cas la nécessité d'une relation de propriété, en rétablissant un degré de prévisibilité qui permet de se rapprocher de contrats parfaits et complets. Et si on relâche la contrainte de l'appropriabilité, l'entrepreneur peut donner sa pleine mesure. Mais que signifie un entrepreneur sans propriétaire ? Est-on encore dans un cadre purement décentralisé, ou ne faut-il pas alors supposer des ententes intentionnelles entre acteurs pour organiser les cadres de cette concurrence et en diffuser les effets ?

On voit donc bien que ce qui est en cause n'est pas le fait que la concurrence puisse, sous certaines conditions et dans certains contextes, produire des effets positifs. Ce qui relève soit d'une

---

1. On utilise ici les termes d'entrepreneur et de propriétaire pour désigner des fonctions et non nécessairement des personnages distincts.

vision irréaliste de l'économie, soit de raisonnements logiquement incohérents, c'est la construction de la concurrence en paradigme, son absolutisation et les conséquences que cette dernière implique dans le discours normatif des économistes.

2. LE PARADIGME DE LA DÉCENTRALISATION

Lié au paradigme de la concurrence, le thème de la décentralisation est devenu un des pivots du discours économique et politique dominant depuis les années 80. Le thème est particulièrement important dans l'analyse des services publics, tant dans leurs modes d'organisation que dans la répartition entre acteurs privés et publics pour la fourniture de ces services. On aborde aussi par ce biais la question des compétences fiscales ainsi que celle de l'organisation administrative territoriale des États.

Cette notion de décentralisation recouvre en fait deux réalités, une dévolution des décisions à des niveaux inférieurs dans le cadre d'un système hiérarchique (ce qu'il faudrait appeler en bonne logique une déconcentration) et la substitution de mécanismes de marchés à des hiérarchies.

2.1. Les arguments en faveur de la décentralisation

Parmi ces arguments en faveur de la décentralisation, on trouve des positions théoriques relativement diverses qui vont de la simple généralisation de situations particulières, à de réelles constructions théoriques. On peut ainsi dégager quatre directions dans l'argumentaire.

On a tout d'abord l'idée que la décentralisation, parce qu'elle permet la possibilité de transferts, assure une situation équitable sur la totalité du territoire. Un autre argument pour la décentralisation est l'engorgement des instruments décisionnels s'ils doivent traiter à la fois des sujets généraux et locaux. Un parlement local a plus d'incitation à collecter les informations locales pertinentes. Cet argument renvoie, explicitement ou non, à la théorie de l'information asymétrique. Elle a donné naissance au paradigme de la relation principal/agent qui entend expliquer les difficultés récurrentes des organisations hiérarchiques (ce que la théorie économique appelle une agence) par une asymétrie d'information au profit de l'agent et au détriment de son principal. Signalons ici que ce paradigme implique les hypothèses néoclassiques en matière de préférence des individus. Dans la mesure où ces hypothèses ont été invalidées, la validité du paradigme lui-même est plus que douteuse.

La décentralisation est aussi justifiée quand les préférences ne sont pas uniformes dans le pays. L'existence de préférences homogènes par régions rend la décentralisation plus efficace dans la promotion du bien-être des habitants des régions concernées.

On peut ici ajouter le fait que la décentralisation de la décision, tant dans le sens de la déconcentration que dans celui de la décentralisation au sens strict, doit normalement faciliter l'expérimentation de solutions nouvelles.

Enfin, un dernier argument réside dans l'impossibilité ou la difficulté pour des acteurs rationnels à exprimer leurs préférences en matière de biens publics de manière explicite. En offrant aux individus une palette de choix et en regardant comment ils se déplacent d'un endroit à l'autre, on aurait une révélation de leurs préférences. Dans ce cas, organiser une concurrence entre des offreurs de service, que ces derniers soient des gouvernements locaux ou des prestataires privés, permettrait d'aboutir à une meilleure connaissance, et une meilleure satisfaction, des besoins.

Ces différents arguments posent cependant plusieurs problèmes. En premier lieu, on peut se demander si la notion d'un « marché » des biens publics a un sens d'un point de vue théorique. C'est certainement le problème le plus complexe, car il est au cœur des stratégies visant à transférer l'offre de biens publics à des prestataires ou des opérateurs privés, dans les télécommunications, la santé ou l'éducation[1]. Un second problème concerne l'efficacité de l'expérimentation dans un cadre décentralisé. Il renvoie à des questions concernant directement la structure des informations et les processus de décision. Enfin, un troisième et fondamental problème concerne la capacité à déterminer un niveau optimal de prise de décision. Il est lié à la difficulté que rencontre l'économie à penser l'organisation, en particulier les phénomènes de complexité propres aux organisations.

1. Sur le débat en France, voir Premier ministre, Conseil d'analyse économique, *Service public, Secteur public*, Paris, La Documentation Française, 1998.

2.2. Peut-il exister un marché des biens publics ?

L'argument relatif à la révélation des préférences des agents constitue typiquement une thèse de l'école autrichienne (von Mises-Hayek). Il se situe dans le cadre d'une approche réaliste de l'économie où on exclut des marchés parfaits, une information parfaite et complète, et la présence d'une connaissance qui serait totalement explicitable. On conçoit qu'une telle argumentation puisse donner naissance à l'idée d'un « marché des biens publics ».

Or, un bien public est, techniquement, un bien dont l'usage par (x) ne prive pas (y) et dont le coût marginal est faible, voire décroissant. À l'opposé, un bien privé pur est un bien dont l'usage est totalement appropriable et où le coût marginal est élevé. L'éducation ou la santé sont des biens publics évidents en ce que la consommation d'un service de santé ou d'éducation ne prive pas un autre acteur de ce service, et que la production de ces services passe par des infrastructures indivisibles qui induisent des coûts marginaux faibles ou décroissants. On peut étendre le raisonnement au secteur des transports et des télécommunications. Il faut ajouter que les biens publics sont aussi des biens qui engendrent de forts effets d'externalités. Ici encore, c'est le cas de la santé, de l'éducation, des transports et des télécommunications. Il faut ajouter que le niveau de l'offre de biens publics n'est que difficilement séparable des effets de répartition des revenus, tels qu'ils peuvent être engendrés par le système fiscal.

Une première constatation est que des situations où les coûts marginaux sont faibles, voire décroissants, et les effets d'externalités importants peuvent être relativement fréquentes quand on raisonne sur des infrastructures. Du point de vue de la Théorie de l'Équilibre Général, le recours ici à une offre privée est inefficient.

Cependant, cela ne répond pas à l'objection de la tradition autrichienne qui va se situer en termes de réalisme. Comment concevoir une offre centralisée si l'information est imparfaite et si les préférences des agents sont largement implicites. En effet, si on suppose que les préférences et en général les connaissances nécessaires aux choix ne sont pas données *ex ante* aux agents, mais doivent être « révélées », c'est-à-dire « acquises », alors un raisonnement traditionnel en termes d'équilibre n'est plus défendable. On peut, dans ces conditions, formuler la thèse qu'une offre privée, ou à tout le moins une offre concurrentielle (même si cette dernière relève d'une concurrence entre offreurs publics) est nécessaire. C'est bien l'une des thèses qui justifie le courant actuel de la décentralisation. Elle se heurte cependant à deux problèmes théoriques distincts :

a. Pour qu'il y ait un « vrai » marché interrégional des biens publics, au sens où les habitants des régions pourraient exprimer un choix en se déplaçant d'une région à l'autre, ou par leurs votes, il faut supposer que la totalité des variables définissant l'environnement de la région (qui constituent l'un des critères de choix des agents) sont directement, instantanément et uniquement affectées par la politique locale en matière de bien publics.

Les décisions prises dans la région (x) ne doivent pas avoir d'effets, intentionnels ou non, sur les conditions d'existence dans la région (y). Si tel n'est pas le cas, choisir une région (x) contre une région (y), ou choisir le parti qui gouverne en (x) contre celui qui gouverne en (y) n'est plus équivalent à choisir une politique en matière de biens publics contre une autre, car l'agent ne peut plus séparer ce qui, dans sa satisfaction, découle de la décision des autorités de la région où il vit des effets des décisions prises dans les autres régions. Les régions devraient donc être autarciques pour que le choix soit assimilable à un processus de marché. Or, l'hypothèse que les conditions d'existence au sens large seraient uniquement et instantanément affectées par des politiques locales est plus qu'héroïque, elle est simplement absurde. Les biens publics nécessitent en réalité des infrastructures dont on sait qu'elles produisent massivement des externalités. La thèse autrichienne se heurte ici à l'un de ses fondements, l'idée que toute décision est susceptible d'entraîner des effets non intentionnels sur autrui.

Par ailleurs, l'inertie de ces infrastructures est considérable. Il faut en effet parfois raisonner sur plusieurs années voire en décennies avant que des changements radicaux surviennent dans la structure de l'offre de biens publics. Dans des domaines comme les transports, l'éducation ou la santé, entre le moment où la décision est prise et celui où les effets se manifestent, le délai peut être considérable. Imaginons alors un gouvernement régional succédant à un précédent qui a effectué de gros investissements dans la santé, les transports et l'éducation, au prix d'impôts très lourds. Le nouveau gouvernement décide d'un coup de ne plus financer aucun investissement mais simplement des coûts de fonctionnement. Il provoque alors une baisse des impôts spectaculaire et présente ainsi aux agents un couple offre de services / coût fiscal très attrayant. Mais cela signifie seulement qu'il reporte une partie du coût sur les contribuables futurs dans quinze ou vingt ans, quand il faudra renouveler les infrastructures. Il y a donc rupture de l'efficacité intertemporelle. Ici encore, on aboutit à un résultat qui va à l'encontre des bases de la théorie autrichienne, et en particulier sa volonté de prendre le temps au sérieux en se focalisant sur des transactions intertemporelles.

Tout aussi importante est la question de la capacité des individus à évaluer pleinement l'effet d'un bien public engendrant des externalités massives, tant dans l'espace que dans le temps. C'est le cas de biens comme l'éducation, la santé ou le transport. Si les effets des biens publics ne se manifestent que progressivement, l'évaluation renvoie à la capacité des agents à prévoir le futur. Bien entendu, un économiste néoclassique sortira de son chapeau les anticipations rationnelles. Mais un économiste fidèle à la tradition autrichienne s'interdira un tel recours à une hypothèse irréaliste. Or, si une évaluation individuelle n'est pas possible, par définition il n'y a pas de marché. L'idée d'un « marché » des biens publics, dans la mesure où les agents ne peuvent raisonnablement savoir aujourd'hui ce que sera la situation dans les quinze ou vingt ans à venir, est alors irrecevable au nom même des hypothèses de l'école autrichienne sur notre incapacité à aboutir à une connaissance parfaite.

b. Le second problème est classiquement celui de l'analyse des préférences. Si on admet que les préférences ne sont pas innées et si on accepte la possibilité de former les préférences (directement ou non) comme le montre la psychologie expérimentale, alors la relation entre le gouvernement et ses citoyens change. En fait, on doit considérer l'espace politique national comme un espace de controverse dont la fonction est de créer en permanence des tendances à l'harmonisation des préférences, en contrepoids aux réalités sectorielles et locales qui tendent, elles, à diversifier et segmenter les préférences. Cela pose la question fondamentale de considérer les agents comme des consommateurs ou des citoyens. Dans ce contexte, les comportements deviennent exclusifs. Si les agents se comportent en consommateurs et réagissent par la sortie du marché ou l'*exit* (au sens de Hirschman), alors il ne peut y avoir de constitution d'un espace public de controverse, car personne ne peut compter sur la solidarité de personne pour tenir ses engagements dans la controverse. Si, par contre, ils agissent en citoyens, le recours au couple contestation/loyauté (ou *Voice/Loyalty*) suppose qu'ils abandonnent la possibilité de faire jouer leur droit à l'*exit*.

En fait, *la constitution même d'un espace démocratique exige que la collectivité limite les capacités de défections des individus.* Un citoyen ne peut prétendre participer à une décision et avoir les moyens de se défausser sur d'autres des conséquences de la décision à laquelle il a contribué. On ne peut logiquement prétendre à la fois donner aux individus des capacités diversifiées de défection, l'*exit*, et construire un cadre démocratique. Il y a là une limite indépassable au recours au processus du marché.

2.3. Les limites de l'expérimentation

Quant à l'argument reposant sur la possibilité d'expérimenter au niveau local, il contient une vérité forte, la possibilité de faire profiter une communauté plus large d'initiatives et d'innovations engendrées à un niveau inférieur. Néanmoins, les conditions de réalisation de cet avantage doivent être très précisément spécifiées.

a. Il faut, tout d'abord, que l'évaluation de l'innovation soit globale. Autrement dit, pour que l'initiative locale puisse profiter à tous, il faut qu'elle soit évaluée par tous. Si l'évaluation des effets de l'innovation est le fait uniquement d'une minorité, rien ne pourra en être déduit pour la généralisation de cette innovation, sauf à supposer une homogénéité parfaite entre la minorité qui a conduit l'expérimentation et le reste de la population. Dire que l'évaluation doit être globale suppose un cadre de centralisation, par exemple un espace de débat démocratique. Mais cette évaluation implique aussi que la capacité locale à innover soit soumise à un contrôle à la fois direct et indirect d'une instance centrale pour que les informations puissent être disséminées de manière générale. Si donc on peut déconcentrer des décisions, on doit au contraire concentrer les évaluations. La déconcentration implique, dans cet exemple précis, la constitution d'administrations centrales qui puissent fournir au débat démocratique global les éléments d'un choix véritable. Les règles d'évaluation doivent ainsi être déterminées au niveau central.

Prenons le cas de l'éducation. Si on décide de laisser aux régions le soin de formuler la politique éducative, mais si les examens ne sont pas centralisés, on ne pourra jamais comparer les différentes politiques. Comme l'existence d'examens identiques implique que les programmes soient identiques, on voit que c'est la mise en œuvre des programmes qui peut être décentralisée mais par la nature de ces derniers. Pour que la comparaison ait toujours un sens, il faut encore que les moyens mis en œuvre ne soient pas trop différents d'une région à l'autre. Si une région peut accorder à chaque élève le double de la somme accordée par la région voisine, nul ne doute que les résultats seront meilleurs. Mais cela ne voudra pas dire nécessairement que la politique éducative ait été supérieure. Il faut donc, pour que l'expérimentation ait un sens, qu'elle s'accompagne d'une forme de péréquation des moyens.

b. Il faut ensuite que le processus d'évaluation et de généralisation soit relativement rapide. Si on laisse des initiatives divergentes perdurer pour une longue période au niveau local sans évaluation globale, il y a un risque important qu'elles se transforment en trajectoires auto-stables au niveau local (phénomène de *lock-in*). Dans ces conditions, on accroît la divergence des préférences et des représentations et on a créé des environnements dissemblables, ce qui est une rupture du principe d'équité horizontale (les citoyens d'un même pays ont les mêmes droits quel que soit l'endroit du pays dans lequel il se trouve à un moment donné).

c. Il faut enfin que les initiatives et innovations produisent peu d'effets d'irréversibilité et de diffusion hors de l'espace local retenu. S'il y a un effet d'irréversibilité, il ne peut y avoir de retour en arrière, donc l'évaluation perd de son sens. Cela suppose que les domaines où on laisse l'innovation se manifester sont relativement limités. Si les comportements et les stratégies sont modifiés au-delà de cet espace, même si techniquement un retour en arrière est possible, on ne peut plus évaluer l'innovation, car la totalité de l'environnement, et non plus seulement l'environnement local, a été affectée par l'innovation.

Tout cela plaide pour laisser une initiative à des niveaux très réduits et sous la condition d'une structure d'évaluation nationale et du respect de cadres institutionnels (les statuts par exemple), sur lesquels les stratégies et les comportements des agents individuels sont fondés.

Le paradigme de la décentralisation se révèle tout aussi critiquable que celui de la concurrence. Il est soit incohérent, car impliquant des conditions de fonctionnement contradictoires avec les hypothèses de départ quand ces dernières sont réalistes, soit fondé sur des hypothèses irréalistes. Tout comme dans le cas de la concurrence, cela n'implique pas que la concentration, soit au sens d'une décision centralisée soit au sens de décisions prises dans des cadres hors marché, soit toujours et partout la meilleure des solutions. Simplement, c'est une imposture que de prétendre que la théorie économique aurait démontré une supériorité de la décentralisation, sous ces différentes formes, face à la centralisation. Dans le cadre de la TEG, la décentralisation implique que l'on ait démontré que l'on est en présence uniquement de biens privés purs et non de biens publics ou de biens intermédiaires. Dans le cadre de la théorie autrichienne, les hypothèses réalistes sur lesquelles elle est fondée rendent très improbable la réalisation des conditions d'appropriation et d'évaluation qu'implique le marché.

3. LA PROPRIÉTÉ : VOL OU DÉFECTION ?

On connaît la formule de Proudhon, « la propriété, c'est le vol ». Un des collègues de l'auteur, Revold Entov, économiste russe de renom, avait expliqué qu'elle qualifiait fort justement le processus de privatisation que la Russie a connu. À l'opposé de cette condamnation sans réserve, on trouve dans la littérature économique d'inspiration institutionnaliste une réflexion fournie sur l'importance de la propriété et sa dimension positive sur les activités économiques et sociales. En fait, c'est l'opposition même entre une propriété individuelle, réputée essentielle à la définition des droits économiques, et une propriété collective, supposée conduire à des formes d'indétermination et par là d'inefficacité, qui a constitué en démarche propre la réflexion économique sur les droits de propriété.

3.1. La notion de propriété et le concept de densité économique

La notion de propriété a d'ailleurs pris une importance d'autant plus grande que l'on remettait en cause les postulats traditionnels de l'économie néoclassique quant à la complétude et à la perfection des marchés. Dans un monde où l'incertitude n'existe pas et où les contrats intègrent la totalité des possibilités du présent et du futur, on peut se passer de la notion de propriété. En fait, il est parfaitement possible d'imaginer des modèles d'équilibre général où un propriétaire unique, qui pourrait être l'État, louerait aux agents décentralisés la totalité des ressources nécessaires. Si, au contraire, les contrats sont incomplets et imparfaits, et l'incertitude un aspect essentiel de l'environnement, alors la question de savoir qui décide en dernière analyse est évidemment essentielle. La notion de propriété se situe expressément dans une contestation de certaines des hypothèses du marché traditionnel de la théorie néoclassique. Les imperfections du marché, ses échecs, sont ici structurelles, et ce sont elles qui justifient l'importance accordée à la propriété. Cela devrait induire quiconque entend développer une vision de l'économie explicitement critique des hypothèses néoclassiques à considérer avec bienveillance la théorie des « droits de propriété ». Pourtant, d'autres arguments sont de nature à faire penser qu'il s'agit en réalité d'une fausse piste.

La propriété se définit, au-delà de la formule juridique classique du *jus utendi et abutendi*, par deux attributs essentiels que sont le contrôle et la responsabilité. Être tenu pour propriétaire de quelque chose signifie fondamentalement disposer d'un pouvoir résiduel de contrôle sur cette chose et pouvoir être tenu pour responsable des dommages non intentionnels causés par l'usage de cette chose. Ce problème serait sans importance si nous vivions tel Robinson sur une île déserte. Il cesse de l'être dès que les agents économiques doivent affronter les conséquences des décisions des autres agents, mais aussi la possibilité que leurs propres actions aient des conséquences non intentionnelles sur autrui. Il faut alors mettre au premier plan la question de la *densité*, dans une définition économique, pour comprendre le sens même de la notion de propriété.

L'idée de la densité économique peut s'exprimer de la manière suivante : *est considérée comme dense toute société où l'action de l'un de ses membres est susceptible d'entraîner au moins un effet (positif ou négatif) non intentionnel sur au moins un autre membre.* En un sens, cette notion de densité est proche de celle des externalités, dont on a vu l'importance au premier chapitre. Elle ne s'y réduit pas. La notion de densité ne repose pas seulement sur le fait que les résultats d'une action ne sont pas uniquement appropriables par l'auteur de l'action ; elle implique en plus l'idée d'une incertitude radicale quant aux conséquences des nos actes ou de ceux d'autrui. Ici, c'est l'hypothèse de capacités cognitives limitées, hypothèse que l'on peut légitimement rattacher à la tradition autrichienne, qui est tout aussi importante que la question de l'appropriation.

La densité économique n'est pas une notion statique. Si toute société est potentiellement dense dès que l'on sort de la métaphore de l'île déserte, le degré de densité, autrement dit la probabilité d'un effet non intentionnel sur autrui, et le nombre potentiel d'agents pouvant être concernés dépendent directement du degré de division du travail ainsi que de celui du développement des « forces productives » pour utiliser un vocabulaire marxiste traditionnel. Le degré de densité est fonction de la capacité à agir des individus. Plus les moyens d'action sur la nature se développent et plus les effets non intentionnels d'une action sont importants.

C'est cette notion de densité qui est à l'œuvre dans le passage où F.A. Hayek justifie la nécessité de règles pour encadrer la liberté d'agir « ... là où notre conduite va directement affecter non nous-mêmes mais autrui et où notre premier souci... est d'ajuster nos actions aux actions et anticipations des autres [1] ». Cette filiation avec la pensée hayékienne aboutit cependant à des conclusions assez différentes de celles que l'on pourrait prévoir.

Cette notion de densité a ainsi des implications radicales sur la compréhension qu'il faut avoir du concept de propriété. Si nous sommes dans une société dense au sens utilisé ci-dessus, c'est-à-dire dans une société où toute décision d'un agent (A) fondée sur le contrôle du bien (x) peut engendrer, outre un effet intentionnel, un effet non intentionnel réputé dommageable sur l'agent (B), le *jus utendi et abutendi* de (A) sur (x) doit être limité. Il peut l'être par un accord bilatéral préalable entre les deux agents. Mais les accords bilatéraux sont par nature limités. D'une part, ils impliquent que l'on puisse déterminer qui sera touché par les effets non intentionnels de l'action. Autrement dit, ces derniers doivent être prévisibles, ce qui est loin d'être toujours le cas. D'autre part, les accords bilatéraux engendrent toujours au bout du compte des querelles en interprétations et donnent naissance à l'émergence de règles collectives pour limiter les effets. C'est très exactement ce que dit Hayek.

Dans la mesure où la totalité des effets non intentionnels ne peut être connue à l'avance, autrement dit dans la mesure où nous reconnaissons notre incapacité à prévoir totalement l'avenir, hypo-

1. F.A. Hayek, *The Constitution of Liberty*, Chicago, Chicago University Press, 1960, p. 66.

thèse d'ailleurs typiquement hayékienne, ces réglementations doivent être ouvertes. Il est impossible de préciser à un moment donné que les réglementations ne seront jamais changées, dans la mesure où les effets qu'elles doivent prévenir ne sont pas donnés instantanément mais se révèlent au cours même du processus de l'action et de sa répétition dans le temps. Il est ainsi douteux qu'au temps des De Dion-Bouton on ait pu prévoir la pollution par l'ozone engendrée par la circulation automobile en zone urbaine. Mais si les réglementations constituent un ensemble ouvert, en raison de notre incertitude du futur, alors *le droit d'usage devient défini par défaut*. Il s'ensuit que le droit résiduel de contrôle du propriétaire individuel (que ce dernier soit une personne physique ou morale) est toujours second, en logique, au contrôle collectif qui s'exerce par l'intermédiaire de ces règles collectives. Ajoutons que le fait que le droit d'usage soit défini par défaut implique une détermination sociale du prix des biens ; ce dernier ne peut refléter uniquement un rapport d'offre et demande bilatéral. Si on reprend l'exemple de la détention d'une automobile, le prix de revente est potentiellement déterminé par l'émergence de réglementations en réduisant l'usage dans une région donnée. Admettons que, dans les années qui viennent, la circulation automobile soit très sévèrement réglementée voire interdite dans certaines villes, les conséquences sur les prix fixés sur le marché de l'occasion en seront immédiates. Il en découle qu'un propriétaire ne peut connaître le prix potentiel de revente des biens qu'il détient en abstraction d'hypothèses qu'il doit faire sur l'évolution du cadre réglementaire en définissant le droit d'usage. Il y a bien ici un phénomène de surdétermination collective d'une transaction entre individus.

Dire qu'il y a du collectif dans la propriété individuelle ne signifie pas que la dimension individuelle disparaisse dans le collectif. Le fait de pouvoir dire « je possède ceci », quelles que soient les limites de ce droit, est un rempart décisif contre l'incertitude pour les agents décentralisés. Si nous pouvions tout prévoir et organiser nos relations avec autrui sur la base de contrats envisageant toutes les possibilités, nous pourrions ne rien posséder à titre individuel. Nous saurions toujours où et à qui louer les habits dont nous avons besoin, trouver les moyens de transport qui nous sont nécessaires, nous fournir en services indispensables à notre existence en toute heure. Mais c'est justement parce que nous ne pouvons tout prévoir ni tout intégrer dans des contrats que la propriété est supérieure à une série illimitée de contrats de location. *Si l'incertitude sur les effets de nos actions fonde la surdétermination collective de tout droit de propriété individuel, l'incertitude quant à notre situation dans notre environnement fonde la nécessité d'une propriété individuelle.*

Il n'est donc de propriété individuelle, au sens de l'usage comme au sens de la valeur des biens, que dans la mesure où il est conjointement une propriété collective sur le même bien ou service. La propriété est donc, par nécessité, *duale.*

Il convient alors de ne pas confondre dualité et mixité. La notion de mixité renvoie au partage d'une structure de propriété entre des agents privés et la puissance publique. Ce peut être, sous certaines conditions, une des formes de gestion de la dualité. Cette dernière exprime l'inévitable codétermination de nos actions, à la fois individuelle et collective. Reconnaître la dualité implique alors d'abandonner l'image du propriétaire individuel roi en son petit royaume, limité uniquement par les bornes de ses désirs, maître à bord absolu après Dieu, comme disent les marins.

C'est d'ailleurs parfaitement perçu par un auteur comme Richard Nelson, qui a montré que le critère de la propriété privée ne pouvait servir de délimitation fondamentale dans l'analyse des systèmes économiques[1]. Il avance deux arguments : d'une part l'imbrication permanente des formes privées et collectives de la propriété, d'autre part l'incohérence des argumentaires tendant à faire de la propriété privée le critère discriminant.

Toute théorie économique qui prend sérieusement en compte le problème de l'incertitude s'interdit d'ériger la propriété privée en norme ; elle s'impose de penser en termes de stratégies d'appropriation.

3.2. Propriété ou stratégies d'appropriation ?

La densification des sociétés modernes, qui découle de la croissance des forces productives, elle-même issue de l'approfondissement de la division du travail, rend la dualité de plus en plus patente et tangible. Cela provient, on l'a dit, à la fois de la croissance de la densité démographique à travers le phénomène

1. R.R. Nelson, « Assessing Private Enterprise : An Exegesis of Tangled Doctrine », *Bell Journal of Economics*, vol. 12, n° 1, printemps 1981, pp. 93-111.

historique de développement de civilisations urbaines et du développement de nos moyens d'action sur la nature. La dualité irrémédiable de la propriété en fait de plus en plus une propriété qui est globalement sociale et il revient incontestablement à Marx d'avoir saisi cette montée de la dimension sociale dans la propriété, limitant toujours un peu plus la dimension individuelle. Cette dimension sociale est pour lui à la fois l'expression d'une dénaturation de la production marchande simple par la logique du capitalisme et une incapacité à faire fonctionner de manière purement individuelle ce qui est déjà en partie collectif[1].

Il faut donc reprendre ici le chantier laissé ouvert par les prémisses de l'analyse de Marx, et ne pas retomber dans le fétichisme juridique d'une propriété purement individuelle, ce qui est le défaut des théoriciens des « droits de propriété ». Marx a eu le tort d'inscrire sa compréhension de la dualité de la propriété dans la logique d'une détermination historique. La propriété privée, issue de l'expropriation des uns par les autres, devait, pour lui, finir dans l'expropriation ultime des expropriateurs. Ce finalisme, où il n'est que trop facile de lire une refiguration du précepte chrétien « les derniers seront les premiers », est un obstacle à une analyse critique de la propriété. De même, la focalisation sur le droit de propriété au sens juridique, l'oubli de la signification des réglementations du droit d'usage, qui sont des traits de la théorie des droits de propriété, aboutit à une lecture formaliste de ce rapport social.

Trois éléments sont donc constitutifs de ce rapport social qui organise une des modalités de l'articulation entre individus et société et doivent ainsi être pris en compte. D'une part, la propriété est tension (et non délimitation) entre de l'individuel et du collectif ; d'autre part, la propriété est articulation entre contrôle et responsabilité ; enfin, la propriété individuelle permet aux acteurs de se projeter dans le futur en réduisant leur incertitude mais ainsi elle accélère le phénomène de densification des sociétés qui va s'accroissant. Dans ces conditions, ce qui passe au premier plan pour une intelligence du système n'est autre que la notion dynamique de stratégie d'appropriation qui se substitue alors à la notion statique de propriété.

Une stratégie d'appropriation se caractérise par deux éléments :

---

1. B. Chavance, *Marx et le capitalisme : la dialectique d'un système*, Paris, Nathan, 1996.

une tentative pour s'approprier l'utilité d'un bien ou d'un service et une tentative pour tenter de reporter la responsabilité des effets non intentionnels de cette utilité sur autrui. Les stratégies d'appropriation, qu'elles soient individuelles ou collectives, sont toujours contradictoires à court ou à long terme. Elles engendrent des conflits dont émergent tout à la fois les formes temporaires et locales de l'équilibre entre l'individuel et le collectif, les formes juridiques du droit de propriété, enfin les formes du mouvement dans le temps et de ce point d'équilibre et des formes juridiques.

Partir de la notion de coordination, loin d'exclure la question de la propriété, en révèle au contraire la nature : celle de matérialisations temporaires et limitées d'institutions et de règles engendrées par les conflits entre stratégies d'appropriation. Cela ne revient pas à dire qu'il n'existe aucune différence entre des structures de propriété où celle-ci est *réputée* individuelle ou au contraire collective. Mais nous sommes alors dans une logique de la convention sociale, dont il faut analyser les conditions d'émergence et le rôle dans les comportements individuels et sociaux. De plus, ce qui importe en ce cas est moins la propriété au sens d'une absolutisation de l'opposition entre les catégories individuelle et collective, absolutisation qui révèle un idéalisme social, que les processus concrets d'appropriation. Un flux, un stock, une information, une connaissance sont-ils appropriables, comment, par qui, et dans quelles conditions ? Les conflits engendrés par l'incompatibilité des différentes stratégies d'appropriation recomposent en permanence les formes de manifestation de la propriété.

3.3. La privatisation des services publics ou les quatre contradictions du discours libéral

La constitution de la propriété, et particulièrement de la propriété privée, en paradigme se retrouve dans les discours convergents de ces dernières années sur une nécessaire privatisation des services publics et la réduction de la protection sociale d'origine publique. Au-delà d'arguments de circonstance, par exemple les problèmes de déficit des finances publiques, ce discours renvoie à une certaine vision de la propriété. Paradoxalement, cette vision est particulièrement vulnérable à une critique de nature libérale qui s'inspirerait des travaux de Hayek.

Il est en effet trop souvent oublié que la protection sociale peut être assimilée, en particulier pour les parties de la population qui en ont le plus besoin, à un droit de propriété. Le raisonnement est le suivant. Traditionnellement, un actif patrimonial est analysé du point de vue du flux de services ou de revenus qu'il engendre, tout autant que de sa valeur marchande potentielle. Ainsi, posséder un logement revient à détenir un droit sur un flux de revenus correspondant au loyer qu'il faudrait autrement payer.

Si la totalité des services sociaux étaient payants et privés (médecine, éducation...), dans la mesure où les paiements en cas de besoin doivent être continus sur des périodes données, les individus devraient constituer un stock d'actifs préalable pour avoir une certaine garantie de disposer, le cas échéant, des flux de revenus avec les montants et la continuité nécessaires. La prise en charge par l'État de ces services se substitue à cette capitalisation initiale, dont elle constitue alors un équivalent.

Se pose alors la question de savoir si ce système n'est pas moins efficient qu'un système privatisé, où chaque individu devrait, au début de sa vie active, constituer son propre stock d'actifs (sous la forme d'une théorie du cycle de vie à la Modigliani-Ando). Les arguments en faveur de cette solution sont connus ; ils vont d'une critique des coûts d'agence, coûts liés aux asymétries d'information dans le fonctionnement des administrations publiques, aux arguments traditionnels sur la notion d'équité (tout le monde a les mêmes chances au départ) opposée à la notion de justice distributive. On sait que le principal argument en faveur de l'équité et contre l'égalité repose sur la théorie des incitations. Néanmoins, ces arguments sont minés par des incohérences à plusieurs niveaux.

Une première objection est, de manière surprenante, une objection de nature hayékienne, qui renvoie justement à la théorie de capacités cognitives limitées ainsi qu'aux effets non intentionnels sur autrui de la décision individuelle d'un agent décentralisé. Pour qu'une règle d'équité puisse fonctionner, il faut supposer que la décision prise par un agent donné n'induise pas, même involontairement (non intentionnellement), une réduction du menu des opportunités offertes à un autre agent. On revient ici à un classique problème d'externalités. Si cette clause n'est pas respectée et si l'action d'un agent modifie, même involontairement, le menu des choix offerts à un seul autre agent, on ne peut plus parler d'égalité des chances. Dans ces conditions, un système est inéquitable en essence. Or, prétendre constituer *ex ante* un système dont les règles de fonctionnement pourraient, dans la totalité des cas de figure susceptibles de survenir, garantir qu'il n'y aura aucun effet non intentionnel contraire au principe d'équité, revient à faire l'apologie du constructivisme planiste le plus total. Les responsables qui sont chargés de concevoir un tel système devraient avoir une connaissance de la totalité des futurs possibles et de la totalité des comportements possibles ainsi que de leurs effets pour l'ensemble des agents susceptibles de participer à un tel système.

Si on admet à la suite du Hayek des années 50 et 60 (a) que les actions intentionnelles peuvent engendrer des effets non intentionnels et (b) qu'il est impossible de prévoir *ex ante* la totalité des cas de figure, alors la clause d'équité ne peut être respectée. Il devient impossible de prouver que la réussite des uns ne s'est pas faite au détriment des autres.

Une seconde objection survient ensuite, qui reste d'ailleurs dans le cadre conceptuel hayékien. Pour que la stratégie intertemporelle d'un individu soit supérieure à une stratégie collective du même ordre, autrement dit pour qu'un individu sache mieux que l'État quels seront ses besoins futurs, il faut supposer que les connaissances des individus ne sont ni locales ni limitées. C'est faux si l'on veut être réaliste et Hayek a toujours expliqué que la société avait un niveau de connaissance et de rationalité supérieur à celui de l'individu isolé. Là où il se sépare des planistes centralisateurs c'est en remarquant qu'il ne faut pas transférer le pouvoir social d'un individu à un autre individu, le planificateur. Le marché comme processus d'apprentissage joue alors le rôle du mécanisme d'agrégation des connaissances, mais aussi de transformation qualitative de ces dernières.

Le problème de cette réponse à la question de la décision collective est qu'elle est fondée sur des hypothèses très restrictives quant aux comportements des individus. Pour supposer que l'expérience directe dote les individus d'une capacité à sélectionner de manière convergente et cumulative les bonnes solutions, il faut postuler l'existence d'une adhésion de tous les individus à des métanormes permettant de transcender les effets des iniquités du système[1]. Ici, Hayek doit soit renoncer à ses travaux précédents sur la connaissance, soit faire un coup de force de type kantien. Il lui faut postuler une « nature » humaine intangible. Remarquons cette étrange

1. F.A. Hayek, *The Mirage of Social Justice*, Londres, Routledge, 1976, p. 28.

malédiction qui veut que des économistes, à intervalles réguliers, tentent de fonder leurs raisonnements sur un *a priori* métaphysique. On a vu que ce fut le cas pour Adam Smith, dont la main invisible, mécanisme jamais démontré, n'est que la refiguration d'un dieu caché. Chez Aglietta et Orléan, la spécificité de la monnaie s'affirme dans un parallèle avec le bouc émissaire alors que cette dernière figure fait explicitement référence à un dieu transcendant. Hayek enfin, quand il tente d'étendre sa notion d'ordre spontané d'un processus interne à des marchés concrets à un principe général capable de fournir l'intelligence de l'évolution des sociétés humaines, doit lui aussi plonger dans la métaphysique.

En ce sens, on peut parfaitement rejeter les réponses fournies par Hayek, en particulier son aversion pour le politique, tout en gardant son interrogation initiale, qui porte tout autant sur les limites cognitives des individus que sur le pivotement d'une logique où domine la notion positiviste d'information (comme dans un paradigme tel que la relation principal/agent) vers une logique où domine la notion de connaissance. Sur ce point, il y a une évidente parenté entre les travaux de Hayek et ceux de H. Simon. En un sens, c'est l'incertitude même, parce qu'elle rend impossible le processus automatique de maximisation, qui rend une forme de planification consciente impérative[1], même si cette planification est, pour Simon, par essence procédurale et non substantive.

On résumera donc la seconde objection en disant qu'une approche privée des services publics sociaux revient à l'alternative suivante : soit on doit supposer que les individus sont dotés d'une connaissance parfaite du futur et d'une capacité illimitée de traitement des informations, soit on doit supposer que le comportement des mêmes individus est prévisible dans le long terme et que l'expérience les fait converger vers les mêmes solutions parce que ces individus obéissent à une nature immanente.

Une troisième objection porte alors sur la question des préférences. Pour qu'un processus de marché soit supérieur à un processus d'organisation collective (que cette dernière soit ou non hiérarchique), il faut pouvoir supposer que les critères d'évaluation des choix permettent en toute occasion une évaluation complète de la totalité des conséquences de ces choix. Cela revient à mobiliser la même hypothèse de connaissance parfaite que dans la seconde

1. H.A. Simon, « Theories of Bounded Rationality », *in* C.B. Radner et R. Radner, *Decision and Organization, op. cit.,* voir pp. 171-172.

objection. On peut tourner la difficulté en supposant que les préférences des individus sont indépendantes du contexte, transitives et monotones temporellement. C'est la solution proposée par la TEG. Le problème ici est que, ainsi qu'on l'a indiqué au premier chapitre, les travaux de psychologie expérimentale de ces vingt dernières années ont justement démontré le contraire. Dans ces conditions, la clause d'évaluation ne peut plus être remplie pour des choix intertemporels aux effets potentiels incertains. Si les critères d'évaluation ne permettent pas de saisir la totalité des conséquences possibles et si on refuse de s'appuyer sur l'hypothèse métaphysique d'une nature immanente des agents, alors la délibération publique, c'est-à-dire l'espace politique, reste la seule solution possible. Telle était l'opinion d'Otto Neurath, comme on l'a indiqué au chapitre 2.

Une quatrième objection fait enfin appel à la notion de compétence. L'offre de services tels que la santé ou l'éducation cette fois-ci est d'autant plus efficace qu'elle traduit une accumulation et une spécialisation de compétences. Or cette accumulation et cette spécialisation impliquent une rigidité du système pour que les compétences soient accumulables. Par définition, un système parfaitement flexible n'accumule aucune compétence et s'oppose à leur spécialisation, car cette dernière fait monter les coûts d'entrée et de sortie, ce qui est contradictoire avec le principe même de la flexibilité. Si le système doit être rigide pour être techniquement efficace, il n'y a plus d'argument pour le privatiser. On peut d'ailleurs considérer que l'analyse en termes de coûts de transaction aboutirait à un résultat similaire[1]. L'expérience comparée des pays développés montre d'ailleurs que l'offre des services médicaux et d'éducation est significativement meilleure là où l'État joue un rôle important dans l'offre que là où son rôle est faible.

Il découle donc de ces objections que la privatisation de la sphère des services sociaux n'est pas une solution plus efficiente que leur prise en charge par la puissance publique à travers des flux de transferts. Ces derniers reviennent à reconnaître à la partie de la population la plus dépendante par rapport à ces transferts l'équivalent d'un droit de propriété collectif. On retrouve ici la nature duale de la propriété.

Dès lors, la baisse des transferts réels par tête revient à une

1. Voir W. M. Dugger, « Transaction Costs Economics and the State », *op. cit.*, pp. 188-215.

spoliation majeure en capital d'une partie de la population. Tel fut le cas de la Russie entre 1993 et 1998. Cette spoliation, en réalité très supérieure à celle de l'épargne des ménages par la haute inflation, engendre des effets spécifiques. Elle se traduit par une incertitude massive sur la population, raccourcissant son horizon de choix et rendant par là inopérant tout arbitrage intertemporel du genre « moins aujourd'hui pour plus et mieux demain » ainsi qu'on l'a montré au chapitre 3. Cette incertitude pousse alors les agents à tenter de reconstituer par des moyens privés le capital qu'ils ont perdu. C'est l'une des explications de la criminalisation de la société russe, qui se traduit par des phénomènes voyants (l'explosion de la prostitution, des mafias) mais aussi moins voyants comme une perte de légitimité de toute règle ou réglementation collective pouvant être perçue comme un obstacle, même partiel, à ces stratégies de reconstitution d'un patrimoine privé. Or ces règles et réglementations dont la légitimité est ainsi érodée sont justement celles qui sont le plus nécessaires aux transactions. Le social fait ici retour, massivement, sur l'économique. Non pas comme « remords » face aux conséquences de l'application d'une politique économique, mais bel et bien comme condition d'existence d'une économie décentralisée. L'objectif d'égalité reste un principe fondateur alors que l'objectif d'équité est irréductiblement limité par notre impossibilité de lire au présent les effets futurs de nos stratégies et de celles des autres. *Substituer l'équité à l'égalité revient à postuler un monde prévisible et exempt d'externalités.*

4. LA FLEXIBILITÉ : UN CONCEPT ÉLASTIQUE

Le terme de flexibilité est en permanence utilisé de manière positive et normative. Accroître la flexibilité, qu'il s'agisse de celle du marché du travail, des prix, des organisations, est, en soi, une bonne chose. Cet accroissement est, de plus, l'aune à laquelle on mesure désormais la « modernité » d'une action. S'opposer à la flexibilité, c'est se voir affublé immédiatement de l'épithète de conservateur, si ce n'est de ringard. Pourtant, il serait utile de savoir de quoi l'on parle en l'occurrence.

4.1. La présence cachée d'une théorie de l'équilibre

Dans tout discours sur la flexibilité il y a une théorie cachée de l'équilibre. Celle-ci, en réalité, n'est autre que la TEG. En effet, la notion de flexibilité peut se comprendre de trois manières différentes. On peut considérer la flexibilité dans l'allocation des facteurs de production (travail et capital), la flexibilité des prix et enfin une flexibilité des acteurs, perçue alors comme leur capacité à s'adapter totalement à tout changement de leur environnement. Ces trois manières d'envisager la flexibilité sont cruciales pour établir la possibilité d'un équilibre walrasien. C'est ce dernier qui permet d'attribuer une valeur normative à la flexibilité. Elle devient désirable dans la mesure où elle nous rapproche d'une situation optimale au sens de Pareto. Le problème est cependant ici double. D'une part, même si la notion d'équilibre walrasien pouvait avoir un sens dans les économies concrètes, il faudrait en démontrer l'unicité pour pouvoir être réellement normatif. Or, la flexibilité ne nous dit rien, du point de vue théorique, sur l'unicité de l'équilibre. D'autre part, la flexibilité n'est pas une condition suffisante à l'existence d'un équilibre. Il faut pouvoir démontrer d'autres hypothèses, en particulier sur la nature parfaite de l'information et l'intemporalité du cadre des décisions.

Dans ces conditions, on voit bien que la flexibilité n'a de sens que comme clause nécessaire dans la construction d'une axiomatique. Le glissement ici vers le normatif est un des symptômes du scientisme qui contamine l'économie, de sa transformation de tentative de restituer une intelligence du monde en une tentative de légitimation d'un état des choses donné.

Acceptons cependant de ne pas tenir compte de cela. Pour faire de la flexibilité un paradigme, il faudrait vérifier les affirmations suivantes :

a. Les différentes ressources matérielles et humaines sont parfaitement substituables, et donc ne sont nullement spécialisées. Si cette information est vraie, alors on ne comprend plus l'utilité de la division du travail. Si elle est fausse, alors l'emploi dans une autre activité que celle initialement prévue d'une ressource donnée peut entraîner une perte d'utilité. C'est ce que l'on appelle la spécificité de l'actif. Dans ce cas, il ne peut y avoir d'optimisation que si les acteurs sont en mesure de connaître la totalité des rangs d'utilité de la totalité des actifs pour la totalité des emplois présents et à venir. Il faut soit recourir à l'hypothèse de connaissance parfaite du futur, soit reconnaître qu'il n'y a pas d'optimisation. Si tel est le cas, alors il n'y a plus de sens à construire la flexibilité en norme.

b. Les prix transmettent la totalité des informations sur les demandes et les offres et ne transmettent que cela. Autrement, on entre dans le cadre du paradoxe de Grossman-Stiglitz, et il n'y a plus d'équilibre comme indiqué dans le premier chapitre. Si, par ailleurs, les prix transmettent en sus des informations sur autre chose, il faut supposer que l'agent est en mesure de faire la différence, au sein du signal transmis par le prix, entre ce qui relève de la situation de l'offre et de la demande et ce qui relève de cette autre chose. L'identification de cette « autre chose » nous conduit au dilemme suivant. Ou ce processus est possible sans passer par des prix et donc on peut effectivement analyser le contenu du signal originel, mais alors on peut se demander si on a réellement besoin des prix, ou cette identification elle-même doit passer par des prix. Alors, on est renvoyé à une chaîne sans fins de signaux-prix devant être décodés à l'aide de nouveaux signaux-prix qui eux-mêmes doivent être décodés... On est tout simplement retombé dans le problème classique de la circularité de la théorie walrasienne de l'équilibre.

c. Les acteurs ne sont soumis à aucune limite inférieure de revenu ou, ce qui revient au même, ils bénéficient d'un droit sans limites d'accès à la totalité des sources de revenu alternatives. Cette affirmation est évidemment contrafactuelle dans sa première proposition. Quant à la seconde, elle implique l'inexistence de la propriété, fût-elle individuelle ou collective. La propriété est en effet par essence un droit d'exclusion. Cela revient à dire que l'on ne peut concevoir la flexibilité comme norme que dans un univers théorique qui bannit la propriété des ressources et ne connaît que l'appropriation des produits de ces ressources.

On mesure alors le coût, en termes de réalisme, de la constitution de la flexibilité en paradigme.

4.2. Une remise en cause du principe de la division du travail

Une autre piste peut être suivie en partant de la constatation que la flexibilité n'est pas et ne peut pas être un paradigme central du bon fonctionnement d'une économie décentralisée, car elle est contradictoire avec le principe de la division du travail. On ne peut simultanément prétendre que la division du travail accroît la productivité de ce dernier par la spécialisation et défendre la flexibilité comme norme. Cela a été montré dans le domaine de l'organisation du travail[1]. De manière plus générale, on ne peut pas soutenir la thèse de la nécessité d'une spécialisation sans cesse croissante des activités et des connaissances et, en même temps, soutenir leur absence totale de spécificité. Adopter comme norme la flexibilité c'est renoncer en même temps à Adam Smith et à Hayek.

Supposons que tout signal n'ait pas nécessairement une valeur objective universelle. Le problème posé aux agents économiques n'est plus l'acquisition mais le traitement du signal afin d'en extraire l'information ; de plus, ce traitement doit se faire en un temps limité pour que le contenu de l'information soit toujours pertinent par rapport à une décision donnée, comme on l'a montré au chapitre 3. Il nécessite la mobilisation de connaissances déjà existantes pour ce faire. Si on met l'accent sur les connaissances, leur mode de formation et d'accumulation, on est obligé de penser la continuité, ne serait-ce que sous la forme du problème de la redéployabilité des connaissances déjà constituées. Il devient peu réaliste de penser que les agents vont, pour chaque nouvelle décision, devoir réinventer la roue. Mais, s'ils doivent réutiliser des connaissances déjà existantes, il faut supposer qu'il existe un cadre préservant la mémoire de ces solutions. Une approche parallèle consiste à prendre en compte l'importance des phénomènes d'apprentissage par la pratique *(learning by doing)* dans les entreprises. La dimension économique de ces phénomènes dans la production est bien connue. On commence aujourd'hui à mieux en mesurer l'importance dans l'innovation et le progrès technique[2]. Ainsi, la stabilité des structures collectives, dans les entreprises comme dans les administrations, s'avère une solution supérieure à la flexibilité dès que des connaissances complexes, possédant un aspect tacite, doivent être mobilisées.

---

1. Voir R.B. Freedman (ed.),*Working Under Different Rules. A National Bureau of Economic Research Project Report*, New York, Russel Sage Foundation, 1994.

2. N. Rosenberg, « Some Sigificant Characteristics of Technologies », *in* N. Rosenberg (ed.), *Inside the Black Box*, Cambridge-New York, Cambridge University Press, 1982, pp. 55-159.

La notion de flexibilité semble donc particulièrement inadaptée pour rendre compte des phénomènes de complémentarité technique qui peuvent se mettre en place dans le cadre de la production industrielle. C'est un problème qui a été largement traité au début du XXe siècle par A. Marshall[1]. Ses résultats conduisent à réfuter la vision de l'économie comme simple population d'agents (vision déjà préférable à celle de l'espace d'ajustement entre des offres et des demandes...) et à lui préférer celle d'une économie composée de systèmes productifs locaux de taille plus ou moins importante, unis par des liens combinant des complémentarités réciproques et des aspects de compétition.

La complémentarité peut d'ailleurs se combiner au problème de la redéployabilité. Si on considère que la division du travail engendre des gains en efficacité, cela veut dire qu'un système productif est d'autant plus efficace que la division du travail y est développée. Cette dernière signifie cependant que les actifs, matériels et humains, ont été spécialisés. Dans de telles conditions, un système devient d'autant plus efficace qu'il est moins flexible.

Une troisième manière de contester théoriquement le primat de la flexibilité consiste à considérer la multiplicité des formes de coordination possibles qui s'offrent aux agents. On a vu, à propos de la monnaie, que l'impossibilité pour les agents de disposer pleinement et en toutes circonstances des deux libertés de transaction impliquait une coexistence d'espaces où la coordination se fait par l'itération (le marché des néoclassiques), par l'ordre hiérarchique (les organisations), d'autres enfin où dominent les relations bilatérales (les réseaux), enfin des formes marchandes de dépendance (les marchés asymétriques). En particulier, quand on considère les modes d'organisation de l'industrie et des firmes industrielles, la simple dichotomie entre la hiérarchie et le marché est clairement trompeuse. Elle masque l'existence d'une pluralité de formes de coordination au sein et entre les organisations industrielles[2].

La mise en cohérence de ces formes diverses, porteuses de dynamiques qui leur sont propres, exige pour des plages de temps données une stabilité institutionnelle qui implique une continuité.

Les conflits issus de la coordination sont en effet différents sui-

---

1. A. Marshall, *Elements of Economics of Industry*, Londres, Macmillan, 1900.

2. G.B. Richardson, « The Organization of Industry », *Economic Journal*, vol. 82, n° 327, 1972, p. 895.

vant ces formes. Le fonctionnement d'une hiérarchie ou d'un réseau est d'autant plus régulier, et les comportements des agents d'autant plus prévisibles en leur sein, que ces structures sont dotées d'une continuité.

4.3. Renoncer au dogme de la flexibilité

Si on prend en compte l'importance des phénomènes de stabilité et de continuité, les routines et les réseaux, tout ce que le discours économique vulgaire dénonce aujourd'hui sous le nom de rigidité, il faut savoir en tirer les conséquences théoriques.

Les problèmes que posent la substituabilité et la flexibilité renvoient à deux dimensions de la division technique du travail. On peut aborder ce processus comme une tendance générale de long terme et montrer que, globalement, l'interdépendance des producteurs et des productions n'a cessé de s'accroître. Cela pose le problème de l'analyse économique des interdépendances de niveaux de décision [1]. Il faut cependant aussi l'aborder dans les manifestations concrètes du processus dans des filières qui se développent, atteignent une maturité et s'étiolent lors de leur remplacement par d'autres filières.

La division technique du travail se traduit toujours par une spécialisation croissante et donc une redéployabilité de plus en plus faible. L'innovation implique, quant à elle, des sauts discrets aboutissant à l'invalidation de certains contextes et, par là même, à la dévalorisation des actifs matériels et humains qui y sont employés. Postuler une substituabilité parfaite ou, d'un point de vue dynamique, faire de la substituabilité une norme de référence, revient à nier la spécialisation et à refuser la division du travail. Il devient alors impossible de comprendre que toute innovation puisse être nécessairement, au moment de son émergence, socialement coûteuse. L'aveuglement sur ce point conduit à refuser de prendre en compte les réactions contre cette montée des coûts et à l'assimiler à un simple conservatisme. Or, de ce point de vue, il y a une contradiction flagrante dans le discours de la TEG. Si l'évaluation intertemporelle du stock d'actifs accumulé dans le cours d'un

1. J. Sapir, « Théorie de la régulation, conventions, institutions et approches hétérodoxes de l'interdépendance des niveaux de décision », *op. cit.*, pp. 169-215.

« cycle de vie » et du flux de revenu qu'il engendre doit être la norme de comportement des individus, alors les actions des agents, en particulier des travailleurs, qui refusent les transformations des contextes aboutissant à une dévalorisation (pour cause de faible redéployabilité) de leurs actifs est juste. On peut avancer que cette mutation des contextes va engendrer un gain, à terme, en richesse sociale. Mais cet argument renvoie à une norme non économique, l'idée que le changement et l'innovation sont porteurs de progrès. C'est peut-être vrai ou peut-être faux, mais ce ne peut ni (a) être prévu à l'avance ni (b) être calculable dans les mêmes termes que l'est la valorisation des actifs dans un contexte connu et stabilisé.

Il en découle deux conséquences. La première est que les échanges peuvent obéir à des logiques différentes. Dans une partie de l'économie, où la division technique du travail joue un faible rôle, les règles de la substituabilité et de la flexibilité vont effectivement s'appliquer. Il sera donc possible d'agréger les demandes et les offres pour construire un raisonnement théorique conforme à celui postulé par la TEG. Mais dans une autre partie de l'économie, c'est au contraire la division technique du travail, et donc la complémentarité comme la stabilité, qui dominera, impliquant d'user de méthodes différentes pour dégager des mécanismes abstraits de l'activité économique.

La seconde conséquence est que là où domine une logique de complémentarité, le principe pertinent est celui de la continuité ou de la stabilité et non la flexibilité. En effet, l'interruption de flux d'un produit non substituable a des conséquences nettement plus graves que celle d'un produit substituable ; la garantie de continuité des flux et donc des productions, au moins pour un temps donné, devient une priorité. De même, construire les conditions d'une stabilité de moyen terme du contexte, si elle accélère la division du travail et la non-redéployabilité, en en minimisant les coûts, peut être parfaitement justifié. Si donc, il n'y a pas de logique unique, il ne peut y avoir de principe unificateur. Les chantres de la théorie libérale de la flexibilité s'abusent et nous abusent. L'articulation entre des complémentarités et des substituabilités, entre des stabilités et des flexibilités, doit se construire socialement car l'économie ne procède d'aucun de ces principes de manière unique, mais toujours d'une combinaison.

Il faut alors saisir la division du travail dans son autre dimension, non plus seulement technique mais aussi sociale. Ériger la flexibilité en paradigme empêche l'économiste de se doter d'une théorie de l'innovation et des complémentarités. Ériger cette même flexibilité en norme pour un gouvernement ou un responsable d'organisation (que cette dernière soit une entreprise ou une administration), c'est tuer la possibilité concrète de l'innovation et prendre le risque de créer des fonctionnements pervers au sein même de l'organisation, produisant alors des incitations négatives pour l'ensemble des membres.

Cette présentation rapide des arguments concernant quatre des principaux paradigmes de l'action économique contemporaine nous laisse percevoir le champ de ruines qu'est devenue la pensée économique dominante. Elle ne peut fonder la constitution en paradigme de la concurrence, de la décentralisation, de la propriété et de la flexibilité, qu'au prix de ruptures répétées avec le réalisme et la cohérence interne du raisonnement. Comme on a eu l'occasion de le constater, ces ruptures se produisent tout aussi bien dans le champ de la TEG que dans celui de certains courants hétérodoxes, comme la tradition autrichienne inspirée par Hayek ou celle se réclamant de Schumpeter. Qui plus est, bien souvent, le discours dominant mélange des éléments appartenant à ces différents champs, alors qu'ils sont radicalement opposés. On va ainsi justifier la constitution de la concurrence en paradigme à la fois au nom d'une prétendue possible maximisation *et* du problème de la révélation des préférences. Mais la théorie économique, si elle veut être scientifique, ne peut être un supermarché, un grand magasin du prêt à penser. Voilà ce que la pensée dominante en économie a oublié depuis des années. Cela lui retire toute prétention à un quelconque statut scientifique en ce domaine, sans même évoquer l'absence totale de crédibilité logique des argumentaires.

Dire cela ne signifie pas, bien entendu, qu'il faille maintenant faire l'inverse et construire en paradigme l'opposé des quatre notions analysées. Un économiste qui serait attaché à des critères de rigueur scientifique quant à sa pratique et qui serait intellectuellement honnête devrait alors dire deux choses à chaque fois qu'il est consulté sur les problèmes ici évoqués :

1. Les avantages et désavantages d'un accroissement de la concurrence, de la décentralisation, de la flexibilité ou d'un renforcement de la propriété privée, sont contingents aux contextes institutionnels, structurels et techniques dans lesquels ces décisions doivent être prises. Ces contextes sont eux-mêmes affectés par de telles décisions. Il ne peut donc y avoir aucune règle générale,

mais une analyse au coup par coup, et la contribution des économistes peut résider dans une analyse concrète de situations concrètes.

2. L'économie, en tant que discipline scientifique, ne peut fonder dans sa totalité une telle décision, quel qu'en soit le sens. Il y a une part irréductible de choix social et éthique qui implique que la décision ne soit pas l'œuvre de techniciens, économistes, juristes, mais qu'elle engage la représentation politique de la communauté concernée.

Tout économiste qui, sur ces questions, tient un autre discours, ment au moins deux fois ; une fois à lui-même et une seconde à qui l'écoute. Il devient alors sa propre caricature, l'équivalent moderne des médecins décrits par Molière qui ne savaient proposer que deux choses, la purge et la saignée. Ainsi, ils tuaient leurs malades avec la meilleure bonne conscience du monde.

CONCLUSION

Une crise et son enjeu

— *Qu'est-ce qu'un millier d'économistes du FMI gisant enchaînés au fond de la mer ?*
— *Un bon début.*

Plaisanterie ayant circulé sur le site Internet de la Banque mondiale en septembre 1998.

Le modèle dominant de l'économie de marché, employé explicitement dans les travaux théoriques et implicitement, comme référence normative, dans les études empiriques d'une large majorité des économistes contemporains, est en crise. Il se révèle incapable d'expliquer comment et pourquoi des actions initiées séparément par des individus ou des acteurs séparés peuvent aboutir à un résultat global plus ou moins satisfaisant. La TEG, qui fonde peu ou prou ce modèle, échoue à nous fournir une intelligence du monde réel ; elle peut même devenir un obstacle quand des économistes prétendent transposer des raisonnements abstraits sur le monde réel, sans se soucier du réalisme des hypothèses.

Ainsi le monétarisme est-il clairement, dès qu'on s'attache à ses hypothèses implicites ou explicites, une imposture scientifique. Il n'a jamais démontré les résultats auxquels il prétend être parvenu, comme la neutralité de la monnaie à long terme ou l'existence de valeurs dites « naturelles » des prix, de l'activité et de l'emploi. Son argumentation est à la fois irréaliste dans ses hypothèses et incohérente dans leur combinaison. Sa méthodologie ne résiste pas à la moindre discussion un peu rigoureuse. Il reste pourtant la base de bien des politiques économiques, et un article de foi au sein de certaines organisations internationales, comme le FMI, ou dans les Banques centrales.

De même, les argumentations en faveur du libre-échange, de la libéralisation des flux financiers ou de la flexibilité, qui sont aujourd'hui le bruit de fond de la politique économique, n'ont *jamais* exploré rigoureusement les conditions microéconomiques qui permettraient de valider leurs résultats. On est en présence d'un discours macroéconomique de plus en plus séparé des bases microéconomiques qui devraient le fonder. Quant à la théorie du comportement des acteurs et à la théorie implicite de la connaissance qui fondent en réalité le discours économique dominant, dans les deux cas l'échec est total. L'argumentation qui se déploie sous nos yeux a perdu toute connexion avec une démarche scientifique. Elle se réduit au mieux à un catalogue de préjugés, au pire à une apologie des riches et des puissants. Pourtant, c'est elle qui fonde la charte de l'OMC, qui exerce déjà sur notre vie quotidienne une influence considérable.

La Théorie de l'Équilibre Général, qui est la matrice théorique et méthodologique du discours dominant, ne peut prétendre fonder un discours prescriptif dans le domaine de l'action en politique économique. Fondamentalement, elle renvoie au choix suivant. Soit l'économie décentralisée, comme représentation des économies réellement existantes et comme modèle théorique, relève du « mystère », au sens religieux de ce terme, soit la main invisible devient alors le poing d'acier d'un despote capable d'imposer des règles strictes et de normer les comportements. Ses diverses applications sont alors désastreuses et conduisent souvent au recul et du développement et de la démocratie. Les discours occidentaux sur la transition dans les économies de l'ex-URSS en sont un autre bon exemple, aux conséquences hélas tragiques[1]. On pourrait en repérer d'autres dans de nombreux pays en développement.

1. FONDEMENTS D'UNE APPROCHE ALTERNATIVE

Les économies que l'on appelle « de marché » sont en réalité des économies décentralisées, c'est-à-dire des systèmes où des actions initiées séparément *ex ante* doivent trouver des formes de cohérence globale *ex post*. Le marché n'est que l'une des formes

1. Voir J. Sapir, *Le Chaos russe*, Paris, La Découverte, 1996.

de coordination de ces actions. Elles ne sont pas seulement des systèmes de production, de consommation et d'échange ; elles sont aussi et peut-être avant tout des systèmes de relations entre des individus et entre des individus et des entités collectives, des organisations, que celles-ci aient une finalité économique ou non. On ne peut alors prétendre isoler la décision économique des autres décisions que si on suppose qu'elle est entièrement et complètement fondée sur la maximisation. Telle est d'ailleurs la cohérence de la démarche néoclassique. Le problème est que la maximisation sur la base d'un système de concurrence implique que chaque décision individuelle n'affecte que l'individu concerné. C'est peut-être une stratégie pour Robinson sur son île déserte, mais ce ne peut certainement pas être une approche offrant quelque intelligence d'une société.

1.1. Misère du modèle néoclassique de l'agent économique

C'est en ramenant le comportement des acteurs au modèle signal-réaction et en affirmant que la réaction est le produit d'un calcul optimisateur que la TEG peut fonder sa prétention à construire une économie pure par opposition à l'économie politique. On ne peut cependant pas combiner la notion d'équilibre et celle d'information parfaite sans tomber dans l'autoréférence et la circularité, comme l'a montré dès 1935 O. Morgenstern. L'équilibre, au sens des néoclassiques, implique une connaissance de toutes les opportunités existantes, et ces dernières ne se révèlent, sous la forme des prix d'équilibre, que lorsque l'on atteint l'équilibre. La TEG ne peut nous dire comment on arrive à cet équilibre car elle ne peut penser une succession de décisions dans le temps, ce que l'on a appelé ici l'économie séquentielle. Ou nous sommes à l'équilibre depuis toute éternité ou nous ne pouvons l'atteindre.

Ajoutons que si on se décide à abandonner l'équilibre au sens classique pour envisager un processus évolutionnaire convergeant vers un équilibre, comme chez les héritiers de Schumpeter ou chez certains économistes autrichiens, on ne sait pas prouver comment et pourquoi une évolution sélectionnerait spontanément et de manière répétée les solutions nécessaires à cette convergence. La théorie de la destruction créatrice de Schumpeter souffre de fortes incohérences internes et l'extension de la notion d'ordre spontané par Hayek de fonctionnements locaux à un principe général le met en contradiction avec les propres bases de son raisonnement.

Mécanisme automatique chez les uns, processus chez les autres, la concurrence ne pourra pas être notre guide vers le millenium. La main invisible est une notion religieuse et non un concept ou un outil d'analyse.

La rigueur apparente de l'approche en termes d'équilibre général, rigueur formelle qui a tant fasciné les économistes, débouche alors sur une crise méthodologique sans recours. Toute remise en cause du principe de la maximisation, par la contestation des hypothèses de connaissance parfaite ou de capacité infinie à calculer, s'attaque aux fondements de ce projet. À cet égard, le courant que l'on désigne sous le nom d'« économie de l'information », soit la démarche héritière de Marschak et qui, *via* Stigler, Radner, Green et Stiglitz, a certainement beaucoup contribué à dévoiler les limites de la TEG, reste néanmoins engoncé dans les limites inhérentes à l'approche néoclassique [1]. Tout discours sur l'information qui n'est pas simultanément un discours sur la connaissance peut rapidement tourner au simplisme, pour ne pas dire la naïveté. En effet, la confusion entre le signal et l'information renvoie à une vision extrêmement sommaire des processus cognitifs. Cette confusion trahit une conséquence de l'approche « objectiviste » de la réalité, qui s'abîme alors dans un positivisme dont il est facile de montrer les limites et l'impuissance. En fait, il faut opérer un glissement fondamental en considérant la connaissance comme première. L'information n'est jamais que le résultat du traitement d'un signal par une structure de connaissance qui se compose tout autant de savoirs que de croyances en des savoirs. La connaissance a toujours une dimension subjective. C'est d'autant plus important que l'on prend le parti de considérer l'incertitude et l'ignorance non comme des accidents ou des déviations par rapport à une situation normale, mais au contraire comme une base de départ. La contribution de H.A. Simon, en particulier dans le domaine des limites des capacités cognitives des individus, est ici essentielle.

1. Voir à cet égard l'article fondateur de J. Marschak, J. Marschak, « Towards an Economic Theory of Organization and Information », *in* R.M. Thrall, C.H. Coombs et R.L. Davis (ed.), *Decision Process*, New York, Wiley and Sons, 1954.

1.2. Le nécessaire retour au politique

Si on doit renoncer au modèle signal-réaction et à la maximisation, alors on fait renaître le concept de décision, avec ce qu'il contient de créatif et donc de potentiellement inattendu, que ce soit pour soi-même ou pour les autres. Les décisions sont soit des routines soit des choix innovants. Dans un cas comme dans l'autre, l'agent a besoin de règles heuristiques pour déterminer non seulement son comportement, mais les procédures elles-mêmes du choix de son comportement. Ainsi en est-il, par exemple, de son choix entre répéter ce qu'il a déjà fait ou faire autre chose, c'est-à-dire innover. On entre alors dans un monde où les individus peuvent tout autant être dans une logique de coopération que de compétition. Mais il faut être conscient de ce qu'implique le concept de décision. Il n'a pas de sens hors du concept de souveraineté. Pouvoir décider revient à délimiter un espace au sein duquel il existe un lien identifiable entre action et responsabilité. À la différence de l'acte réflexe que postule la TEG dans son modèle d'un agent automate réagissant à un simple signal entièrement intelligible, la décision implique, même pour l'individu, une délibération. Cette délibération n'est possible que parce qu'il est à même de définir un espace sur lequel il est en mesure de peser. Même si l'acte qui fait l'objet de la décision est purement économique, le processus qui lui donne naissance est politique. Dire qu'il y a décision implique qu'il y a ou qu'il y aura justification. Le décideur, dans la mesure où il a agi par choix et non comme un automate, peut toujours être sommé de justifier devant autrui son choix. Il le sera d'autant plus que sa décision sera susceptible d'avoir des effets non intentionnels sur autrui.

Le concept de décision devient d'autant plus important que l'on reconnaît la nature en partie subjective de la connaissance des individus. La coordination de leurs actions passe par la convergence de leurs représentations. C'est une application directe du problème de la nécessaire construction de la commensurabilité dans un univers hétérogène. On a montré qu'il implique de penser la construction consciente d'espaces de controverses si on récusait l'utopie spontanéiste. Mais ces espaces de controverses n'ont de sens que si les décisions qui en émanent ne sont pas vidées de contenu. La confrontation d'opinions n'est controverse que si elle est dotée de procédures de vérification et si elle a un enjeu réel.

Ces espaces de controverses renvoient alors à des espaces de souveraineté collective. Penser l'agent décentralisé comme capable d'émettre des décisions implique de penser le niveau supérieur de cette souveraineté collective. Il est donc vain de prétendre établir une cloison étanche entre économie et politique.

Bien des économistes sont prêts à reconnaître le caractère insatisfaisant et même ouvertement contrafactuel du modèle de l'agent automate réagissant à de simples signaux. Mais fort peu sont disposés à tirer les conséquences de cette rupture avec les hypothèses néoclassiques. Il est vrai qu'elles mettent directement en cause le statut de l'« expert économique » et la nature de sa dite « expertise ».

1.3. Les implications du paradoxe de Shackle

Le raisonnement économique, pour renaître, doit donc suivre ici une démarche opposée à celle des théories de l'équilibre. Au lieu de partir du principe que, normalement, tout devrait aller pour le mieux dans le meilleur des mondes (soit le plein emploi des facteurs), on propose de prendre au sérieux la thèse des subjectivistes, comme Shackle, des marxistes ou des régulationnistes, selon laquelle c'est la crise qui est première. Dès lors, il faut lire les économies concrètes non plus comme des systèmes imparfaits, s'éloignant de l'équilibre, mais comme des ensembles de solutions, certaines relativement durables et d'autres non, certaines relativement efficaces et d'autres non, au problème de la crise. Le mode de lecture des formes apparentes des systèmes économiques devient alors une succession d'interrogations : comment la crise est-elle repoussée ou évitée, à quel coût, aux prix de quelles bifurcations. Cela revient à dire que la cohérence entre ces différentes solutions, qui s'incarne dans la cohérence temporaire et locale de systèmes hiérarchisés d'institutions, n'est ni naturelle ni inéluctable. Elle résulte d'une construction, pour partie non intentionnelle, mais pour partie intentionnelle, qui synthétise les conflits et affrontements traversant nos sociétés. Globalement, la décentralisation pose le problème suivant : plus l'économie et la société sont complexes et hétérogènes et plus difficile est la prévision des effets d'une décision ; mais pour agir, il faut prévoir, même imparfaitement. Ceci conduit au *paradoxe de Shackle* qui s'énonce de manière très simple : la décentralisation de la décision multiplie les causes de l'incertitude, mais cette dernière, compte tenu des limites cognitives des individus, devrait paralyser la décision des acteurs décentralisés.

Se dessine alors ce que devrait être le programme d'une approche scientifique réaliste de l'économie. Au lieu de prendre comme point de départ un hypothétique état d'équilibre, il faut poser comme étant premier l'état que décrit le *paradoxe de Shackle*. Or ce dernier devrait logiquement impliquer une situation de crise perpétuelle. Le fait que cela ne soit pas le cas invite alors à tenter de comprendre comment se construisent les institutions, organisations et pratiques qui permettent de surmonter ce paradoxe. Ce *paradoxe* englobe, il faut le souligner, le problème de l'incomplétude de la relation contractuelle que Durkheim avait mis au jour. Cette incomplétude renvoie à nouveau au problème des institutions. Ce sont elles qui fournissent les règles et les normes qui rendent possible l'accomplissement des contrats. Mais il n'y a pas d'institution sans moyens de coercition, et ces derniers renvoient tout autant à l'existence et au rôle d'organisations qu'aux pratiques qui se développent en leur sein. Le *paradoxe de Shackle* nous conduit, par le chemin détourné de l'économiste, vers le problème de l'autorité. Car c'est bien lui qui gît dans la notion de *corporate governance* qui a connu un tel succès ces dernières années. Or, il n'est d'autorité que là où il y a légitimité, et la légitimité nous renvoie, elle, au problème de la souveraineté.

2. QUATRE NOTIONS ESSENTIELLES POUR UNE THÉORIE RÉALISTE DE L'ÉCONOMIE

L'action humaine est au cœur de l'économie ; elle est tout autant création que réaction et la création implique l'incertitude. Cette dernière ne peut être surmontée que par des institutions et des organisations, produisant des règles et des normes. Dès lors se pose la question non seulement de la fonctionnalité de ces règles et normes mais aussi et surtout celle de leur légitimité. On est ramené alors à l'économie politique et plus généralement à une démarche qui perçoit les actes économiques comme enchâssés dans un contexte social et politique. Une économie politique moderne, au sens où elle renoncerait à des hypothèses métaphysiques et intégrerait les avancées actuelles sur la limitation des capacités cognitives des individus, peut se reconstruire autour de quatre grandes notions, celle de la *décentralisation*, celle du *principe de densité*, le *principe d'hétérogénéité* et enfin celui de *contrainte temporelle*. Ces notions résument les résultats des analyses que l'on a menées jusqu'ici. Elles ont aussi des conséquences importantes quant à la manière de concevoir l'ordre qui caractérise une économie décentralisée.

2.1. Notions fondamentales d'une économie décentralisée

I. La décentralisation signifie ici qu'aucun acteur n'est totalement autosuffisant ; il doit nécessairement faire appel à autrui et dépend ainsi des conséquences intentionnelles et non intentionnelles des décisions d'autrui. Il ne jouit donc pas de libertés naturelles mais de libertés socialement construites. L'échange est alors une nécessité fonctionnelle et non un rite ou une pratique symbolique. La décentralisation revient à reformuler l'idée de la double séparation : entre les producteurs et entre les producteurs et les moyens de production. C'est bien la première de ces séparations, celle entre les producteurs, qui fonde l'existence des rapports marchands et donc pose le problème de la coordination. Mais la seconde séparation, qui fait émerger le salariat comme forme dominante d'engagement du travail humain, représente alors un approfondissement qualitativement différent. La décentralisation résulte de la division du travail, qui induit l'émergence croissante d'acteurs séparés mais impliqués (qu'ils en aient conscience ou non) dans des projets communs. On peut parler de décentralisation quand cette séparation est gérée autrement que par le commandement pur ou la contrainte sur corps. Ceci qualifie l'économie capitaliste comme l'une des manifestations de l'économie décentralisée.

Ce mode de coordination a deux effets. Il laisse ouverts en permanence de nouveaux champs à la division du travail, qui peut alors s'approfondir ; il fait émerger la distinction entre des visions du monde *ex ante* et *ex post* chez les acteurs, ce que Gunnar Myrdal avait perçu dès 1939. La coordination marchande induit alors deux tensions, celle entre la communauté du projet (qui découle de l'inévitable interdépendance des agents) et la diversité des vécus et des représentations et celle entre les évaluations *ex ante* et les vérifications *ex post*. La première tension est alimentée par le fait que nul ne peut avoir une vision parfaite de la totalité des conséquences intentionnelles et non intentionnelles de la chaîne d'actions dont il est partie prenante. La seconde découle de notre incapacité à prévoir parfaitement le futur ; nos évaluations et nos « calculs » sont toujours en réalité des paris faits à partir de notre subjectivité, de notre représentation du monde, et les vérifications *ex post* qui valident ou invalident ces paris valident ou invalident en même temps nos conceptions du monde.

Ces deux tensions peuvent se concrétiser dans deux comportements que la coordination marchande de la décentralisation rend possibles mais qui l'invalident : la possibilité de la défection de l'individu face au projet commun ou à ses conséquences, et la possibilité de ruptures de systèmes de représentation qui rendent aléatoire la poursuite même de la participation au système. La défection individuelle (par la fuite dans la liquidité) et l'anomie, le rejet de toutes règles et normes communes, sont les négations mêmes d'un principe de coordination. Si de tels comportements se généralisent, une économie composée d'agents décentralisés s'effondre. Ces comportements sont pourtant inscrits d'emblée dans le système comme débouchés potentiels aux contraintes issues de la décentralisation et qui pèsent sur les acteurs.

II. Le principe de densité découle de la décentralisation. Dans une société d'acteurs à la fois séparés et interdépendants, c'est Hayek lui-même qui souligne que toute action peut avoir des effets non intentionnels sur autrui [1]. Est dense donc tout système ou toute action d'un membre qui peut avoir au moins un effet non intentionnel sur au moins un autre membre. La fonction de densité d'une société traduit la probabilité pour qu'un nombre croissant de ses membres puissent être affectés par un effet non intentionnel d'un autre membre. Cette fonction de densité renvoie tout à la fois à la densité au sens démographique et aux conséquences de la division du travail qui accroît en permanence les moyens d'action sur la nature.

Si les plans individuels d'action sont le produit de la combinaison d'une connaissance et des anticipations, ces plans peuvent être remis en cause à la fois par des changements dans la structure des anticipations et par des modifications dans la connaissance. Les

1. F.A. Hayek, *The Constitution of Liberty, op. cit.*

erreurs se manifestent pour les acteurs par des échecs de leurs plans, l'invalidation de leurs anticipations et des structures de connaissance qui les fondent. Ces échecs sont d'autant plus probables que les interactions entre agents sont possibles, que les moyens à la disposition de chaque agent sont en mesure d'affecter d'autres agents. L'apprentissage de cet état de fait est nécessaire, mais il ne peut être que partiel. En effet, l'apprentissage n'est efficace que dans la mesure où le système, ou la société, exerce une contrainte sur les agents, que cette contrainte s'exprime directement au travers d'une action collective ou indirectement à travers des normes et des règles. Les institutions sont les solutions au problème du passage du local au général ; elles expriment la supériorité de la connaissance accumulée, mais dispersée, dans la société, sur la connaissance locale des acteurs.

On peut déduire de l'analyse hayékienne que la possibilité même d'effets non intentionnels induit une incertitude radicale. Cette dernière ne peut être surmontée que par l'existence de règles et de formes collectives qui sont donc premières par rapport aux actions individuelles. Cette formulation du principe de densité ne fait que retrouver un résultat de l'analyse marxiste. L'articulation des « travaux privés » est seconde par rapport à l'existence première d'un « travail social » ; le rapport apparent des choses (les produits des actions ou du travail) n'étant qu'une forme fantasmagorique prise par un rapport social déterminé entre les acteurs[1]. Cette improbable mais réelle convergence entre Hayek et Marx implique que les formes prises par les modes de coordination ne sauraient être discutées du point de vue de la seule apparence de leur fonctionnalité, mais doivent l'être aussi du point de vue des relations sociales cristallisées dans les institutions, les systèmes de règles et de normes.

III. Le principe d'hétérogénéité se révèle alors un point de passage nécessaire pour penser l'économie réelle dans la diversité des acteurs, des situations et des processus. Cette hétérogénéité découle des effets combinés de la division du travail et de la décentralisation. Dans la mesure où les tâches se spécialisent et où ce processus se développe sans qu'il y ait pour chaque acteur une vue d'ensemble, les compétences des acteurs tendent aussi à

1. Voir la citation de K. Marx traduite par Ch. Bettelheim in *Calcul économique et formes de propriété, op. cit.*, p. 42 et les commentaires pp. 41-43.

se spécialiser. La structure de leurs besoins comme celle de leurs capacités se diversifient. Ce mouvement se produit sans que l'on puisse le rattacher à un quelconque point fixe, comme par exemple la structure des préférences des agents comme le supposent à tort la théorie néoclassique et l'économie dominante.

En effet, la théorie néoclassique suppose que les préférences sont indépendantes du contexte, transitives et monotones temporellement. Ces trois hypothèses sont logiquement nécessaires pour pouvoir prétendre effacer la question de l'hétérogénéité et construire un cadre de pensée unifiant les agents, leurs comportements et les processus dans lesquels ils sont insérés. Malheureusement pour la théorie néoclassique, ces trois hypothèses ont été testées et invalidées par des travaux de psychologie expérimentale conduits depuis environ vingt ans[1]. Si l'on veut rester dans le cadre du réalisme critique, seule garantie d'une démarche scientifique en économie, on ne peut donc s'appuyer sur ces conjectures invalidées. La conséquence est que l'on ne peut raisonner comme si la diversité était accidentelle, le produit d'imperfections appelées à s'effacer avec le temps. Bien au contraire, la diversité, de celle des agents jusqu'à celle des trajectoires des économies concrètes, est la norme et doit être pensée comme telle. L'économie française, ou allemande ne sera jamais identique à l'économie américaine. Postuler une inéluctable convergence, c'est se fonder sur une base théorique insoutenable et se condamner à ne pouvoir comprendre les évolutions économiques.

L'absence de tout point fixe, au présent ou au futur, implique que les convergences, pour exister, doivent être construites. Si des comportements convergent, que ce soit au niveau microéconomique ou au niveau macroéconomique, c'est qu'existent les institutions qui, à un moment donné, provoquent ces convergences. Ces dernières ne peuvent donc être que des résultats *ex post* et non des conditions *ex ante* sur lesquelles les comportements pourraient s'appuyer.

IV. La contrainte temporelle va signifier, quant à elle, que le moment où un agent prend sa décision, tout comme le délai qui

1. A. Tversky, « Rational Theory and Constructive Choice », *in* K.J. Arrow, E. Colombatto, M. Perlman et C. Schmidt (ed.), *The Rational Foundations of Economic Behaviour*, Basingstoke-New York, Macmillan et St. Martin's Press, 1996, pp. 185-197.

peut s'écouler entre la prise de la décision et la mesure de ses effets sont des paramètres importants pour l'économiste. L'utilité d'une décision, quel que soit le sens que l'on donne au terme utilité, n'est jamais indépendante de son inscription dans une trame temporelle, que cette dernière soit individuelle ou collective. L'utilité d'une décision n'existe jamais en soi, de manière abstraite à ce contexte et à sa dynamique historique, justement parce qu'elle peut être sérieusement affectée par le laps de temps écoulé entre le moment où la nécessité d'une décision apparaît et le moment où la décision est réellement prise.

La contrainte temporelle découle tout autant d'un environnement concurrentiel que d'un environnement coopératif. Dans un environnement concurrentiel, pour tout acteur potentiel découvrant une occasion d'agir, il y a le risque de se voir préempter par un concurrent. Agir plus vite qu'un autre est souvent la condition même de dégagement du profit. Dans un univers coopératif, on suppose que les actions sont complémentaires et non substituables. Dans ce cas, tout retard dans l'une peut entraîner un retard dans la chaîne tout entière. La coordination s'étend alors non seulement au contenu des décisions mais aussi à la manière dont elles s'inscrivent dans le temps.

Une vision réaliste, au sens d'un réalisme méthodologique, de l'économie conduit à combiner concurrence et complémentarité. En ce cas, le principe de la contrainte temporelle ne peut que s'en trouver renforcé.

Enfin, la contrainte temporelle implique de penser les asymétries entre décideurs en premier et décideurs en second. Ces asymétries doivent être maîtrisées pour que des décisions intertemporelles, où les effets sont souvent fortement retardés, puissent être possibles. Ces décisions intertemporelles, qu'elles soient des contrats ou des décisions collectives stratégiques, impliquent de penser une répartition temporelle des responsabilités et du risque. L'incapacité intrinsèque de l'économie standard à penser ce problème la conduit à tenir des discours qui ne sont qu'idéologiques dès qu'elle est confrontée à ce type de problème. Seule une démarche qui inscrit le temps, dans sa durée comme dans sa dimension de contrainte, au cœur même de sa problématique, peut fournir une intelligence des comportements réels.

Ces quatre notions permettent, on l'a soutenu dans ce livre, de construire une approche non idéaliste des processus de construction des règles et d'émergence des institutions. Elles permettent un raisonnement qui s'affranchit des lourdes hypothèses métaphysiques dont on a vu que la pensée économique était encombrée. Elles fournissent la base d'une critique des approches libérales, que ce libéralisme soit celui de la tradition autrichienne ou celui qui se réclame de la TEG.

2.2. Ordre démocratique et souveraineté

Les quatre notions que l'on a ici résumées permettent de relire le débat entre plan et marché retracé dans le chapitre 2. La décentralisation et le principe d'hétérogénéité condamnent irrémédiablement les ordres centralisés, qu'il s'agisse du modèle de planification à la Oskar Lange ou le modèle néoclassique. Mais, les notions de densité économique et de contrainte temporelle invalident l'ordre spontané de Hayek, du moins dans sa vision la plus extensive de la théorie générale de l'organisation des sociétés. Le double refus de l'ordre centralisé et de l'ordre spontané conduit alors à définir la notion d'ordre démocratique.

L'ordre démocratique est d'abord une chaîne logique qui découle de la notion de souveraineté du peuple. La souveraineté du peuple est première à travers d'une part le couple contrôle/responsabilité fondateur de la liberté comme on l'a montré au chapitre 4, et d'autre part du fait que la coordination de décisions décentralisées dans une société hétérogène implique que des agents ayant des positions inégales se voient mis dans une position formelle d'égalité. Le couple contrôle/responsabilité résulte en vérité du principe de densité ; il implique que le peuple (ou le corps souverain) soit identifié à travers la détermination d'un espace de souveraineté. C'est pourquoi l'ordre démocratique implique des frontières (qui est responsable de quoi), mais aussi une conception de l'appartenance qui soit territoriale (le droit du sol). L'absence de frontières, l'indétermination de la communauté de référence, découple le contrôle de la responsabilité. L'appartenance doit être alors territoriale et non liée à une caractéristique de l'être des individus (en particulier l'appartenance ethnique, la couleur de la peau ou le genre). Dans la mesure où l'on a supposé que l'on était dans une société à la fois décentralisée et interdépendante, la coordination doit être laissée ouverte. Cela exclut de retenir les caractéristiques de l'être des individus qui ne peuvent donc être définis qu'à travers leurs actes.

L'ordre démocratique oppose la notion de construction de l'égalité à celle de l'égalité originelle ; il refuse la confusion entre un idéal et une démarche analytique. Cette confusion, qui est au cœur même des traditions idéalistes de la démocratie, porte en elle le risque de politiques tentant d'homogénéiser de force une réalité hétérogène. La grande erreur du libéralisme politique est d'avoir confondu le couple *construction formelle/état de nature* et le couple *construction formelle/état réel de la société*. Les individus sont divers et hétérogènes ; pour autant, s'ils ne peuvent également participer à l'élaboration des diverses formes de coordination, locales et globales, c'est la communauté dans son ensemble qui sera lésée. Reconnaître les différences, ce n'est pas éterniser ces différences mais au contraire se donner les moyens de penser la construction des convergences et des règles communes permettant la participation de tous aux activités concernant tous. L'hétérogénéité sociale *ex ante* fixe donc comme objectif à l'ordre démocratique la construction d'une homogénéité politique *ex post*. L'intérêt public n'est pas la condition permissive de la démocratie, mais au contraire l'ordre démocratique est la procédure qui permet la constitution d'une représentation de l'intérêt public. Il n'y a donc pas, comme le croyaient les pères fondateurs des régimes démocratiques au XVIIIe siècle, un intérêt public « évident » et donc naturellement partagé par tous. Mais, parce que nous sommes dans des sociétés dominées à la fois par la décentralisation et par l'interdépendance, nous avons besoin d'un intérêt public comme norme de référence pour combattre les tendances spontanées à l'anomie et à la défection. L'ordre démocratique est donc aux antipodes de la vision idéaliste de la démocratie qui croit voir dans cet intérêt public le produit d'un ordre naturel ; il ne peut en réalité qu'être une construction sociale.

La notion de souveraineté est mal aimée des économistes se référant à l'économie standard. Ils y voient une intrusion de la discrétion dans l'optimisation et, plus fondamentalement, quelque chose qu'ils ne peuvent appréhender avec les instruments de l'économie standard. Sur ce point, il n'ont pas tort. La critique de la souveraineté, comme concept vide de sens ou dépassé, devient alors un point de passage obligé de leurs argumentations. Traditionnellement, la critique porte alors sur les limitations « objectives » de l'État. Dans la mesure où ce dernier contrôlerait de moins en moins de paramètres clés, en raison des effets d'interdépendance avec d'autres acteurs étatiques, son importance et sa pertinence diminueraient d'autant. La thèse de la « mondialisation » de l'économie est ainsi souvent évoquée pour justifier une réduction des pouvoirs de l'État et des abandons progressifs de souveraineté. Il y a là une série de confusions, dont l'origine est probablement l'interpolation entre des niveaux différents d'abstraction. Comme le montre Simone Goyard-Fabre, le fait que l'exercice de la souveraineté puisse être techniquement difficile, par exemple pour des raisons de complexité, n'affecte nullement la nature de la souveraineté. « Que l'exercice de la souveraineté ne puisse se faire qu'au moyen d'organes différenciés, aux compétences spécifiques et travaillant indépendamment les uns des autres, n'implique rien quant à la nature de la puissance souveraine de l'État. Le pluralisme organique [...] ne divise pas l'essence ou la forme de l'État ; la souveraineté est une et indivisible[1]. »

L'argument prétendant fonder sur la limitation pratique de la souveraineté une limitation du principe de celle-ci est, quant au fond, d'une grande faiblesse. Les États n'ont pas prétendu pouvoir tout contrôler, même et y compris sur le territoire qui est le leur. Le despote le plus puissant et le plus absolu était sans effet devant l'orage ou la sécheresse. Le même problème se pose quant aux obligations internationales des États. Les traités sont perçus comme des obligations absolues au nom du principe *pacta sunt servanda*. Mais ce principe n'est rien d'autre qu'une mise en œuvre d'un autre principe, celui de la rationalité instrumentale. Il implique donc de supposer une raison immanente et une complétude des contrats que sont les traités, deux hypothèses dont il est facile de montrer la fausseté. C'est pourquoi le droit international est nécessairement un droit de coordination et non un droit de subordination[2].

Ceci a des conséquences importantes, quand on combine droit de coordination et incertitude radicale sur l'avenir. Prétendre en effet qu'un traité international est valide à l'infini revient à prétendre que ses rédacteurs avaient la connaissance de toutes les occurrences possibles que le futur réserve, ou qu'ils avaient le droit et les moyens de lier à leurs décisions les générations à venir. On doit donc pouvoir sortir des traités. Tout traité qui entend mettre des obstacles particuliers à la révision ou à la sortie d'un membre,

---

1. S. Goyard-Fabre, « Y a-t-il une crise de la souveraineté ? », *Revue internationale de philosophie*, vol. 45, n° 4, 1991, pp. 459-498, citation pp. 480-481.
2. R. J. Dupuy, *Le Droit international*, Paris, PUF, 1963.

comme le défunt Accord multilatéral sur les investissements par exemple, est ainsi par nature nul et non avenu.

La question de la souveraineté ne dépend pas seulement de qui prend les décisions, autrement dit de savoir si le processus est interne ou externe à la communauté politique concernée. La souveraineté dépend aussi de la pertinence des décisions qui peuvent être prises sur la situation de cette communauté et de ses membres. Une communauté qui ne pourrait prendre que des décisions sans importance sur la vie de ses membres ne serait pas plus souveraine que celle sous la botte d'une puissance étrangère. De la souveraineté du peuple découle alors une règle de dévolution qui s'applique tant dans le domaine interne (les constitutions) que dans le domaine externe (les traités internationaux) : nul ne peut décider pour les générations futures.

On peut aussi en déduire trois principes qui fondent le droit de l'ordre démocratique.

— Nul ne peut prétendre au contrôle sans endosser une responsabilité des actes issus de son contrôle. La garantie que tous accordent au contrôle de un (la propriété individuelle) s'accompagne de la responsabilité de un devant tous (la propriété collective).

— Nul ne peut fixer un mode de coordination ou exclure de ce mode certaines formes ou certains participants de la communauté.

— Nous avons tous, au sein d'une même communauté qui ne peut être que territoriale, le même droit à participer à la constitution, intentionnelle ou non, des modes de coordination.

Les formes politiques qui, dans une société à la fois décentralisée et interdépendante, ne respecteraient pas ces trois principes seraient illégitimes car incohérentes avec l'état de la société et non fonctionnelles. Les lois tirent alors leur légitimité des formes politiques dans lesquelles elles sont élaborées, tout autant que de leur respect de ces trois principes.

L'ordre démocratique, comme conception matérialiste et réaliste, envisage alors la démocratie en action comme une procédure permettant :

a. Le dégagement de convergences dans les représentations et d'une convergence entre ces représentations et la réalité, à travers des systèmes emboîtés d'espaces de controverse.

b. La légitimation des systèmes de règles et de sanctions qui permettent à ces espaces de fonctionner, en référence au droit fonctionnel.

La loi démocratique n'a donc pas à être complète, et par cela n'a pas à être parfaite ; elle est améliorable dans un système qui laisse la place à la création. L'autorité de la loi n'est donc pas une construction formelle, mais la traduction d'un principe de souveraineté. La loi est légitime non pas parce qu'elle est l'expression d'une majorité, mais parce qu'elle a respecté tout à la fois des procédures démocratiques (la majorité) et des principes. Le simple respect de la légalité ne saurait suffire à rendre une loi légitime, si elle viole par ailleurs les principes de l'ordre démocratique. L'autorité qui, légalement, enfreindrait ces principes se constituerait en *tyrannus ab exercitio* (celui qui, arrivé de manière légale au pouvoir, en fait un usage injuste).

En effet, dans la mesure où l'on admet qu'il n'est de rationalité que limitée et contextuelle, le principe de souveraineté ne peut être limité par le droit. Mais l'exercice du pouvoir doit, lui, être limité ne serait-ce que sous la forme d'un contrôle *ex post* (la responsabilité du décideur) et procédural. La tension entre la souveraineté et l'exercice du pouvoir peut conduire à la mystification du droit, et c'est le constitutionnalisme extrême qui ne peut se fonder que sur une conception métaphysique du droit. L'introduction de la notion de légitimité signifie que dans tout acte normatif ou stratégique on peut déterminer *qui peut contester quoi et sous quelles formes cette contestation peut s'exprimer*. Elle est un moment essentiel pour échapper aux deux polarités qu'il faut également refuser, le formalisme légaliste et l'essentialisme juridique.

3. REFONDER L'ÉCONOMIE

La TEG, la domination et la fascination qu'elle exerce y compris parfois sur ses adversaires, soulève alors un autre problème, celui de la définition de l'économie comme discipline. Pour nombre de ses praticiens, comme certains de ses critiques, la TEG est en un sens *la* science économique. Pour Hahn, l'intérêt intellectuel de la TEG est que ses limites, dont il est conscient, définissent celles de l'analyse économique. Cette position a le mérite de l'honnêteté ; elle est cependant inacceptable.

Une telle position ne laisserait en effet à ceux qui veulent étudier l'économie que deux choix. Soit l'économie est praticable, mais uniquement comme un jeu formel, dont il faut d'emblée admettre l'irréalisme des hypothèses de base ; c'est la dérive religieuse ou théologique. Soit on s'intéresse aux économies réelles, mais on cesse alors d'être un économiste, pour être qualifié par les théoriciens, au mieux d'empiriste, et au pis de sociologue avec ce que ce mot a d'implicitement injurieux dans la bouche de certains collègues. Or, sans contester à la sociologie ses lettres de noblesse, tant dans son propre domaine que dans le champ des sciences humaines, et on soutient ici qu'un Durkheim ou un Mauss valent bien dix Walras, on persiste à croire qu'il existe bien un espace spécifique de l'analyse économique.

Ce dilemme découle directement d'une vision réductrice de l'économie, celle de Robbins, pour qui l'économie est « la science qui étudie le comportement humain comme relation entre des fins et des moyens rares, et susceptibles d'utilisations alternatives [1] ».

On peut lui opposer une autre définition, proposée antérieurement par J.S. Mill, pour qui l'économie était « la science de la recherche des lois des phénomènes sociaux qui naissent de l'action combinée des hommes pour la production des richesses, dans la mesure où ces phénomènes ne seraient pas modifiés par la poursuite d'une autre fin [2] ».

Cette définition pourrait être acceptable si on conçoit les lois évoquées comme à la fois temporaires et tendancielles, en refusant la dérive vers des lois naturelles dont Menger a été, à la fin du XIXe siècle, l'initiateur. On peut même être plus précis que la citation de Mill avec la formulation suivante : l'économie étudie comment, en rapport avec leur environnement, des acteurs libres produisent, consomment et échangent des richesses, et pourquoi et comment ils choisissent pour ce faire, à travers des oppositions et des conflits, certaines solutions aux dépens d'autres.

Une telle définition a cinq avantages :

a. Elle évite de se prononcer sur la question des « lois » et donc

---

1. L. Robbins, *An Essay on the Nature and Significance of Economic Science*, Londres, Macmillan, 1932, 2e éd. 1935, p. 15.

2. J.S. Mill, « On the Definition of Political Economy and the Method of Investigation Proper to it », *in* J.S. Mill, *Collected Works of John Stuart Mill*, Toronto, University of Toronto Press Reprint, 1967, vol. 4, p. 323.

du niveau de déterminisme du système, ce qui laisse la porte ouverte à plusieurs stratégies de recherche.

b. En articulant acteurs et conflits, elle rompt avec la vision de l'agent automate, tout en ne se prononçant pas sur le fait que certains agents sont des individus et d'autres des organisations. La notion d'acteur libre est essentielle pour préciser que les conflits n'ont pas de solution qui soit *ex ante* imposée.

c. Elle intègre la question du choix entre solutions sans supposer, ni exclure, une optimalité de ces dernières.

d. La notion de solution, qui renvoie ici et à l'environnement et aux conflits, indique qu'il y a une combinaison de facteurs techniques et sociaux dans la production, la consommation et l'échange.

e. En articulant le « comment » et le « pourquoi », elle indique la nécessaire unité des dimensions empiriques et de l'abstraction théorique.

Dans ce cadre, on peut définir deux stratégies principales de développement de l'économie comme discipline, sous la contrainte de la méthodologie définie dans l'introduction. On peut poser l'existence de solutions parfaitement cohérentes (des équilibres), pour envisager ensuite les raisons pour lesquelles elles sont (1) logiquement impossibles, ou (2) incompatibles avec un état donné de l'environnement. Une deuxième stratégie viserait, elle, à l'analyse théorique des obstacles à l'émergence de solutions et à l'analyse de comment et pourquoi émergent néanmoins dans les économies concrètes des cohérences limitées et temporaires.

La première stratégie correspond à l'usage critique de la notion d'équilibre tel qu'il a été développé par les économistes qui ont remis en cause les hypothèses d'information parfaite et/ou de complétude des systèmes de marchés. Sans être exhaustif, c'est la tradition des travaux de Radner, Stiglitz, Hahn, Maskin ou Laffont pour la France.

La deuxième stratégie, elle, refuse d'identifier cohérence et équilibre. Elle se pose d'emblée la question de l'origine, du développement et de la fin des systèmes locaux qui permettent l'existence de cette cohérence. Elle pose la crise de coordination comme première dans une économie décentralisée, pour pouvoir envisager comment les économies réelles arrivent à la surmonter plus ou moins. Cette stratégie est clairement, et à nouveau sans prétention à dresser une liste exhaustive, celle de l'institutionnalisme traditionnel (Veblen, Commons, Mitchell), de la tradition autrichienne dans certaines de ses variantes (Hayek et Schumpeter, mais sans doute pas von Mises), de Keynes et de ses héritiers authentiques (Kaldor, Robinson, Minsky, Harcourt et Shackle) comme de son cousin (au sens intellectuel) le Polonais Michal Kalecki, ou d'un marxisme non dogmatique illustré en France par Ch. Bettelheim par exemple. Aujourd'hui, elle est portée par certains institutionnalistes (Dugger, Egidi, Hodgson), le courant que l'on qualifie d'évolutionnaire (Dosi, Nelson et Winter), enfin, en France on la retrouve dans l'école de la régulation (Aglietta, Boyer, Lipietz).

En dépit des problèmes méthodologiques et théoriques qu'elle soulève, la théorie de l'équilibre au sens le plus large (et non confinée aux seuls équilibres walrasiens) pourrait s'inscrire dans une démarche scientifique en économie, même si l'auteur de ces lignes a des doutes quant à sa pertinence ultime, mais à la condition d'utiliser l'équilibre uniquement comme un concept critique et non comme une norme ou une notion prescriptive. Elle ne saurait cependant prétendre être la seule. Par contre, la pratique normative actuelle de la TEG, consciente ou inconsciente, tant dans le monde universitaire que dans les discours sur les politiques économiques au niveau des gouvernements, des Banques centrales et des organisations internationales, est une véritable entreprise de décervelage. Elle est un crime contre la raison et, on le sait, le sommeil de cette dernière engendre des monstres. Elle est fondamentalement le contraire d'une pratique scientifique et s'apparente à un intégrisme idéologique qui doit être combattu pour que l'économie, en tant que discipline scientifique, puisse espérer survivre.

Une démarche scientifique en économie doit assumer l'incomplétude de la discipline, sa nécessaire ouverture à la sociologie, à l'histoire, à l'anthropologie et à la science politique. Cela ne veut pas dire que les échanges seront univoques. L'économiste, s'il se dépouille enfin de son arrogance et de ses prétentions scientistes, peut fructueusement participer à un échange d'objections avec les chercheurs des disciplines mentionnées. Il peut ainsi contribuer à comprendre le monde et peut-être même contribuer à l'améliorer à condition, de nouveau, qu'il cesse de prétendre détenir une vérité intangible et universelle, autorisant et justifiant tous les arbitraires. Les économistes ne retrouveront leur légitimité que s'ils intègrent à leur démarche comme à leur pratique l'exigence démocratique dont on a montré l'impérieuse nécessité fonctionnelle dans des économies décentralisées. Ils doivent donc sortir de leurs églises, de leurs chapelles et de leurs sectes pour entrer en République, c'est-à-dire contribuer à une organisation sociale démocratique qui cesse de prendre le contrat, qu'il soit économique ou politique, comme centre. Ils peuvent contribuer à penser les formes intermédiaires comme les institutions et les organisations, ainsi que la structurations des espaces de controverse hors desquels ne peut naître nul projet collectif, nulle convergence réaliste des représentations et de la subjectivité des acteurs, et ce à quelque niveau que l'on se place.

Économistes, encore un effort pour être républicains !

BIBLIOGRAPHIE

INTRODUCTION. LA SCIENCE ÉCONOMIQUE PEUT-ELLE ENCORE PENSER L'ÉCONOMIE ?

Menger, un fondateur oublié du scientisme axiomatique

L'argumentation de Menger, repose sur le postulat que l'on peut, dans les sciences sociales en général et en économie en particulier, déterminer des lois exactes, qu'il qualifie de « lois de la nature », si on peut déterminer des régularités récurrentes dépendant d'éléments simples et isolables (Menger, 1985/1883, p. 60/61). Ceci impose d'une part une hypothèse forte quant à la clôture des systèmes étudiés (inexistence d'effets extérieurs) et d'autre part une hypothèse non moins forte quant à la possible désagrégation des facteurs apparents en éléments simples indépendants. Les limites de telles hypothèses sont particulièrement visibles dans le passage où Menger cherche à démontrer que la formation des prix par la loi de l'offre et de la demande a les caractéristiques d'une « loi de la nature ». La formation des prix correspond ainsi à une « loi exacte » si quatre hypothèses sont réunies : (a) tous les agents économiques défendent totalement leurs intérêts économiques, (b) ils ne commettent pas d'erreurs dans le calcul de l'impact de la détermination des prix sur leurs intérêts, (c) ils connaissent l'impact de la situation économique sur la formation des prix et (d) si nulle force extérieure ne vient réduire leur liberté d'action économique (Menger, p. 71). Or, l'hypothèse (a) suppose que l'intérêt des agents soit directement identifiable et que tous les agents aient exactement les mêmes possibilités, ce qui nie la stratification sociale ; (b) implique que les agents soient infaillibles et (c) qu'ils aient une connaissance parfaite de leur environnement. Enfin, l'hypothèse (d) implique que les agents *ne vivent pas* en société ; en effet, dans toute société humaine, une action intentionnelle peut avoir sur autrui des conséquences imprévues et non intentionnelles. Or, comme l'a montré Hayek (Hayek, 1960, p. 66), cela implique la présence de règles qui sont autant de forces extérieures limitant la liberté d'action des agents économiques.

Menger ne peut, en suivant sa propre méthode, dégager une « loi exacte » en économie qu'au prix de deux hypothèses qui sont à la fois paradoxales et héroïques. Il lui faut nier l'existence d'une vie en société en premier lieu, ce que l'on voit à l'œuvre dans la première et la dernière de ses hypothèses. Or, si l'on considère l'individu isolé, Robinson sur son île déserte, la notion de sciences sociales et d'économie n'a plus de sens. La procédure de réduction à l'élément le plus simple, ici l'agent économique, est alors contradictoire avec l'objectif visé, construire une méthodologie pour les sciences sociales. Mais Menger ne s'en tient pas là. Il lui faut aussi supposer que cet agent individuel est omniscient, car il connaît tout de son environnement et ne commet pas d'erreurs. Mais si le monde réel était peuplé d'agents omniscients, nous n'aurions pas besoin de marché pour déterminer les valeurs d'échange, les prix, entre les biens et les services. Nous connaîtrions les rapports d'échange avant même que l'échange ne se soit manifesté, et nous n'aurions donc pas besoin d'une « loi exacte » pour déterminer les prix. Il y a donc, au cœur même de la méthode proposée par Menger, un double paradoxe, sans même tenir compte de l'irréalisme de la supposition d'un agent omniscient. Ou sa méthode fonctionne, mais il n'y a ni société ni sciences sociales ni économie, ou nous prenons en compte l'existence d'une société humaine, et ce sans même préjuger de ses caractéristiques particulières, et cette méthode ne peut exister. Weber et Keynes, sur cette question même de la formation des prix, parce qu'ils tiennent compte justement de l'existence d'une société sans laquelle les actions des agents économiques n'ont pas de sens, refusent de considérer la formation des prix comme une « loi naturelle ». Pour l'un comme pour l'autre, il s'agit d'un processus social, intégrant le conflit et les rapports de force entre les individus vivant au sein de cette société (Weber, 1948, p. 108 ; Keynes, 1931/1971, pp. 16-17).

F.A. Hayek, *The Constitution of Liberty*, Chicago, Chicago University Press, 1960.

J.M. Keynes, « A tract on Monetary reform », *in* J.M. Keynes, *Essays in Persuasion*, Rupert Hart-Davis, London, 1931.

C. Menger, *Investigations into the Method of The Social Sciences With Special Reference to Economics*, nouvelle édition traduite et commentée de l'ouvrage publié en allemand en 1883, New York, New York University Press, 1985.

M. Weber, *Economy and Society : An Outline of Interpretative Sociology*, Berkeley, University of California Press, 1948.

La nature de la science économique

En ce qui concerne le débat portant sur la nature scientifique de l'économie et la méthodologie, J. Cartelier et A. D'Autume (ed.), *L'économie est-elle une science dure ?*, Paris, Économica, 1995, font le point sur le statut de la discipline. Il existe une importante littérature sur la méthode des économistes et sur la faillite de l'économie dominante à cet égard. On signale, en français, les remarques de Pierre Bourdieu sur ce point, P. Bourdieu, *La Distinction. Critique sociale du jugement*, Paris, Éditions de Minuit, 1979, ainsi qu'un remarquable article sur les prétentions totalisantes de certains économistes, G. Berthoud, « L'Économie : un ordre généralisé ? », *Revue semestrielle du MAUSS, Pour une autre économie*, n° 3, Paris, La Découverte, 1994, pp. 42-59.

On trouvera de bonnes critiques du mécanicisme et du réductionnisme qui caractérisent l'économie standard dans les ouvrages et articles suivants : N. Georgescu-Roegen, « Mechanistic Dogma in Economics », *British Review of Economic Issues*, n° 2, mai 1978, pp. 1-10 ; du même auteur, *Analytical Economics*, Cambridge (Mass.), Harvard University Press, 1966. G. Seba, « The Development of the Concept of Mechanism and Model in Physical Science and Economic Thought », *American Economic Review. Papers and Proceedings*, vol. 43, mai 1953, n° 2, pp. 259-268. G.L.S. Shackle, *Epistemics and Economics : a Critique of Economic Doctrines*, Cambridge, Cambridge University Press, 1972.

La prétention à poser l'économie comme une variante de la science de la nature a été explicitée par le grand économiste américain Paul Samuelson ; P.A. Samuelson, « Classical and Neoclassical Theory », in R.W. Clower (ed.), *Monetary Theory*, Londres, Penguin, 1969. Elle a été réfutée dans, P. Mirowski, « How not to Do Things with Metaphors : Paul Samuelson and the Science of

Neoclassical Economics », *Studies in the History and Philosophy of Science*, vol. 20, n° 1, 1989, pp. 175-191. P. Mirowski, *More Heat than Light*, Cambridge, Cambridge University Press, 1990. Quant à l'usage des mathématiques comme « garant » d'une scientificité, il a donné lieu à une éclairante critique dans : M. Morishima, « The Good and Bad Use of Mathematics », *in* P. Viles et G. Routh (ed.), *Economics in Disarray*, Oxford, Basil Blackwell, 1984.

La fondamentale discussion épistémologique sur ce que peut être une démarche scientifique en économie peut être suivie dans B.J. Caldwell, « Economic Methodology : Rational, Foundation, Prospects », *in* U. Mäki, B. Gustafsson et C. Knudsen (ed.), *Rationality, Institutions and Economic Methodology*, Londres-New York, Routledge, 1993, pp. 45-60 ; *id.*, « Does Methodology Matters ? How Should it Practiced ? », *Finish Economic Papers*, vol. 3, n° 1, 1990, pp. 64-71 ; U. Mäki, « How to Combine Rhetoric and Realism in the Methodology of Economics », *Economics and Philosophy*, vol. 4, n° 1, 1988, pp. 89-109 ; *id.*, « Realism, Economics and Rhetoric : a Rejoinder to McCloskey », *Economics and Philosophy*, vol. 4, n° 1, 1988, pp. 167-169 ; *id.*, « Social Theories of Science and the Fate of Institutionalism in Economics », *in* U. Mäki, B. Gustafsson et C. Knudsen (ed.), *Rationality, Institutions and Economic Methodology*, Londres-New York, Routledge, 1993, pp. 76-109, pp. 86-87.

L'influence de Popper

Les avatars de la philosophie de Karl Popper en économie, et les raisons qui recommandent son rejet sont analysés dans, D.W. Hands, *Testing, Rationality and Progress : Essays on the Popperian Tradition in Economic Methodology*, Latham (NJ), Rowman & Littlefield, 1992 ; D.M. Hausman, « An Appraisal of Popperian Methodology », *in* N. de Marchi (ed.), *The Popperian Legacy in Economics*, Cambridge, Cambridge University Press, 1988, pp. 65-85 ; U. Mäki, « Economic Methodology : Complaints and Guidelines », *Finnish Economic Papers*, vol. 3, 1990, n° 1, pp. 77-84.

Les limites de la testabilité constituent un ancien débat de l'épistémologie de la physique ; P. Duhem, *The Aim and Structure of Physical Theory*, Princeton (NJ), Princeton University Press, 1954 ; W. Quine, « Two Dogmas of Empiricism », *in* W. Quine,

From a Logical Point of View, Cambridge (Mass.), Harvard University Press, 1953, pp. 20-46.

Milton Friedman a exposé sa position et le principe même de l'instrumentalisme méthodologique dans M. Friedman, « The Methodology of Positive Economics », *in* M. Friedman, *Essays in Positive Economics*, Chicago, University of Chicago Press, 1953, pp. 3-43. Les incohérences logiques de l'instrumentalisme ont, elles, été mises au jour par W. Mason, « Some Negative Thoughts on Friedman's Positive Economics », *Journal of Post-Keynesian Economics*, vol. 3, n° 2, 1981, pp. 235-55 ; T. Lawson, « Realism, Closed Systems and Friedman », *Research in the History of Economic Thought and Methodology*, vol. 10, 1992, pp. 196-215 ; U. Mäki, « Friedman and Realism », *Research in the History of Economic Thought and Methodology*, vol. 10, 1992, pp. 171-195.

L'état actuel du débat et les thèses hypercritiques

Sheila Dow a présenté une recension du débat méthodologique actuel en montrant les impasses du courant dominant : S. Dow, *Macroeconomic Thought : A Methodological Approach*, Cambridge et New York, Basil Blackwell, 1997.

La discussion spécifique aux thèses post-modernes a surtout eu lieu en histoire des sciences même si ces dernières ont rapidement déteint en sciences sociales et en économie : Doherty, E. Graham et M. Malek (ed.), *Post-modernism in Social Sciences*, Londres, Macmillan, 1992 ; voir en particulier l'introduction à ce volume. B. Barnes et D. Bloor, « Relativism, Rationalism and the Sociology of Klnowledge », *in* M. Hollis et S. Lukes (ed.), *Rationality and Relativism*, Oxford, Basil Blackwell, 1982, pp. 21-24. Le courant post-moderne en méthodologie s'est emparé de la thèse de Pierre Bourdieu sur le capital symbolique pour produire une vision de l'activité scientifique dominée (a) par la volonté des acteurs de cette dernière de maximiser ce capital symbolique socialement défini par l'institution au sein de laquelle ils opèrent et (b) des facteurs sociaux qui déterminent le contenu d'une théorie reconnue et de ses paradigmes centraux. Cette thèse a été popularisée par Bruno Latour dans sa sociologie de la vie de laboratoire. Le problème de cette thèse, qui est souvent reprise par les courants hypercritiques associés au post-modernisme, est qu'elle suppose un lien prévisible entre l'adoption d'une conjecture et des avantages, symboliques et matériels. Autrement dit, le scientifique (A), s'il choisit le paradigme (X) et non (Y), entend ainsi maximiser sa réputation. Mais comment peut-il en être sûr ?

Une réponse paranoïaque est possible. La position dominante du paradigme (X) résulte d'un complot dominant (la « science officielle »). Ce paradigme, et les conjectures qui y sont liées sont irréfutables au sens poppérien car il y a suppression des résultats non conformes, voire des chercheurs non conformistes. D'un point de vue descriptif, une telle thèse est très rarement vraie, mais peut l'être dans certains cas (le lyssenquisme dans l'URSS stalinienne). Même les paranoïaques ont des ennemis. Du point de vue méthodologique, elle est absurde, car elle suppose de considérer comme norme ce qui est clairement une situation pathologique.

On peut cependant tenter de répondre sur un autre plan en supposant que le système étudié vérifie une loi de la nature. Si celle-ci est limitée, un chercheur peut raisonnablement supposer qu'il faudra une lente accumulation de données pour ébranler le paradigme (X). Il court donc un faible risque en le choisissant. Le problème cependant, comme le fait remarquer Uskali Mäki, c'est que dans ces conditions on explique uniquement la reproduction d'un courant dominant, et non son origine, et que de plus on ne peut comprendre pourquoi survivent des positions minoritaires. Si tous les chercheurs sont des maximisateurs rationnels au sens de Latour, et si on est face à une loi de la nature produisant des effets mesurables convergents, il est irrationnel de choisir (Y) contre (X).

En fait, l'hypothèse faite en amont d'une crédibilité, ou d'une réputation, « objective » et dont l'évaluation est indépendante du contexte est plus que douteuse, comme le montrent R. William et J. Law, « Beyond the Bounds of Credibility », *Fundamenta Scientiae*, vol. 1, 1980, pp. 295-315. Des sociologues des sciences comme Callon et Law, qui sont pourtant loin d'être des positivistes, ont ainsi été conduits à contester la vision purement externaliste, la dissolution du noyau dur de toute découverte scientifique dans son contexte social.

Le débat entre une vision purement internaliste de l'activité scientifique et une vision montrant comment se combinent les aspects internalistes et externalistes peut être suivi dans : B. Latour, *La Vie de laboratoire*, Paris, La Découverte, 1988 ; B. Latour et S. Woolgar, *Laboratory Life : The Construction of Scientific Facts*, Princeton (NJ), Princeton University Press, 1979, qui défendent une position externaliste, et M. Callon et J. Law, « La protohistoire d'un laboratoire », *in* M. Callon (sous la direction de), *La Science et ses réseaux*, Paris, La Découverte, 1989, chap. 2, qui insistent au contraire sur la présence de compromis entre les deux logiques. Enfin, U. Mäki, « Social Theories of Science and the Fate of Institutionalism in Economics », *in* U. Mäki, B. Gustafsson et C. Knudsen (ed.), *Rationality, Institutions and Economic Methodology*, Londres-New York, Routledge, 1993, pp. 76-109, pp. 86-87, montre les incohérences logiques de la thèse de B. Latour.

Une analyse plus générale des méthodes en sciences sociales se trouve dans P. Diesing, *Patterns of Discovery in Social Sciences*, Londres, Routledge and Kegan Paul, 1972, et C. Lloyd, *Explanations in Social History*, Oxford, Basil Blackwell, 1986.

Tony Lawson, dans un récent ouvrage, tire le bilan de ce débat et montre ce que pourrait être, et surtout ce que devrait être, la base d'une économie qui renouerait avec un projet d'interrogation critique du monde au lieu que de n'être qu'un système de justification : T. Lawson, *Economics and Reality*, Londres et New York, Routledge, 1997. Les conclusions de Tony Lawson sont convergentes avec d'autres tentatives pour penser une approche différente de l'économie, tentatives auxquelles l'auteur reconnaît d'avoir participé : H. Brochier, « Pour un nouveau programme de recherches en économie », *Revue semestrielle du MAUSS, Pour une autre économie*, n° 3, Paris, La Découverte, 1994, pp. 141-152, et J. Sapir, « Calculer, comparer, discuter : apologie pour une méthodologie ouverte en économie », *Économies et Sociétés*, série F, n° 36, 1, 1998, numéro spécial, *Pour aborder le* XXIe *siècle avec le développement durable*, édité par S. Passaris et K. Vinaver en l'honneur du professeur Ignacy Sachs, pp. 77-89.

Les hypothèses des différents courants de la pensée économique

Le débat sur le paradoxe des hypothèses de la Théorie de l'Équilibre Général, et la parenté de cette théorie avec celle de la planification est présenté dans le chapitre 2 de cet ouvrage. On peut se référer à J. Stiglitz, *Wither Socialism ?*, Cambridge (Mass.), MIT Press, 1994 ; M. de Vroey, « La possibilité d'une économie décentralisée : esquisse d'une alternative à la théorie de l'équilibre général », *Revue économique*, vol. 38, n° 3, mai 1987, pp. 773-805 ; G. Hodgson, *Economics and Utopia*, Londres-New York, Routledge, 1999.

Les fondements de la version moderne de cette théorie se trouvent dans G. Debreu, *Theorie of Value*, New York, Wiley, 1959. Olivier Favereau a montré, dans un article devenu célèbre, que la théorie néoclassique ne « savait » pas ce qu'était un marché : O. Favereau, « Marchés internes, marchés externes », *Revue économique*, vol. 40, n° 2, mars 1989, pp. 273-328. Malheureusement, comme il est fréquent chez des auteurs français, le panorama proposé par cet article omet une discussion des écoles autrichiennes. Une bonne recension de ce courant et de sa vision du marché comme processus se trouve dans N.J. Foss, *The Austrian School and Modern Economics*, Copenhague, Handelshojskolens Verlag, 1994. La position d'Olivier Favereau se retrouve dans un article de Bernard Guerrien, « L'introuvable théorie du marché », *Revue semestrielle du MAUSS, Pour une autre économie*, n° 3, Paris, La Découverte, 1994.

Les problèmes soulevés par l'axiomatisme de la théorie néoclassique, et ses influences dans l'économie standard ont donné lieu à plusieurs évaluations. Voir par exemple F.H. Hahn, « Keynesian Economics and General Equilibrium Theory : Reflections on Some Current Debates », *in* G.C. Harcourt (ed.), *The Microfoundations of Macroeconomics*, Londres, Macmillan, 1977 ; B.J. Loasby, *The Mind and Methods of the Economist : A Critical Appraisal of Major Economists in the XX*[th] *Century*, Aldershot, Edward Elgar, 1989, en particulier chap. 8. Quant à la rigueur formelle de la théorie néoclassique, elle a été critiquée dans A. Insel, « Une rigueur pour la forme : Pourquoi la théorie néoclassique fascine-t-elle tant les économistes et comment s'en déprendre ? », *Revue semestrielle du MAUSS*, n° 3, Paris, La Découverte, 1994, pp. 77-94.

Sur le problème de la rationalité, voir A. Sen, « Rational Fools : a Critique of Behavioral Foundations of Economic Theory », *in* F. Hann et M. Hollis (ed.), *Philosophy and Economic Theory*, Oxford-New York, Oxford University Press, 1979, pp. 89-109 ; J. Kagel et A. Roth (ed.), *Handbook of Experimental Economics*, Princeton (NJ), Princeton University Press, 1994 ; K.J. Arrow, E. Colombatto, M. Perlman et C. Schmidt (ed.), *The Rational Foundations of Economic Behaviour*, Basingstoke-New York, Macmillan et St. Martin's Press, 1996 ; H.A. Simon, « Rationality as Process and as Product of Thought », *American Economic Review*, vol. 68, n° 2, 1978, pp. 1-16.

En ce qui concerne la question de l'incertitude, G.L.S. Shackle, *Expectations in Economics*, Cambridge, Cambridge University

Press, 1949 et, du même auteur, *Uncertainty and Economics*, Cambridge, Cambridge University Press, 1955 ; P. Davidson, « Some Misunderstanding on Uncertainty in Modern Classical Economics », *in* C. Schmidt (ed.), *Uncertainty in Economic Thought*, Cheltenham, Edward Elgar, 1996.

Pour ce qui concerne le courant issu de la pensée néoclassique, mais en progressive rupture avec cette dernière et qualifié d'« économie de l'information », voir l'article fondateur de J. Marschak : J. Marschak, « Towards an Economic Theory of Organization and Information », *in* R.M. Thrall, C.H. Coombs et R.L. Davis (ed.), *Decision Process*, New York, Wiley and Sons, 1954. Un second article est aussi considéré comme fondateur de cette démarche ; il s'agit de G. Stigler, « The Economics of Information », *Journal of Political Economy*, vol. 69, juin 1961. J. Marschak et R. Radner, *Economic Theory of Teams*, New Haven (Conn.), Yale University Press, 1972 ; J.-J. Laffont, *Économie de l'incertain et de l'information*, Paris, Economica, 1991 ; S. Grossman et J. Stiglitz, « Information and Competitive Price Systems », *American Economic Review. Papers and Proceedings*, juin 1976 ; S. Salop, *On the Non-Existence of Competitive Equilibrium*, St. Louis, St. Louis Federal Reserve Board, 1976. J. Stiglitz fournit une bonne rétrospective des travaux qui se sont développés dans les trente années qui ont suivi, dans « Information and Economic Analysis : a Perspective », *Economic Journal*, supplément, 1985, pp. 21-41.

Une présentation rapide des courants institutionnalistes passe par les fondateurs, T. Veblen, *The Theory of the Leisure Class : An Economic Study of Institutions*, New York, Macmillan, 1899 ; J.R. Commons, *Institutional Economics : Its Place in Political Economy*, New York, Macmillan, 1934.

Dès la fin du XIXe siècle, Alfred Marshall avait posé les jalons d'une économie divergeant sensiblement du modèle de Léon Walras. Ses travaux ont connu un considérable regain d'intérêt dans les années 70, parfois en combinaison avec les thèses de l'école autrichienne. A. Marshall, *Elements of Economics of Industry*, Londres, Mac Millan, 1900 ; D.H. Robertson, *The Control of Industry*, Cambridge, Cambridge University Press, 1923 ; E. Penrose, *The Growth of the Firm*, Oxford, Basil Blackwell, 1968, G.B. Richardson, « The Organization of Industry », *Economic Journal*, vol. 82, n° 327, 1972 ; N.J. Foss, « The Economic Thought of an Austrian Marshallian : George Barclay Richardson », *Journal of Economic Studies*, vol. 22, n° 1, 1995 ; G. Becattini (ed.), *Mercato e forze locali : il disretto industriale*, Bologne, Il Mulino, 1987. A. Bagnasco, *Tre Italie. La problematica territoriale dello sviluppo economico italiano*, Bologne, Il Mulino, 1977.

En couronnant Coase, le jury du prix Nobel a reconnu une variante qui reste, elle, largement inspirée par la démarche néoclassique, mais qui a eu le mérite de soulever le problème conceptuel posé par l'existence des entreprises pour une théorie du marché. Voir R.H. Coase, « La nature de la firme », *Revue française d'économie*, hiver 1987, pp. 133-163 (1re publication 1937) ; O.E. Williamson et S.G. Winter (ed.), *The Nature of The Firm. Origins, Evolution and Development*, Oxford, Oxford University Press, 1993. Le débat entre l'« ancien » et le « nouvel » institutionnalisme est souvent virulent : M. Rutherford, « What is Wrong with the New Institutional Economics (And What is Still Wrong With the Old) », *Review of Political Economy*, vol. 1, n° 2, 1989, pp. 299-318 ; W.M. Dugger, « The New Institutionalisme : New but not Institutionalist », *Journal of Economic Issues*, vol. 24, n° 2, 1990, pp. 423-431 ; Y. Ramstad, « Is Transaction a Transaction ? », *Journal of Economic Issues*, vol. 30, n° 2, juin 1996, pp. 413-427.

On peut ranger dans la catégorie d'un institutionnalisme élargi le courant intitulé, en France, l'école de la régulation : R. Boyer et Y. Saillard, « La théorie de la régulation a 20 ans : piétinement ou affirmation d'un programme de recherches ? », *in* R. Boyer et Y. Saillard, *Théorie de la régulation. État des savoirs*, Paris, La Découverte, 1996, pp. 69-81. De même les fidèles héritiers de Keynes tendent-ils à se rapprocher de l'institutionnalisme : O.F. Hamouda et G.C. Harcourt, « Post-Keynesianism : from Criticism to Coherence ? », *Bulletin of Economic Research*, vol. 40, janvier 1988, pp. 1-34.

I. L'ÉQUILIBRE GÉNÉRAL EST-IL UNE MACHINE À DÉCERVELER ?

L'œuvre de Léon Walras reste certainement incontournable ainsi que certains des commentaires qu'elle a suscités. L. Walras, *Éléments d'économie politique pure ou théorie de la richesse sociale*, Paris, Pichon et Durand-Auzias, 1900, rééd. Librairie générale du droit et de jurisprudence, 1952. Dans les commentaires modernes, on notera :

M. Morishima, *L'Économie walrasienne. Une théorie pure du capital et de la monnaie*, Paris, Économica, 1979.

La présentation de Walras a été modernisée par G. Debreu, qui est l'un des « pères » de ce que l'on a nommé ici l'économie standard ; la meilleure présentation étant G. Debreu, *Theory of Value : an Axiomatic Analysis of Economic Equilibrium*, New Haven, Yale University Press, 1959. Le mécanisme d'ajustement est analysé par K. Arrow dans K. Arrow, « Towards a Theory of Price Adjustment », *in* I.M. Abramowitz (ed.), *The Allocation of Economic Resources*, Stanford (Ca.), Stanford University Press, 1959.

On trouvera une bonne introduction à la TEG dans B. Guerrien, *La Théorie néo-classique. Bilan et perspective du modèle d'équilibre général*, Paris, Économica, 1989 (3e édition), et une présentation rigoureuse, même si elle est discutable, chez F. Hahn, « General Equilibrium Theory », *in* F. Hahn, *Equilibrium and Macroeconomics*, Oxford, Basil Blackwell, 1984.

Chez les marxistes, le « marxisme analytique » de Roemer emprunte nombre de ses instruments à la théorie de l'équilibre : J. Roemer, *Analytical Foundations of Marxian Economic Theory*, Cambridge, Cambridge University Press, 1981.

Les limites de l'axiomatisme, maladie infantile de l'économie

L'axiomatisation, qui est au cœur du projet walrasien et de la TEG, suppose que l'on puisse appliquer en économie, et en général dans les sciences sociales, la méthode déductiviste. Or, celle-ci implique un certain nombre d'hypothèses. Pour pouvoir appliquer un raisonnement de la forme : soit les conditions (x_1, x_2,..., x_n), il existe toujours une relation telle que pour toutes valeurs de ces conditions soit toujours et partout associé un état de la nature (y), il faut pouvoir démontrer que le système de relations que l'on étudie est doublement clos. Il est clos de manière externe au sens où le système étudié ne doit pas être affecté par des effets induits par la série des conditions, autres que ceux inclus dans la relation avec (y). Supposer une telle clôture revient à prétendre que nous connaissons la totalité des effets induits par ces conditions *et* que nous sommes capables d'isoler le système des effets indésirables ou parasites. Mais le système doit aussi être clos de manière interne, soit deux hypothèses supplémentaires. L'effet sur (y) des conditions (x_1, x_2,..., x_n) étant constant pour des valeurs données et pour un ensemble donné de ces conditions, un agent économique ne peut avoir qu'une réaction possible dans un délai déterminable. Cette dernière hypothèse implique que l'agent soit ou un automate préprogrammé, ou l'équivalent social d'une particule en physique.

Le déductivisme en sciences sociales, qui est une condition nécessaire au déploiement d'une axiomatique, implique de souscrire à une analyse des sociétés humaines qui accepte et l'atomisme (les agents sont des atomes sans relations ni interrelations avec les autres) et l'isolationnisme (on peut clore un système social par rapport à son contexte).

Pour une critique générale de telles conceptions, R. Bhaskar, *Reclaiming Reality*, Londres, Verso, 1989, et, du même, *A Realist Theory of Science*, Hemel Hampstead, Harvester Press, 1978.

Le mécanicisme participe d'une illusion formaliste à laquelle succombent l'économie néoclassique et même, au-delà, tous ceux qui s'en inspirent : A. Insel, « Une rigueur pour la forme : Pourquoi la théorie néoclassique fascine-t-elle tant les économistes et comment s'en déprendre ? », *Revue semestrielle du MAUSS*, Paris, La Découverte, 1994, n° 3, pp. 77-94. Voir aussi G. Berthoud, « L'économie : Un ordre généralisé ? », *Revue semestrielle du MAUSS*, n° 3, pp. 42-58.

Quant au débat concernant les implications du positivisme, et l'alternative qu'offre le réalisme critique, on se reportera à A. Collier, *Critical Realism : An Introduction to Roy Bhaskar's Philosophy*, Londres, Verso, 1994 ; T. Lawson, *Economics and Reality*, Londres et New York, Routledge, 1997. Diesing a montré, il y a déjà plusieurs années, que le processus de la découverte scientifique était spécifique dans les sciences sociales ; voir P. Diesing, *Patterns of Discovery in Social Sciences*, Londres, Routledge and Kegan Paul, 1972.

Préférences et rationalité

Sur la question des préférences et de la rationalité, le problème logique donne lieu à plusieurs paradoxes. Si les préférences sont bien transitives au niveau individuel, elles ne peuvent l'être au niveau collectif, ou on est confronté à une situation où des stratégies pures engendrent des contre-stratégies pures. Autrement dit, même si un acteur est effectivement cohérent dans ses choix de préférences, son intérêt est de se comporter comme s'il n'était pas cohérent. Voir C.A. Powell, « Problems and Breakdowns of Rationality in Foreign Policy and Conflict Analysis : a Basic Review of Game Theoretic Concepts », *Peace and Change*, Special Issue, vol. XIII, 1988, pp. 65-94 Axelrod a montré la généralisation de ces incohérences à partir du cas, classique, du « dilemme du prisonnier » ; cf. R. Axelrod, *The Evolution of Cooperation*, New York, Basic Books, 1984.

Quant aux études réalisées dans le cadre de la psychologie expérimentale, elles montrent la présence d'un phénomène appelé le *framing effect*. Il signifie que le contexte du choix, voire simplement la formulation de ce dernier, détermine la réponse. Les préférences sont ici clairement soumises au contexte dans lequel les agents sont placés. B.J. McNeil, A.S. Pauker, H. Sox et A. Tversky, « On the Elicitations of Preferences for Alternative Therapies », *New England Journal of Medicine*, vol 306, 1982, pp. 1259-1262 ; A. Tversky et D. Kahneman, « Rational Choice and the Framing of Decisions », *Journal of Business*, vol. 59, 1986, n° 4, 2e partie, pp. 251-278 ; A. Tversky, « Rational Theory and Constructive Choice », *in* K.J. Arrow, E. Colombatto, M. Perlman et C. Schmidt (ed), *The Rational Foundations of Economic Behaviour*, Basingstoke-New York, Macmillan et St. Martin's Press, 1996. L'explicitation des ordres de préférence est, elle aussi, tributaire de la manière dont les problèmes sont posés ; on est en présence alors de retournements d'ordres de préférence en fonction des conditions de présentation des choix : S. Lichtenstein et P. Slovic, « Reversals of Preference Between Bids and Choices in Gambling Decisions », *Journal of Experimental Psychology*, vol. 89, 1971, pp. 46-55 ; S. Lichtenstein et P. Slovic, « Reponse-Induced Reversals of Preference in Gambling and Extendes Replication in Las Vegas », *Journal of Experimental Psychology*, vol. 101, 1973, pp. 16-20 ; A. Tversky, S. Sattath et P. Slovic, « Contingent Weighting in Judgement and Choice », *Psychological Review*, vol. 95, 1988, pp. 371-384. La continuité des préférences, ainsi que leur complétude ont été invalidées dans des tests très simples. On propose à un groupe un choix entre une somme d'argent et une tasse à café, ou de dire pour quelle somme d'argent il serait prêt à rendre la même tasse à café qui lui aurait été préalablement donnée, le prix implicite de la même tasse varie du simple au double. D'autres expériences montrent que non seulement les individus sont en général incapables de prévoir comment leurs préférences vont évoluer, mais même de prévoir si elles vont évoluer. Voir sur ces points D. Kahneman, J. Knetsch et

R. Thaler, « The Endowment Effect, Loss Aversion and StatuQuo Bias », *Journal of Economic Perspectives*, vol. 5, 1991, n° 1, pp. 193-206 ; D. Kahneman et J. Snell, « Predicting a Changing Taste », *Journal of Behavioral Decision Making*, vol. 5, 1995, pp. 187-200. Globalement, non seulement les préférences sont instables dans le temps, mais le poids du souvenir d'une expérience influence plus ou moins fortement la formation des préférences suivant une combinaison de l'intensité de l'expérience et du temps, qui invalide une autre formulation du principe de continuité, ce que l'on appelle la monotonie temporelle. Voir sur ce point particulier D. Kahneman, D.L. Frederickson, C.A. Schreiber et D.A. Redelmeier, « When More Pain is Preferred to Less : Adding a Better End », *Psychological Review*, n° 4, 1993, pp. 401-405 ; C. Varey et D. Kahneman, « Experiences Extended Across Time : Evaluation of Moments and Episodes », *Journal of Behavioral Decision-Making*, vol. 5, 1992, pp. 169-196 ; D. Kahneman, « New Challenges to the Rationality Assumption », *in* Arrow *et alii* (1996), *op. cit.*, pp. 203-219.

En France, sous l'influence de Pierre Bourdieu, une série de recherches ont mis en évidence la construction sociale des représentations et des discours des acteurs : P. Bourdieu, « La délégation et le fétichisme politique », *in* P. Bourdieu, *Choses dites*, Paris, Éditions de Minuit, 1987 ; L. Boltanski, « La dénonciation », *Actes de la recherche en sciences sociales*, n° 51, 1984, pp. 3-40 ; L. Boltanski et L. Thévenot, *Les Économies de la grandeur*, Cahiers du Centre d'études de l'emploi, n° 31, Paris, PUF, 1987. Le problème de la complexité, soit de l'hétérogénéité du monde réel, est traité dans ce cadre par L. Thévenot, « Équilibre et rationalité dans un univers complexe », *Revue économique*, vol. 40, n° 2, 1989, pp. 147-198.

Les limites internes de la TEG

En ce qui concerne les théorèmes du bien-être, la source classique est A.C. Pigou, *The Economics of Welfare*, Londres, Macmillan, 1918. Une théorie alternative à Pareto a été développée par Rawls dans J. Rawls, *A Theory of Justice*, Cambridge (Mass.), Harvard University Press, 1971 On trouvera une discussion complète des implications de ces théories dans J. Stiglitz, *Economics of the Public Sector*, New York et Londres, W.W. Norton & Co, 2e éd., 1988, pp. 108-110.

Une bonne explicitation de la thèse des anticipations rationnelles peut être trouvée dans D. Begg, *The Rational Expectations Revolution in Microeconomics : Theories and Evidence*, Baltimore (Ma.), J. Hopkins University Press, 1982. M. Carter et R. Maddock, *Rational Expectations : Macroeconomics for the 1980's ?*, Londres, Macmillan, 1984. Mais la notion d'anticipation est bien plus riche. On trouvera une remarquable analyse qui garde aujourd'hui encore toute sa pertinence dans G. Shackle, *Expectations in Economics*, Cambridge, Cambridge University Press, 1949. C'est dans cet ouvrage qu'est exposée la distinction entre les événements imprévus *(unexpected)* et les événements peu probables *(counter-expected)*. Shackle montre l'importance des règles heuristiques et non du simple calcul d'optimisation dans la prise de décision et construit une théorie du basculement des règles heuristiques de décision qui repose sur la notion de surprise. Celle-ci se fonde sur une distinction entre le *counter-expected event* qui correspond à un événement auquel on avait attribué une faible probabilité d'occurrence, mais que l'on tenait comme possible, et le *unexpected event* qui, lui, était hors tout calcul de probabilité.

L'approche néoclassique du problème de la monnaie est par définition relativement limitée. On citera ici A.V. Banerjee et E.S. Maskin, « A Walrasian Theory of Money and Barter », *Quarterly Journal of Economics*, vol. CXI, n° 4, novembre 1996, pp. 955-1005 ; A. Alchian, « Why Money ? », *Journal of Money, Credit and Banking*, vol. IX, n° 1, 1977, pp. 133-140. Une tentative pour introduire la monnaie dans des modèles d'équilibre général adoptant des hypothèses légèrement moins irréalistes que celles des spécifications originelles montre l'immense difficulté à reproduire les résultats standards de la TEG : J.M. Grandmont, *Money and Value*, Londres-Paris, Cambridge University Press et Éd. de la MSH, 1983. La solution adoptée par R. Lucas, la négation du principe d'incertitude, peut être consultée dans R. Lucas, « An Equilibrium Model of Business cycle », *Journal of Political Economy*, vol. 83, 1975, pp. 1113-1124.

Un économiste, pourtant partisan lui même du cadre théorique de la TEG, a bien montré les incohérences formelles du traitement de la monnaie dans cette théorie. Voir F. Hahn, « Monetarism and Economic Theory », *Economica*, vol. 47, n° 1, 1980, pp. 1-17 ; du même auteur, « Professor Friedman's Views on Money », *Economica*, vol. 38, n° 1, 1971.

L'emploi de l'hypothèse ergodique en économie a été revendiqué ouvertement par Samuelson : P.A. Samuelson, « Classical and Neoclassical Theory », *in* R.W. Clower (ed.), *Monetary Theory*, Londres, Penguin, 1969. Son rôle, en liaison avec la théorie des anticipations rationnelles, a été explicité dans P. Billingsley, *Ergodic Theory and Information*, Huntington, Kreiger Publishers, 1978. Pour une application directe, R. Lucas et T.J. Sargent, *Rational Expectations and Econometric Practices*, Minneapolis, University of Minnesota Press, 1981, pp. XII-XIV. Une variante plus sophistiquée de l'hypothèse ergodique se trouve dans les modèles dits « à taches solaires » ; voir C. Azariadis et R. Guesnerie, « Sunspots and Cycles », *Review of Economic Studies*, vol. 53, n° 3, 1986, pp. 725-737. Voir aussi J.-M. Grandmont et P. Malgrange, « Non Linear Economic Dynamics : Introduction », *Journal of Economic Theory*, vol. 40, n° 1, 1986, pp. 3-12.

II. PENSER AUTREMENT. LES DÉBATS REFOULÉS DES ANNÉES 30 ET LEURS LEÇONS

La relecture du débat entre plan et marché a été initiée par l'ouvrage de D. Lavoie, *Rivalry and Central Planning. The Socialist Calculation Debate Reconsidered*, Cambridge, Cambridge University Press, 1985. Cette relecture a elle-même été l'objet d'une lecture critique : J. O'Neill, « Who Won the Socialist Calculation Debate », *History of Political Thought*, vol. XVII, n° 3, automne 1996, pp. 431-442. Cette lecture récente tranche avec celle qui avait été faite immédiatement après la fin du second conflit mondial, A. Bergson, « Socialist Economics », *in* H.S. Ellis (ed.), *A Survey of Contemporary Economics*, vol. I, Homewood (Ill.), Richard Irwin, 1948.

Si l'ouvrage de Lavoie a eu l'immense mérite de remémorer aux économistes l'une des plus importantes controverses du XXe siècle, il tend à unifier les positions de von Mises et de Hayek, ce qui est en réalité impossible ; voir J.T. Salerno, « Mises and Hayek Dehomogenized », *The Review of Austrian Economics*, vol. 6, n° 2, 1993, pp. 113-146. Voir aussi du même auteur, « Ludwig von Mises as Social Rationalist », *The Review of Austrian Economics*, vol. 4, n° 1, 1990, pp. 26-54.

Le débat des années 30 sur plan et marché

Le texte de Barone, qui lance en réalité la controverse est « The Ministry of Production in the Collectivist State », publié originellement en 1908, rééd. *in* F.A. Hayek, *Collectivist Economic Planning*, Londres, Routledge, 1935. Le rapport de O. Neurath qui sera attaqué par von Mises a été publié dans un recueil des textes de Neurath, *Empiricism and Sociology*, Dordrecht, Cluwer Publishers, 1973. L'attaque de von Mises se trouve dans L. von Mises, « Economic Calculation in the Socialist Commonwealth », publié initialement en allemand in *Archuv für Soziamwissenschafen und Sozialpolitik*, vol. 47, avril 1921, reproduit *in* F.A. Hayek, *Collectivist Economic Planning, op. cit.*

La défense de la planification chez Lange et Lerner sur des arguments en réalité néoclassiques peut être suivie dans A.P. Lerner, « A Note on Socialist Economies », *Review of Economic Studies*, vol. 4, n° 1, 1936, octobre. Du même auteur, « Statics and Dynamics in Socialist Economies », *Economic Journal*, vol. 47, juin 1937, ainsi que, *The Economics of Control*, New York, MacMillan, 1944. O. Lange, « On the Economic Theory of Socialism », *Review of Economic Studies*, vol. 4, n° 1, octobre 1936 et n° 2, février 1937 ; du même auteur, « The Role of Planning in a Socialist Economy », in O. Lange, *Papers in Economics and Sociology*, Varsovie-Londres, PWN et Pergamon Press, 1970, pp. 101-102.

Quant à la critique de Maurice Dobb contre Lange, elle se trouve dans M. Dobb, *Political Economy and Capitalism : Essays in Economic Tradition*, Londres, Routledge, 1937.

Les deux interventions essentielles de Hayek dans ce débat sont F.A. Hayek, « Economics and Knowledge », *Economica,* NS, vol. 4, 1937, pp. 33-54, et « The Use of Knowledge in Society », *American Economic Review*, vol. 35, n° 4, septembre 1945, pp. 519-530.

Le débat soviétique sur la possibilité d'une planification « objective » dans les années 60 et 70 a donné lieu à plusieurs ouvrages : L.V. Kantorovich, *Ekonomicheskie reschet nailuchshego ispol'zonanija resursov*, Moscou, Nauka, 1960 ; E.Z. Maiminas, *Protsessy planirovanija v ekonomike : informatsionny aspekt*, Ekonomika, Moscou, 1971 ; V.V. Novozhilov, *Problemey izmerenija i rezul'tatov pri optimal'nom planirovanii*, Moscou, Nauka, 1972.

Il avait été précédé d'un débat, à la fin des années 40 resté largement inconnu : T.S. Katchaturov, *Osnovy Ekonomiki Zheleznodo-*

rozhnogo Transporta, Moscou, Gosizdat, 1946 ; E.P. Novozhilov, « Sposoby nahozdenia maximuma effekta kapital'novlozhenija v socialistitcheskom Hozjajstve », *Trudy Leningradskogo Finansogo-Ekonomitcheskogo Instituta*, n° 3, 1947 ; D. Tchernomordik, « Effektivnost' kapital'nyh vlozheni i teorija vosproizvodstva », *Voprosy Ekonomiki*, n° 6, novembre 1949. Charles Bettelheim est sans doute le premier économiste occidental à y faire référence dans « On the Problem of Choice Between Alternative Investment Projects », in *Soviet Studies*, vol. 2, n° 1, 1950.

Le débat sur le cycle des affaires

Le débat sur le cycle des affaires a son origine dans un article de 1926 de A. Löwe, « Wie ist konjunkturtheorie überhaupt möglich ? », *Weltwirtschafliches Archiv*, vol. 22, 1926. Ce débat, qui avait été lui aussi largement occulté, a vu son importance théorique réévaluée dans les années 90, alors que les économies connaissaient à nouveau des fluctuations régulières du niveau d'activité ; cf. C. Rühl, « The Transformation of Business Cycle Theory : Hayek, Lucas and a Change in the Notion of Equilibrium », *in* M. Colonna et H. Hagemann, *Money and Business Cycles. The Economics of F.A. Hayek*, Aldershot, Edward Elgar, 1994.

Dans les années 20 et 30, les principales contributions sont W.C. Mitchell, *Business Cycles*, New York, National Bureau for Economic Research, 1927 ; L. von Mises, *Geldwertstabilisierung und Konjonkturpolitik*, Iéna, Fisher-Verlag, 1928 ; F.A. Hayek, « Intertemporal Price Equilibrium and Movements in the Value of Money », rééd. *in* F.A. Hayek, *Money, Capital and Fluctuations : Early Essays*, Londres, Routledge and Kegan Paul, 1984, 1re éd. de l'article en 1928 ; F.A. Hayek, « Prices Expectations, Monetary Disturbances and Malinvestments », texte d'une conférence prononcée en 1933 et publiée et 1935 en allemand dans *Nationalökonomisk Tidsskrift*, et cité ici à partir de sa rééd. (augmentée) dans F.A. Hayek, *Profit, Interest and Investment*, Londres, Routledge, 1939, p. 141. Voir aussi F.A. Hayek, *Monetary Theory and the Trade Cycle*, New York, Kelley, 1966, 1re éd. 1933 ; F.A. Hayek, *Prices and Productions*, Londres, Routledge, 1935. Les quatre conférences qui constituent cet ouvrage ont été prononcées en 1931.

Les critiques de Hayek à Keynes commencent avec la publication par ce dernier de son *A Treatise on Money*, Londres, Macmillan,

1930, 2 vol. Voir F.A. Hayek, « Reflections on the Pure Theory of Money of M. J.M. Keynes. Part I », *Economica*, vol. 11, 1931, pp. 270-295 ; du même auteur, « Reflections on the Pure Theory of Money of Mr. J.M. Keynes. Part II », *Economica*, vol. 12, n° 1, 1933, pp. 22-44 ; du même auteur, « A Rejoinder to M. Keynes », *Economica*, vol. 11, 1931, pp. 398-403. Keynes a répondu aux critiques de Hayek dans J.M. Keynes, « The Pure Theory of Money : a Reply to Dr. Hayek », *Economica*, vol. 11, 1931, pp. 387-397.

La théorie monétaire implicite de Hayek était cependant déjà critiquée à l'époque : P. Sraffa lui reproche sa circularité de raisonnement et conteste qu'une économie de troc soit spontanément à l'équilibre dans « Dr. Hayek on Money and Capital », *Economic Journal*, vol. XLII, n° 1, 1932, pp. 42-53 ; H.S. Ellis insiste quant à lui sur la nature des connaissances implicites que les agents devraient avoir pour que le raisonnement de Hayek puisse s'appliquer : *German Monetary Theory, 1905-1933*, Cambridge (Mass.), Harvard University Press, 1934.

Hayek reviendra en partie sur ce débat durant la Seconde Guerre mondiale, ce qui sera l'objet d'une polémique entre Kaldor et lui ; cf. F.A. Hayek, « The Ricardo Effect », *Economica*, vol. 9, n° 1, 1942, pp. 127-152 ; N. Kaldor, « Professor Hayek and the Concertina-Effect », *Economica*, vol. 9, n° 2, 1942, pp. 359-382.

La récupération néoclassique de Keynes, c'est-à-dire le Keynes tel qu'il est hélas enseigné aux étudiants, est à l'œuvre depuis J. Hicks, « Mr. Keynes and the Classics : a Suggested Interpretations », *Econometrica*, vol. 5, 1937.

L'impact du débat sur le cycle des affaires sur les auteurs autrichiens a été important et les a conduits à abandonner la notion d'équilibre ; cf. L. von Mises, *Human Action. A treatise on Economics*, Londres, W. Hodge, 1940, pp. 245-251 ; N.J. Foss, « More on Hayek's Transformation », *History of Political Economy*, vol. 27, 1995, n° 2, pp. 345-364.

La question des cycles économiques en économie planifiée

La discussion sur la possibilité et la réalité de cycles dans des économies planifiées est ancienne : A. Aftalion, *Les Crises périodiques de surproduction*, Paris, M. Rivière, 1913 ; M. Dobb, « A Note on Saving and Investment in a Socialist Economy », *Economic Journal*, 12, 1939 ; McCord Wright, *The Economics of Disturbance*,

New York, Macmillan, 1949. Elle a donné lieu à des recensions modernes. Une bonne présentation de ce débat se trouve dans B. Dallago, « Les interprétations des fluctuations et des cycles dans les économies de type soviétique », *in* B. Chavance (ed.), *Régulations, Cycles et Crise dans les économies socialistes*, Paris, Éd. de l'École des hautes études en sciences sociales, 1987. Voir aussi B. Ickes, « Cyclical Fluctuations in Centrally Planned Economies », *Soviet Studies*, vol. 38, n° 1, 1986, pp. 36-52.

Les économistes des pays socialistes ont produit des travaux qui sont loin d'être négligeables ; voir A. Notkin, *Tempy i proporcij socialitsicheskogo vosproizvodstva*, Moscou, Izdatel'stvo ekonomicheskoj literatury, 1961. Voir aussi S.G. Strumilin, « Balans narodnogo hozjajstva kak orudie socialisticheskogo planirovanija », *Voprosy Ekonomiki*, n° 11, novembre 1954 ; M. Cobeljic et R. Stojanovic, *The Theory of Investment Cycles in a Socialist Economy*, New York, IASP, IASP pub n° VII, 1968. Une très intéressante discussion du rôle des à-coups de la planification se trouve dans J. Goldman, « Fluctuations in the Growth Rate of a Socialist Economy and the Inventory Cycle », *in* M. Brofenbrenner (ed.), *Is the Business Cycle Obsolete ?*, New York, Wyley, 1969.

Ce sont des économistes hongrois qui vont cependant développer la théorie du cycle « socialiste » la plus intéressante ; cf. T. Bauer, « Investment Cycles in Planned Economies », *Acta Oeconomica*, vol. 28, n° 3, 1978 ; K.A. Soos, « Causes of Investment Fluctuations in the Hungarian Economy », *Eastern European Economics*, vol. 14, n° 2, 1975. Pour une discussion de ce point et les liens existants entre les auteurs hongrois et des travaux plus anciens, voir J. Sapir, *Les Fluctuations économiques en URSS, 1941-1985*, Paris, Éd. de l'École des hautes études en sciences sociales, 1989, chap. 1. Sur l'importance de la décentralisation des décisions et du marchandage, cf. J. Sapir, *L'Économie mobilisée*, Paris, La Découverte, 1990.

Le débat moderne sur le cycle des affaires

Le débat contemporain sur le cycle des affaires semble rejouer la partition des années 30, même si l'appareillage mathématique est devenu de nos jours d'une redoutable complexité. Voir par exemple, G. Gabbish et H.W. Lorenz, *Business Cycle Theory : a Survey of Methods and Concepts*, Berlin, Springer Verlag, 1989 ; R.M. Goodwin, *Chaotic Economic Dynamics*, Oxford, Clarendon Press, 1990 ; F. Lordon, « Modéliser les fluctuations, le changement structure et les crises », *in* G. Abraham-Frois (ed.), *La Dynamique chaotique*, Paris, Sirey-Dalloz, 1994 ; E. Berrebi et G. Abraham-Frois, *Instabilité, cycles et chaos*, Paris, Économica, 1995.

On trouve ainsi des partisans d'une interprétation purement exogène des fluctuations ; voir R.E. Lucas, *Studies in Business Cycle Theory*, Cambridge (Mass.), MIT Press, 1981 ; R.E. Lucas et T. Sargent, « After Keynesian Macroeconomics », in *idem* (ed.), *Rational Expectations and Econometric Practice*, George Allen & Unwin, 1981. Les thèses de la théorie dite des « cycles réels » se trouvent dans F. Kydland et E. Prescott, « Time to Build and Aggregate Functions », *Econometrica,* vol. 50, n° 6, 1982, pp. 1345-1370 ; J. Long et C. Plosser, « Real Business Cycle », *Journal of Political Economy*, vol. 91, n° 1, pp. 39-69 ; R. King, C. Plosser et S. Rebelo, « Production, Growth and Business Cycles », 2 parties, publiées in *Journal of Monetary Economics*, vol. 21, n°s 2/3, 1988, pp. 196-232 et pp. 309-343.

Les modèles initiaux ont été enrichis par des hypothèses plus réalistes ; voir P.Y. Hénin, *Développements de la théorie des cycles réels*, document de travail 91113, document miméo, Cepremap, Paris, 1991 ; C. Burnside et M.S. Eichenbaum, « Factor-Hoarding and the Propagation of Business-Cycle Shocks », *American Economic Review*, vol. 86, n° 5, décembre 1996, pp. 1154-1174. La vision de fluctuations en réalité aléatoires, le *random walk*, se rapproche de la thèse du cycle réel ; voir C. Nelson et C. Plosser, « Trend and Random walks in Macroeconomic Time Series », *Journal of Monetary Economics*, vol. 10, 1982.

On redécouvre alors la notion typiquement néoclassique de taux naturel, pour le chômage en particulier ; voir O. Blanchard et L.H. Summers, « Hysteresis and the European Unemployment Problem », in R. Cross (ed.), *Unemployment, Hysteresis and the Natural Rate Hypothesis*, Oxford, Basil Blackwell, 1988.

Une présentation critique de cette littérature se trouve dans C. Bruno, « La théorie du cycle réel et la dimension internationale des fluctuations conjoncturelles : une revue de la littérature », *Revue d'économie politique*, vol. 105, n° 6, 1995, pp. 878-917. Des critiques précises quant à la validité de ces modèles ont été formulées dans L.J. Christiano, « Why Does Investment Fluctuate so Much ? », *Journal of Monetary Economics*, vol. 21, n°s 2/3, mars-mai 1988, pp. 247-280 ; L.J. Christiano et M.S. Eichenbaum,

« Current Real-Business-Cycle Theories and Aggregate Labor-Market Fluctuations », *American Economic Review*, vol. 82, n° 3, juin 1992, pp. 430-450 ; T. Cogley et J.-M. Nason, « Output Dynamics in Real-Business-Cycle Models », *American Economic Review*, vol. 85, n° 3, juin 1995, pp. 492-511.

Quant à la tentative de fonder statistiquement la notion de taux naturel, on en trouvera une critique dans J.H. Cochrane, « How Big is the Random Walk in GNP », *Journal of Political Economy*, vol. 96, n° 5, 1988 ; P. Perron, « Racines unitaires en macroéconomie : le cas d'une variable », *in* P. Malgrange et L. Salvas-Bronsard (ed.), *Macroéconomie. Développements récents*, Paris, Économica, 1993.

En ce qui concerne les modèles de cycles financiers ; voir M. Aglietta, *Macroéconomie financière*, Paris, La Découverte, 1995, pp. 61-67.

La remise en cause des hypothèses de linéarité dans les relations économiques permet d'endogénéiser de manière intéressante les causes des fluctuations économiques que nous subissons ; voir F. Lordon, *Irrégularités des trajectoires de croissance, évolution et dynamique non linéaire*, thèse pour le doctorat ès sciences économiques, Paris, École des hautes études en sciences sociales, 1993. Le rôle du conflit entre capitalistes et salariés peut être mis en valeur dans R.M. Goodwin, « A Growth Cycle », *in* E.K. Hunt et J.-G. Schwarts (ed.) *A Critique of Economic Theory*, Londres, Penguin, 1969.

Pour une discussion générale sur les conceptions de l'incertitude keynésienne et autrichienne, voir G.L.S. Shackle, *Uncertainty in Economics*, Cambridge, Cambridge University Press, 1955. Une discussion récente de la parenté entre Keynes et les thèses autrichiennes peut être lue dans P. Davidson, « Some Misunderstanding on Uncertainty in Modern Classical Economics », *in* C. Schmidt (ed.), *Uncertainty in Economic Thought*, Cheltenham, Edward Elgar, 1996.

III. LES TEMPS DE L'ÉCONOMIE ET LE TEMPS DES ÉCONOMISTES

La question de l'irréversibilité en économie est le symbole même d'une compréhension réelle du temps et de son importance pour les agents. Elle a donné lieu à un ouvrage collectif : R. Boyer, B. Chavance et O. Godard (ed.), *Les Figures de l'irréversibilité en économie*, Paris, Éditions de l'EHESS, 1991, pp. 11-33. Le lien entre refus du temps et négation de l'incertitude a été établi en microéconomie par R. Radner, « Problems in the Theory of Markets under Uncertainty », *American Economic Review*, vol. 60, 1970, n° spécial *Papers and Proceedings*, pp. 454-460. Le rôle du temps et de l'ignorance dans l'économie a été traité par deux auteurs se situant dans la tradition de Hayek : G.P. O'Driscoll Jr. et M.J. Rizzo, *Economics of Time and Ignorance*, Oxford, Basil Blackwell, 1985. Cette approche montre aussi le lien qui existe entre une réelle prise en compte de la temporalité des actes économiques et le rôle de l'incertitude dans les décisions qui dictent ces actes.

Veblen s'était exprimé sur ce point à la fin du XIXe siècle, en faisant un lien explicite entre l'économie et la notion d'évolution qui redonne aux processus historiques toute leur place ; voir T. Veblen, « Why is Economics not an Evolutionary Science ? », *Quarterly Journal of Economics*, vol. 12, n° 2, 1898, pp. 373-397.

L'approche de la décision par les routines et les règles

Les limites du calcul et l'importance des routines et des règles heuristiques de décision ont été mises en avant dans les années 70 par Herbert Simon, prix Nobel d'économie en 1976. Voir : *id.*, « Theories of Bounded Rationality », *in* C.B. Radner et R. Radner (ed.), *Decision and Organization*, Amsterdam, North Holland, 1972, pp. 161-176 ; H.A. Simon, « Rationality as a Process and as a Product of Thought », *American Economic Review*, vol. 68, n° 2, pp. 1-16, p. 13 ; *id.*, « From Substantive to Procedural Rationality », *in* S.J. Latsis (ed.), *Method ans Appraisal in Economics*, Cambridge, Cambridge University Press, 1976, pp. 129-148, p. 145. Les travaux de Simon doivent beaucoup à un auteur un peu plus ancien qui s'est intéressé au choix dans le cadre du jeu d'échecs, A. De Groot, *Thought and Choice in Chess*, La Haye, Mouton, 1965.

Les travaux de Simon rejoignent certaines des intuitions de Hayek, en particulier celles qu'il a exprimées dans F.A. Hayek, *The Sensory Order*, Chicago, Chicago University Press, 1952. Pour une discussion récente des convergences entre Simon et Hayek, voir J. Birner, « Decentralization as Ability to Adapt », *in* B. Dallago et L. Mittone (ed.), *Economic Institutions, Markets and Competition*, Cheltenham, Edward Elgar, 1996, pp. 63-89 ; voir pp. 65-66. Les auteurs de l'école autrichienne ont certainement été les premiers à être conscients de la nécessité de fonder la théorie économique sur une théorie explicite de la connaissance. Un bon résumé de l'approche de l'école autrichienne dans le domaine de la connaissance se trouve dans l'article de L.M. Lachman, « From Mises to Shackle : an Essay on Austrian Economics and the Kaleideic Society », *Journal of Economic Litterature*, vol. 14, n° 1, 1976, pp. 54-62.

Les travaux de Simon retrouvent, sous une forme différente, des résultats établis par G.L.S. Shackle ; voir G.L.S. Shackle, *Expectations in Economics*, Cambridge, Cambridge University Press, 1949.

La notion de surprise implique de prendre en compte la question de la dissonance cognitive, qui est abordée dans N.P. Chapanis et J.A. Chapanis, « Cognitive Dissonance : Five Years Later », *Psychological Bulletin*, vol. 61, 1964. G.A. Akerlof et W.T. Dickens, « The Economic Consequences of Cognitive Dissonance », *American Economic Review*, vol. 72, n° 1, 1972, pp. 307-319.

L'économie de l'information

La théorie standard de l'information a son origine dans l'article fondateur de J. Marschak, « Towards an Economic Theory of Organization and Information », *in* R.M. Thrall, C.H. Coombs et R.L. Davis (ed.), *Decision Process*, New York, Wiley and Sons, 1954. Un second article est aussi considéré comme fondateur de cette démarche ; il s'agit de : G. Stigler, « The Economics of Information », *Journal of Political Economy*, vol. 69, juin 1961. J. Stiglitz fournit une bonne rétrospective des travaux qui se sont développés dans les trente années qui ont suivi, dans « Information and Economic Analysis : a Perspective », *Economic Journal*, supplément, 1985, pp. 21-41.

Elle a donné lieu à de nombreuses applications en microéconomie ; voir ainsi J. Marschak et R. Radner, *Economic Theory of Teams*, New Haven (Conn.), Yale University Press, 1972 ; J.-J. Laffont, *Économie de l'incertain et de l'information*, Paris, Économica, 1991. La dimension microéconomique du problème de l'information est abordée de manière détaillée dans J. Green, « The non-Existence of Informational Equilibria », *Review of Economic Studies*, 1977, vol. 44, pp. 451-463 ; J.S. Jordan et R. Radner, « Rational Expectations in Microeconomic Models : an Overview », *Journal of Economic Theory*, 1982, vol. 26, pp. 201-223.

IV. LES ÉCONOMISTES AIMENT-ILS L'ARGENT ?

La théorie classique de la monnaie et le monétarisme

La théorie classique de la monnaie a été présentée dans sa forme moderne par I. Fisher, *The Theory of Interest*, rééd., New York, A.M. Kelley, 1963, 1re éd. 1930.

La théorie monétariste, en tant que descendante de cette théorie classique, a été formulée par D. Patinkin, *Money, Interest and Prices*, New York, Harper et Row, 1956. Voir aussi un recueil d'articles : D. Patinkin, *Studies in Monetary Economics*, New York, Harper et Row, 1972. M. Friedman, *The Optimum Quantity of Money*, Londres, Macmillan, 1969.

Pour une recension du débat entre monétaristes et adversaires, voir J. Stein (ed.), *Monetarism*, Amsterdam, North Holland, 1976. Pour une critique argumentée, du point de vue néoclassique de ces thèses, voir F. Hahn, « Professor Friedman's Views on Money », *Economica*, vol. 38, n° 1, 1971, pp. 61-80 ; du même auteur, « Monetarism and Economic Theory », *Economica*, vol. 47, n° 1, 1980, pp. 1-17.

La monnaie en URSS et en Russie

De manière logique compte tenu de la proximité des thèses néoclassiques avec la théorie de la planification centralisée, la théorie soviétique niait que la monnaie puisse avoir le moindre rôle, si ce n'est d'être un instrument comptable entre les mains du planificateur. En théorie, la planification centralisée devait aboutir à faire de l'économie un paradis monétariste, une représentation enfin réelle de la loi de Say. Pour une discussion des diverses interprétations sur ce point, voir J. Sapir et M. Aglietta, « Inflation et pénuries dans la transition », *in* J. Sapir et V. Ivanter (ed.), *Monnaie et finances dans la transition en Russie*, Paris, Éd. de la MSH et L'Harmattan, 1995, pp. 3-78.

Pour la Russie en transition, les effets des politiques monétaires d'inspiration orthodoxe ou FMI sont analysés dans M. Aglietta et J. Sapir, « La nature de l'inflation dans la transition en Russie et les politiques pour y faire face », *Bulletin de la Banque de France. Supplément études*, 2e trimestre 1995, pp. 227-264 ; V.V. Ivanter,

O. Dz. Govtvan, V.S. Panfilov et A.K. Mojseev, *O neotloznykh merakh po normalizacii finansovoj situacii v Rossii* (Les mesures urgentes pour la normalisation de la situation financière en Russie), *Problemy Prognozirovanija*, n° 6, 1998, pp. 13-18 ; J. Sapir, « Formes et natures de l'inflation : pourquoi les thérapies classiques sont vouées à l'échec », *Économie internationale*, n° 54, 2e trimestre 1993, pp. 25-65 ; du même auteur, « Russian Crash of August 1998 : Diagnosis and Prescriptions », *Post-Soviet Affairs* (ex-*Soviet Economy*), vol. 15, n° 1, 1999, pp. 1-36 ; ainsi que, « À l'épreuve des faits... Bilan des politiques macroéconomiques mises en œuvre en Russie », *Revue d'études comparatives est-ouest*, vol. 30, nos 2-3, 1999, pp. 153-213.

En ce qui concerne la question du troc, son développement dans les dernières années de l'URSS est analysé dans L. Freinkman, « Shaping a Market Environment and Analysis of the Enterprise Interaction Mechanism », *Studies on Soviet Economic Development*, vol. 3, n° 2, avril, pp. 101-107.

Le développement du troc sous la transition est quant à lui analysé dans I.M. Rozanova, *Al'ternativnye formy finansovykh rasčetov meždu predprijatijami* (Les formes alternatives de règlements financiers entre les entreprises), *Problemy Prognozirovanija*, n° 6, 1998, pp. 96-103.

Les approches hétérodoxes

Pour ce qui est des démarches hétérodoxes dans le domaine monétaire, on se tournera bien sûr vers Keynes, et, avant même son *Treatise on Monney* de 1930, vers des écrits antérieurs : J.M. Keynes, *Essays in Persuasion*, Londres, Rupert Hart-Davis, 1931. Trad., *Essais sur la monnaie et l'économie*, Payot, coll. « Petite Bibliothèque Payot », Paris, 1971. Keynes est nettement plus explicite sur le rôle qu'il attribue au calcul monétaire dans un texte postérieur cette fois à la *Théorie générale* ; voir J.M. Keynes, *The General Theory and After, IIe partie : Defence and Development*, in *Collected Writings*, vol. XIV, Londres, Macmillan, 1973.

En France, deux lectures hétérodoxes de Keynes se sont développées à la fin des années 70. G. Duménil, *Marx et Keynes face à la crise*, Paris, Économica, 1977, tente une synthèse avec Marx, en soulignant le rôle déstabilisateur de la fuite vers la liquidité dans le fonctionnement du circuit économique. M. Aglietta et

A. Orléan, *La Violence de la monnaie*, Paris, PUF, 1982, présentent une fascinante approche anthropologique de la monnaie, combinée à une analyse des phénomènes hyperinflationnistes.

Georg Simmel est certainement un des auteurs les plus importants pour comprendre la nature de la monnaie ; voir G. Simmel, *Philosophy of Money*, Londres, Routledge, 1978, publié originellement en allemand en 1900. Le rôle de Simmel est bien présenté dans N. Dodd, *The Sociology of Money, Economics, Reason and Contemporary Society*, Cambridge, Polity Press, 1994, et dans C. Deutschmann, « Money as a Social Construction : On the Actuality of Marx and Simmel », *Thesis Eleven*, n° 47, novembre 1996, pp. 1-19.

Pour Max Weber, M. Weber, *Economy and Society : An Outline of Interpretative Sociology*, Berkeley, University of California Press, 1948 ; et *id.*, *The Theory of Social and Economic Organization*, New York, The Free Press, 1964 (1re éd. en 1947).

Les limites conceptuelles du contrat monétaire

Les critiques de la relation contractuelle du point de vue de sa nature fondamentalement incomplète sont anciennes ; elles commencent avec l'ouvrage d'Émile Durkheim, *La Division du travail*. Pour des présentations récentes, voir A. Fox : *Beyond Contract : Work, Power and Trust Relations*, Londres, Faber and Faber, 1974 ; A. Etzioni, *The Moral Dimensions : Toward a New Economics*, New York, Free Press, 1988 ; E. Khalil, « Trust », *in* G. Hodgson, S. Warren et M. Tool (ed.), *The Elgar Companion to Institutional and Evolutionary Economics*, Aldershot, Edward Elgar, vol. 2, 1994, pp. 339-346 ; G. Hodgson, *Economics and Utopia*, Londres-New York, Routledge, 1999.

Quant à la critique de la polarisation mordernité/archaïsme, on peut la suivre chez les historiens : R. Kosselek, *Le Futur passé : Contribution à la sémantique des temps historiques*, Paris, Éditions de l'École des hautes études en sciences sociales, 1990 (1re éd. en allemand en 1979) ; A. Burguière, « Le changement social : brève histoire d'un concept », *in* B. Lepetit (ed.), *Les Formes de l'expérience*, Paris, Albin Michel, 1995, pp. 253-272. B. Lepetit a montré la pertinence de la notion des réemplois dans « Le présent de l'Histoire », *in* B. Lepetit (ed.), *Les Formes de l'expérience, op. cit.*, pp. 273-298.

La notion d'actifs spécifiques a été développée dans B. Klein, R. Crawford et A. Alchian, « Vertical Integration, Appropriable Rents and the Competitive Contracting System », *Journal of Law and Economics*, vol. 21, 1978, pp. 297-326. Voir aussi A. Alchian, « Specificity, Specialization and Coalitions », *Journal of Economic Theory and Institutions*, n° 140, 1984, pp. 34-49, et O. Williamson, « Credible Commitments : Using Hostage to Support Exchange », *American Economic Review*, vol.73, n° 2, 1983, pp. 519-531. Le problème des structures et complémentarités dans les investissements est aussi invoqué pour mettre en doute certaines déréglementations et privatisations ; voir P. Joskow et R. Schmalensee, *Markets for Power : An Analysis of Electric Utility Deregulation*, Cambridge (Mass.), MIT Press, 1983. L'importance des relations « horizontales » entre firmes est développée dans M. Aoki, *Information, Incentives and Bargaining in the Japanese Economy*, New York, Cambridge University Press, 1988.

V. PARADIGMES EN CRISE. CONCURRENCE, DÉCENTRALISATION, PROPRIÉTÉ ET FLEXIBILITÉ

Les conditions des théories de la concurrence

La théorie néoclassique de la concurrence implique des conditions très strictes en matière de perfection et de complétude des marchés. Des ruptures même locales avec ces conditions irréalistes entraînent dans le cadre même de modèles néoclassiques des effets paradoxaux analysés dans J. Green, « The non-Existence of Informational Equilibria », *Review of Economic Studies*, 1977, vol. 44, pp. 451-463 ; S. Grossman et J. Stiglitz, « Information and Competitive Price Systems », *American Economic Review. Papers and Proceedings*, juin 1976 ; S. Salop, *On the non-Existence of Competitive Equilibrium*, St. Louis, St. Louis Federal Reserve Board, 1976.

Le rôle de la concurrence chez Hayek est présenté de manière très lumineuse dans F.A. Hayek, « Competitition as a discovery Procedure », *in* F.A. Hayek, *New Studies in Philosophy, Politics, Economics and the History of Ideas*, Chicago, University of Chicago Press, 1978. La concurrence a cependant une signification sensiblement différente chez von Mises ; voir I.M. Kirzner, « Uncertainty, Discovery and Human Action », *in* I.M. Kirzner, *Method, Process and Austrian Economics : Essays in Honor of Ludwig von Mises*, Lexington (Mass.), Lexington Books & DC Heath and Co, 1982 ; du même auteur, *Competition and Entrepreneurship*, Chicago, University of Chicago Press, 1973.

La dimension cognitive de la concurrence est évoquée par Hayek dans son traité, *The Sensory Order*, Chicago, University of Chicago Press, 1952. Le lien entre action décentralisée et règles est mis en avant dans F.A. Hayek, *The Constitution of Liberty*, Chicago, University of Chicago Press, 1960.

Le rôle général du principe de concurrence dans la théorie autrichienne et sa relation avec une notion causale du temps sont développés dans B.J. Loasby, *Choice, Complexity and Ignorance*, Cambridge, Cambridge University Press, 1976. Les limites de la vision hayékienne, et en particulier la contradiction entre un raisonnement individualiste et la mobilisation de processus collectif, sont analysées dans G.M. Hodgson, *Economics and Evolution. Bringing Life Back Into Economics*, Cambridge, Polity Press, pp.170-194. Ce type de contradiction n'est d'ailleurs pas spécifique à Hayek. La théorie néo-institutionnaliste, qui se réclame ouvertement de l'individualisme méthodologique, est obligée de mobiliser des notions d'action collective et de sélection de groupes qui renvoient clairement à un cadre holiste ; voir G.M. Hodgson, « Transaction Costs and the Evolution of the Firm », *in* C. Pitelis (ed.), *Transaction Costs, Markets and Hierarchies*, Oxford, Basil Blackwell, 1993, pp. 77-100.

Le texte le plus important pour la présentation de la théorie schumpéterienne de la concurrence est bien entendu A. Schumpéter, *The Theory of Economic Development*, New Brunswick (NJ), Transaction Press, 1989. Contrairement à Hayek, Schumpeter se voyait moins en contradicteur de la théorie néoclassique qu'en continuateur ; voir R. Arena, « Rationalité économique et circulation macroéconomique : Keynes et Schumpeter », *in* G. Deleplace et P. Maurisson (ed.), *L'Hétérodoxie dans la pensée économique, K. Marx, J.M. Keynes, J.A. Schumpeter*, Paris, Anthropos, 1985, pp. 149-168. Son apport est cependant irréductible au cadre walrasien ; voir J. Grahl, « Creative Destruction : the Significance of Schumpeter's Economic Doctrines », *in* G. Deleplace et P. Maurisson (ed.), *L'Hétérodoxie dans la pensée économique, K. Marx, J.M. Keynes, J.A. Schumpeter, op. cit.*, pp. 213-228. Une tentative pour combiner Schumpeter et von Mises, et ainsi replacer le premier dans la tradition autrichienne, a été présentée par C. Young Back Choi, « The Entrepreneur : Schumpeter vs Kirzner », *Advances in Austrian Economics*, vol. 2A, 1995, pp. 55-65.

La théorie de la destruction créatrice de Schumpeter est fort bien analysée et critiquée dans M. Egidi, « "Creative Destruction" in Economic and Political Institutions », *in* B. Dallago et L. Mittone (ed.), *Economic Institutions, Markets and Competition*, Cheltenham, Edward Elgar, 1996, pp. 33-62. La question cruciale pour Schumpeter, de la diffusion de l'information dans les firmes a été abordée dans K.J. Arrow, « Invention in Large and Small Firm », *in* J. Ronen (ed.), *Entrepreneurship*, Lexington (Mass.), D.C. Heath, 1983.

Une critique, du point de vue de l'institutionnalisme classique, de la mythification du marché et de la concurrence peut être lue dans W.M. Dugger, « Instituted Process and Enabling Myth : the Two Faces of the Market », *Journal of Economic Issues*, vol. 23, n° 2, 1989, pp. 607-615.

Le rôle de la décision intentionnelle dans le développement et le succès des entreprises a été souligné par l'historien américain Alfred Chandler qui oppose ainsi aux visions traditionnelles celle de la main visible des responsables ; voir en particulier A.D. Chandler, *The Visible Hand : The Managerial Revolution in American Business*, Cambridge (Mass.), Harvard University Press, 1977 ; du même auteur, *Scale and Scope : The Dynamics of Industrial Capitalism*, Cambridge (Mass.), Harvard University Press, 1990 ; ainsi que, « Organizational Capabilities and the Theory of the Firm », *Journal of Economic Perspectives*, vol. 6, n° 3, 1992, pp. 79-100.

La décentralisation et les limites de l'analyse en termes d'agence

En ce qui concerne la décentralisation, l'analyse en termes de relation principal/agent est centrale. Le texte fondateur est ici K.J. Arrow, *Les Limites de l'organisation*, Paris, PUF, 1976 (1974 pour l'édition américaine). Voir aussi R. Radner, « Repeated Principal-Agent Games with Discounting », *Econometrica*, vol. 53, n° 5, 1985, pp. 1173-1198. W. Rogerson, « The First Order Approach to Principal Agent Problems », *Econometrica*, vol. 53, n° 6, 1985, pp. 1357-1367.

En ce qui concerne la décentralisation, à la fois au sens de délégation (la déconcentration) et de recours au marché, pour les services publics, voir J. Cremer, A. Estache et P. Seabright, *The Decentralization of Public services : Lessons from the Theory of the Firm*, Washington DC, World Bank Policy Research Working-paper, World Bank, 1994 ; G. Brosio, « A Presentation of Fiscal Federalism », *in* B. Dallago et L. Mittone (ed.), *Economic Institutions, Markets and Competition, op. cit.*, pp. 129-150. Le rôle supposé d'incitation des pratiques de décentralisation est présenté dans P. Salmon, « Decentralization as an Incentive Scheme », *Oxford Review of Economic Policy*, vol. 3, n° 1, 1987, pp. 24-43. Quant à la position française, on la trouvera dans Premier ministre, Conseil d'analyse économique, *Service public, Secteur public*, Paris, La Documentation Française, 1998.

La dimension fiscale est analysée dans C. Tiebout, « A Pure Theory of Local Expenditures », *Journal of Political Economy*, vol. 64, octobre 1956, pp. 416-424.

Le principe de décentralisation, qu'il soit conçu comme une dévolution des pouvoirs ou comme un recours au marché impose une reflexion théorique sur la transmission des signaux. Sur cette question de la transmission des signaux, voir l'article pionnier de J. Green et J.-J. Laffont, « Incentive Theory with Data Compression », *in* W. Heller, R. Starr et D. Starrett (ed.), *Uncertainty, Information and Communication. Essays in Honor of K.J. Arrow*, vol. III, Cambridge, Cambridge University Press, 1986, chap. 10.

Une lecture nettement plus critique du rôle du marché dans la production des biens publics, à partir justement des problèmes soulevés par l'existence de situations d'information incomplète et de non-séparabilité des biens se trouve dans : J.E. Stiglitz, *Economics of the Public Sector*, New York, Norton & Co., 1988 ; J. Stiglitz, « Efficiency in the Optimum Supply of Public Goods », *in Econometrica*, vol. 46, n° 2, 1978, pp. 269-284.

Les notions de sortie, contestation et loyauté ont été présentées par A.O. Hirschman, *Face au déclin des entreprises et institutions*, Paris, Éditions Ouvrières, 1972 (traduction de *Exit, Voice and Loyalty*, publié aux Harvard University Press en 1970).

Comme dans le cas de la concurrence, les théories de la décentralisation butent sur le problème de l'appropriation individuelle des effets des choix des agents. Cette critique touche d'ailleurs aussi les tenants du néo-institutionnalisme ; voir G.K. Dow, « The Appropriability Critique of Transaction Cost Economics », *in* C. Pitelis (ed.), *Transaction Costs, Markets and Hierarchies*, Oxford, Basil Blackwell, 1993, pp. 101-132, p 109 ; W.M. Dugger, « An Evolutionary Theory of the State and the Market », *in* W.M. Dugger et W.T. Waller Jr. (eds), *The Stratified state*, New York, M.E. Sharpe, 1992 ; *id.*, « Transaction Cost Economics and the State », *in* C. Pitelis (ed.), *Transaction Costs, Markets and Hierarchies*, Oxford, Basil Blackwell, 1993, pp. 188-216, p. 192.

Le rôle économique de la propriété

En ce qui concerne la propriété, le débat a trouvé son origine dans la critique de la propriété collective ; voir E.G. Furobtn et S. Pejovich, « Property Rights and the Behavior of the Firm in a Socialist State : The Example of Yugoslavia », *Zeitschrift für Nationalökonomie*, vol. 30, 1970, n° 5 ; E.G. Furobtn et S. Pejovich, « Property Rights and Economic Theory : a Survey of Recent Litterature », *Journal of Economic Litterature*, vol. 10, 1972, n° 4.

Le courant néo-institutionnaliste va quant à lui définir la propriété comme un droit résiduel de contrôle rendu nécessaire par l'incomplétude des contrats ; voir O. Hart et J. Moore, « Property Rights and the Theory of the Firm », *Journal of Political Economy*, vol. 98, n° 6, 1990. Il n'en reste pas moins que la notion de propriété reste délicate à utiliser ; voir R.R. Nelson, « Assessing Private Enterprise : An Exegesis of Tangled Doctrine », *Bell Journal of Economics*, vol. 12, n° 1, printemps 1981, pp. 93-111.

La théorie du cycle de vie a été présentée dans F. Modigliani, « The Life Cycle Hypothesis of Saving, The Demand for Wealth and the Supply of Capital », *Social Research,* vol. 33, n° 2, 1966, pp. 160-217 ; et F. Modigliani et A. Ando, « The Life Cycle Hypothesis of Saving, Aggregate Implications and Tests », *American Economic Review*, vol. 53, n° 2, 1963, pp. 55-84.

La critique par Hayek du concept de justice sociale, au nom d'une théorie des incitations, se trouve dans F.A. Hayek, *The Mirage of Social Justice*, Londres, Routledge, 1976. On confrontera alors ce point de vue avec celui qui était le sien dans F.A. Hayek, *The Constitution of Liberty*, Chicago, Chicago University Press, 1960. Quant à la dérive métaphysique des conceptions de Hayek à la fin de sa vie, voir la très pertinente critique de R. Bellamy, « Dethroning Politics : Liberalism, Constitutionalism and Democracy in the Thought of F.A. Hayek », *British Journal of Political Science*, vol. 24, IVe partie, octobre 1994, pp. 419-441.

La notion de rationalité procédurale a été établie par Herbert

Simon dans H.A. Simon, « From Substantive to Procedural Rationality », *in* S.J. Latsis (ed.), *Method and Appraisal in Economics*, Cambridge, Cambridge University Press, 1976, pp. 129-148.

La critique de la substituabilité

La discussion sur les logiques de substituabilité ou de complémentarité peut être abordée dans B.J.Loasby, « Firms, Market and the Principle of Continuity », *in* J.K.Whittaker (ed.), *Centenary Essays on Alfred Marshall*, Cambridge, Cambridge University Press, 1990. Voir aussi G.B. Richardson, « The Organization of Industry », *The Economic Journal*, vol. 82, 1972.

L'importance des formes multiples de coordination a été soulignée dans B.J.Loasby, « Market Co-ordination », *in* B.J. Caldwell et S. Boehm (ed.), *Austrian Economics : Tensions and New Directions*, Boston-Dordrecht-Londres, Kluwer Academic Publishers, 1992, et O. Favereau, « Marchés internes, marché externes », *Revue économique*, vol. 40, n° 2, mars 1989.

Le rôle du réseau comme forme stabilisée de coordination a été analysé par M. Aoki, « Horizontal vs vertical information structure of the firm », *American Economic Review*, vol.76, 1986, n° 4.

CONCLUSION. UNE CRISE ET SON ENJEU

En ce qui concerne le débat sur la pertinence de l'économie dominante, les critiques de l'économiste en chef de la Banque mondiale, Joseph Stiglitz, ont certainement été celles qui ont eu le plus d'écho ; voir J. E. Stiglitz, « More Instruments and Broader Goals : Moving Towards the Post-Washington Consensus », *Wider Annual Lectures 2*, The United Nations University, janvier 1998 ; du même auteur, « Wither Reform ? Ten Years of Transition », *Keynote Address to the Annual Bank Conference on Development Economics*, Washington DC, World Bank, 28-30 avril 1999 ; ainsi que, « Quis Custodiet Ipsos Custodes ? », *Keynote Address, Annual Bank Conference on Development Economics. Europe, Governance, Equity and Global Markets*, Paris, Banque mondiale et CAE, 21-23 juin 1999.

Ces critiques n'ont cependant pas été les seules ; D. Rodrik,

« Globalization, Social Conflict and Economic Growth », *Prebisch Lecture 1997*, Genève, UNCTAD/CNUCED, 24 octobre 1997 ; J.A. Ocampo et L. Taylor, « Trade liberalization in Developing Economies : Modest Benefits but Problems with Productivity Growth, Macro Prices and Income Distribution », *Center for Economic Policy Analysis Working Paper* n° 8, New York, CEPA, New School for Social Research, 1998.

Il revient à O. Morgenstern d'avoir montré de la manière la plus lumineuse le problème de l'autoréférence, ou de la circularité, dans le discours de la TEG ; voir O. Morgenstern, « Perfect Foresight and Economic Equilibrium », *in* A. Schotter, *Selected Economic Writings of Oskar Morgenstern*, New York University Press, New York, 1976, pp. 169-183. Publié originellement en allemand in *Zeitschrift für Nationalökonomie*, vol. 6, 1935.

La place centrale de l'incertitude dans les environnements découlant des actions humaines a été analysée par J.L. Ford, *Choice, Expectations and Uncertainty*, Oxford, Martin Robertson, 1983. Le *paradoxe de Shackle* est présenté dans G.L.S. Shackle, *Decision, Order and Time in Human Affairs*, Cambridge, Cambridge University Press, 2e éd., 1969. Voir aussi G.P. O'Driscoll et M.J. Rizzo, *The Economics of Time and Ignorance*, Oxford, Basil Blackwell, 1985.

Le rôle des règles dans un univers incertain est analysé dans V. Vanberg, « Rational Choice, Rule-following and Institutions : an Evolutionary Perspective », *in* U. Mäki, B. Gustafsson et C. Knudsen (ed.), *Rationality, Institutions and economic methodology*, Londres, Routledge, 1993, pp. 171-202, p. 186. Voir aussi C. Knudsen, « Modelling Rationality, Institutions and Processes in Economic Theory », *in* U. Mäki, B. Gustafsson et C. Knudsen (ed.), *Rationality, Institutions and Economic Methodology*, Londres, Routledge, 1993, pp. 265-299.

INDEX DES ÉCONOMISTES CITÉS

TABLE DES MATIÈRES

DU MÊME AUTEUR

Pays de l'Est : vers la crise généralisée ?, Federap, 1980.

Les Armes de la puissance ou la Puissance des armes : Production de matériel militaire et développement économique en Union soviétique, Centre interdisciplinaire de recherches sur la paix et d'études stratégiques, 1983.

Travail et travailleurs en URSS, La Découverte, 1984, 1986.

Le Système militaire soviétique, La Découverte, 1988.

Les Fluctuations économiques en URSS : 1941-1945, École des hautes études en sciences sociales, 1989.

L'Économie mobilisée : essai sur les économies de type soviétique, La Découverte, 1989.

L'URSS au tournant : une économie en transition (dir), L'Harmattan, 1990.

Feu le système soviétique : permanences politiques, mirages économiques, enjeux stratégiques, La Découverte, 1992.

L'Expérience soviétique et sa remise en cause (en coll. avec A. Badower et M. Crespeau), Bréal, 1994.

Monnaie et finances dans la tradition en Russie : un dialogue franco-russe (dir.), L'Harmattan-Maison des sciences de l'homme, 1995.

Le Chaos russe : désordres économiques, conflits politiques, décomposition militaire, La Découverte, 1996.

La Mandchourie oubliée : splendeur et démesure de l'art de la guerre soviétique, Rocher, 1996.

Retour sur l'URSS : économie, société, histoire (dir.), L'Harmattan, 1997.

Le Krach russe, La Découverte, 1998.

Capitalisme et socialisme en perspective (co-dir., avec B. Chavance, E. Magnin et R. Mohamed-Nejad), La Découverte, 1999.

Imprimé en France par Lightning Source
1 avenue Gutenberg
78310 Maurepas